U0594436

書香大雅

中华传统文化国粹
经典文库

名家导读版

吴越春秋

[东汉] 赵　晔 ◎ 著
田秉锷 ◎ 导读

中国民族文化出版社
北　京

图书在版编目（CIP）数据

吴越春秋 /（东汉）赵晔著；田秉锷导读 . — 北京：
中国民族文化出版社有限公司，2023.4（2024.4 重印）
（中华传统文化国粹经典文库：名家导读版）
ISBN 978-7-5122-1566-5

Ⅰ . ①吴… Ⅱ . ①赵… ②田… Ⅲ . ①中国历史－吴国 (？－前 473) ②中国历史－越国 (？－前 306) Ⅳ . ① K225.04

中国国家版本馆 CIP 数据核字 (2023) 第 064943 号

吴越春秋
WUYUE CHUNQIU

作 者	［东汉］赵 晔
导 读 者	田秉锷
责任编辑	何敬茹
责任校对	张 宇
出 版 者	中国民族文化出版社 地址：北京市东城区和平里北街 14 号 邮编：100013 联系电话：010-84250639 64211754（传真）
印 装	三河市南阳印刷有限公司
开 本	710mm×1000mm 16 开
印 张	16
字 数	250 千
版 次	2023 年 4 月第 1 版
印 次	2024 年 4 月第 2 次印刷
标准书号	ISBN 978-7-5122-1566-5
定 价	29.80 元

版权所有 侵权必究

中华传统文化国粹经典文库

品文化经典　通古今智慧

总策划

李继勇

　　策划人、出版人、北京书香文雅图书文化有限公司董事长。专业从事图书策划，儿童文学、儿童阅读推广，国内文化交流等。已成功策划"儿童文学光荣榜"系列、"爱阅读课程化丛书"系列、"文学百年·名家散文典藏"系列、"科幻文学群星榜"系列、"绘本里的世界"系列、"童诗百年"系列等多种类型出版物。

总顾问

于润琦

　　中国现代文学馆研究员、中国作家协会会员。总主编《插图本百年中国文学史》（3卷），主编《清末民初小说书系》（10卷）、《海派作家作品精选》（16册），校、注古典小说《型世言》《金屋梦》《中国古典文学海外珍稀本文库》30余种，参与编选《明、清、民国时期珍稀老北京话历史文献整理与研究》（30册）、《中国现代文学百家》（116册），以及《北京的门礅》《老北京的门楼》北京民俗著述多种。

导读者

（按姓名音序排列）

◎薄克礼
文学博士，天津城建大学教授。攻文史，好四书。

◎陈鹏程
历史学博士，天津师范大学文学院副教授。

◎陈世旭
当代作家，曾任中国作家协会主席团委员、江西省文联主席兼作家协会主席。

◎陈喜儒
作家，著名翻译家，曾任中国作家协会外联部副主任、中国外国文学学会日本文学研究分会会长。

◎冯蒸
首都师范大学文学院教授，博士生导师，北京国际汉字研究会理事、副会长。

◎官铎
管子思想理论和应用资深研究学者。

◎关四平
哈尔滨师范大学文学院教授，博士生导师。主要从事中国古代小说及戏曲等研究。

◎韩小蕙
著名作家，中国作家协会会员，中国散文学会副会长，南开大学文学院兼职教授。

◎侯忠义
北京大学教授，曾任北京大学图书馆古籍整理研究室主任。主要从事先秦两汉文学史、文言小说研究。

◎李海涛
天津师范大学历史文化学院教授，天津市孙子兵法研究会荣誉会长。

◎李瑞兰
天津师范大学历史文化学院教授，曾任中国先秦史学会理事。

◎李树果
资深《易经》研究者，中国散文诗学会理事，《中华时报》记者。

◎李硕儒
作家，著名编剧。合著长篇历史小说《大风歌》获重庆市"五个一工程奖"。

◎廉玉麟
天津中医药大学第一附属医院主任医师，教授。

◎林海清
天津师范大学国际教育交流学院副教授，天津市红楼梦研究会副秘书长兼理事，中国三国演义学会、中国水浒学会会员。

◎林 骅
天津师范大学文学院教授，曾任古典文献研究所所长，天津市红楼梦研究会顾问。

◎马文大
首都图书馆研究馆员、北京地方文献中心主任，北京史研究会副会长。

◎孟昭连
南开大学文学院中国语言文学系教授，中国东方文化研究会理事。

◎宁稼雨
南开大学英才教授、博士生导师，2017年度国家社科基金重大项目"全汉魏晋南北朝小说辑校笺证"首席专家。

◎宁宗一
南开大学学术委员会委员、中国武侠文学学会名誉会长、中国儒林外史学会副会长。

◎牛 倩
天津大学国际教育学院副教授，硕士研究生导师。

◎欧阳健
福建师范大学文学院教授，曾任《明清小说研究》杂志主编。

◎潘务正
安徽师范大学文学院教授，教育部人文社会科学重点研究基地安徽师范大学中国诗学研究中心副主任，中国韵文学会赋学专业委员会（中国辞赋学会）副会长。

◎乔卉林
中国城乡金融报社记者。其作品曾多次获得奖项。

◎尚学峰
又名尚学锋。文学博士，北京师范大学文学院教授。

◎邵永海
北京大学中文系教授。主要从事汉语史方面的教学和研究工作。

◎石定果
北京语言大学人文学院教授，汉语言文字学博士。著有《说文会意字研究》等多部作品。

◎石 厉
原名武砺旺。著名诗人，文艺理论家。《诗刊》编委，《中华辞赋》杂志总编辑，中华诗词学会副会长。

◎石 麟
湖北师范大学文学院教授。中国水浒学会会长。

◎孙立仁
曾任《中国老年报》社长，发表多篇小说、诗歌、散文、报告文学等。当代篆刻家。

◎孙钦善
北京大学中文系教授，全国高等院校古籍整理研究工作委员会委员，中华炎黄文化研究会理事。

◎田秉锷
江苏省文艺评论家协会顾问，徐州市孔子学会顾问，江苏师范大学客座教授。

◎王建新
中国历史文献研究会理事，中原传媒集团出版部副主任。

◎王 蒙
著名作家、学者，文化部原部长。茅盾文学奖获得者。多年来致力于传统文化研究。2019年获"人民艺术家"国家荣誉称号。

◎王晓华
民国史专家，中国第二历史档案馆研究馆员。中央广播电视总台、北京电视台、湖北卫视等多个栏目主讲嘉宾。

◎吴 波
湖南农业大学教授、党委委员、副校长，中国儒林外史学会副会长，湖南省古代文学学会副会长。

◎武道房
安徽师范大学中国诗学研究中心教授。

◎徐 刚
诗人，作家。曾获鲁迅文学奖、郭沫若散文奖、中国报告文学终身成就奖等。

◎俞 前
中国作家协会会员，苏州市吴江区南社研究会会长，苏州南社文化研究院副院长。

◎查洪德
文学博士，南开大学中国语言文学系教授，博士生导师。内蒙古元代文学学会会长。主要从事元明清文学与文献研究。

◎张秋升
曲阜师范大学历史文化学院教授，主要研究儒家史学理论。

◎张世林
新世界出版社编审，著有《大师的侧影》等著述。

◎张弦生
中州古籍出版社编审、副总编辑。

◎郑铁生
天津外国语大学教授，原中国三国演义学会常务副会长兼秘书长，曾任中国红楼梦学会学术委员会委员、北京曹雪芹学会副会长。

◎周传家
北京联合大学应用文理学院教授，中国昆剧古琴研究会副会长，中国戏剧文学学会顾问，中国戏曲学会常务理事。

◎卓 然
原名王坤元，笔名卓然。作家，诗人。著有中短篇小说集《我记忆中的河》、散文集《天下黄河》等作品。

将吴越之地定性为"报仇雪耻之乡"，有一种"以小喻大"的嫌疑。明末王思任在《让马瑶草》的信函中提出的是"越乃报仇雪耻之国，非藏垢纳污之地"，到鲁迅《且介亭杂文附集·女吊》中引用这句话时，就已经变为"会稽乃报仇雪耻之乡，非藏垢纳污之地"了。本导读将"吴越"之地统称为"报仇雪耻之乡"，有何原因？且看下面解说。

一、"吴越人"书写"吴越事"

《吴越春秋》的作者一般被认为是东汉赵晔。南朝宋范晔的《后汉书》卷七十九下《儒林列传》有赵晔传：

> 赵晔，字长君，会稽山阴人也。少尝为县吏，奉檄迎督邮，晔耻于斯役，遂弃车马去。到犍为资中，诣杜抚受《韩诗》，究竟其术。积二十年，绝问不还，家为发丧制服。抚卒乃归。州召补从事，不就。举有道。卒于家。
>
> 晔著《吴越春秋》《诗细历神渊》。蔡邕至会稽，读《诗细》而叹息，以为长于《论衡》。邕还京师，传之，学者咸诵习焉。

读这一百多字的传记，赵晔的耿介绝俗跃然纸上。既学诗而撰史，复尊师而敬贤，赵晔是将自己的历史情怀熔铸在《吴越春秋》内的。

元代徐天祜（也有认为是"祐"）在为元大德刊本的《吴越春秋》所

作序中指出："（赵）晔书最先出东都，时去古未甚远；晔又山阴人，故综述视他书所纪二国事为详。取节焉可也。其言上稽天时，下测物变，明微推远，憭若蓍蔡。至于盛衰成败之迹，则彼己君臣，反复上下。其议论，（文）种、（范）蠡诸大夫之谋，迭用则霸；（伍）子胥之谏，一不听则亡：皆凿凿然，可以劝戒万世。"

徐天祜所见甚明，赵晔著《吴越春秋》并不是纯然的"讲好故事"。借着追寻往昔"盛衰成败之迹"，君臣上下之谋，赵晔是在为后世提供一种"劝戒万世"的文本。

虽然《吴越春秋》是"吴越人"书写"吴越事"，但《吴越春秋》绝不仅是"地方文献"或"地方史志"，它是"吴越人"在超越了"吴越立场"后的历史反思、家国反思、人性反思。

二、经纬交织的历史画图

对《吴越春秋》最早的记载，见《隋书·经籍志》："《吴越春秋》十二卷，赵晔撰。"《隋书·经籍志》同页另载："《吴越春秋削繁》五卷，杨方撰；《吴越春秋》十卷，皇甫遵撰。"

《旧唐书·经籍志》因之，只是将皇甫遵的《吴越春秋》更名为《吴越春秋传》。杨方，东晋人，其《吴越春秋削繁》一书，是删削赵晔《吴越春秋》十二卷而成，存五卷，故称"削繁"，今已佚；皇甫遵，唐人，学者认为他的《吴越春秋传》是为赵晔《吴越春秋》所作之"传"。至宋、元时，署杨氏与皇甫氏之名的《吴越春秋》版本似乎皆不传，只留下赵晔的《吴越春秋》，不过由原十二卷变为十卷。

今本十卷本内容如下：

吴太伯传第一

吴王寿梦传第二

王僚使公子光传第三

阖闾内传第四

夫差内传第五

越王无余外传第六

勾践入臣外传第七

勾践归国外传第八

勾践阴谋外传第九

勾践伐吴外传第十

　　赵晔编著《吴越春秋》时，吴越的历史已经终结了四五百年（吴国灭亡于公元前473年，越国灭亡于公元前222年）。赵晔生卒不详，但参照其师杜抚逝世于一世纪下半期而推定，他或逝世于一世纪末。作为后人书写前朝历史，赵晔自然要从前朝史书中撷取资料。

　　目前可见的《吴越春秋》前五卷写吴国事，后五卷写越国事，前后两部分各以一卷追述两国先祖开疆辟土的传说（第一卷追记吴国创始者太伯，第六卷追记越国创始者无余）。第一卷后的四卷，第六卷后的四卷，则是两国的编年史。卷二至卷五，多记载公元前585年至公元前473年间吴国史实，主要以《左传》和《史记》为依据；卷七至卷十记述公元前492至公元前470年间越国史实，多依据《国语》和《越绝书》。其中编年骨架，依托《左传》，事件、人物除取材于《左传》外，还取于《史记》的《吴太伯世家》《越王勾践世家》《伍子胥列传》，《国语》的《吴语》《越语上》《越语下》，以及《越绝书》一到十五卷的相关内容。

　　因为《吴越春秋》不是吴国史与越国史的平行序列，而是以吴越较量为焦点，所以它在杂糅资料方面强化了吴王夫差与越王勾践的人物角逐。仅看越国五章，竟然有四章是铺排越王勾践故事的。故而从史料的"平衡度"作考察，《吴越春秋》的布局颇为"倾斜"；而从历史的"热点""亮点"衡量，其书则围绕焦点，取材得当，又是引人入胜的历史读本。

　　从写法上分析，《吴越春秋》采取的是经纬交织的编写方式。前五篇记吴事，起于吴太伯，迄于夫差；后五篇记越事，自无余迄于勾践复国称霸。纵向的，是吴越两国的本国史，构成了一条"经线"；横向的，是国与国的关系史，构成了多条"纬线"：经线与纬线交织，遂形成了以吴越两国的空间为依托、以两国自建国而至灭亡的时间轴为线索的历史变迁画图。其中，又以吴越争霸的史实为焦点，铺排故事，展示人物，揭示风云，洞察隐秘，连环推进，波澜起伏，用不多的文字再现了吴越两国的历史风华和人物悲欢。

"一手托两家""一笔画双图"是对《吴越春秋》构思特点的概括。《吴越春秋》虽写两国历史，却没有畸重畸轻之偏颇，没有过褒过贬之倾斜，在当时的历史条件下作者的这种写作态度实在难能可贵。

三、具有传奇色彩的历史演义

《吴越春秋》是比《国语》更充实、更生动的"历史著作"。《吴越春秋》虽从前代史书中择取资料，但并不拘泥于史实，而是对故事铺叙、人物描写、场景设定等均作了不少的夸张和虚构，融入了相关的传说与神话。对此不必用虚实、真伪的"三七开"或"二八开"作硬性界定。中国史书的"虚拟化"或"神异化"古已有之，而且愈是早期历史，其"虚拟化""神异化"的成分便愈浓重。《史记》中所谓"黄帝二十五子"，所谓"高辛生而神灵，自言其名"，所谓"尧立七十年得舜，二十年而老"，所谓"殷契，母曰简狄……三人行浴，见玄鸟堕其卵，简狄取吞之，因孕生契"，所谓"姜原出野，见巨人迹，心忻然说，欲践之，践之而身动如孕者"……这些情节完全无法求证其是与非。

传说与神话掺入历史，虚构与玄想混化实录，这与人类早期传播媒介的形态息息相关。

到了东汉时代，谶纬之术大行，神学迷信抬头，这股思潮自然也会波及历史领域。所以，赵晔编著《吴越春秋》自不能高蹈于世风之外。

如《阖闾内传第四》中干将莫耶作剑事。莫耶曰："夫神物之化，须人而成。今夫子作剑，得无得其人而后成乎？"干将曰："吾师作冶，金铁之类不销，夫妻俱入冶炉中，然后成物……""于是干将妻乃断发剪爪，投于炉中，使童女童男三百人鼓橐装炭，金铁乃濡，遂以成剑。""夫妻俱入冶炉中"的记载，特别不靠谱。连莫耶都不相信，故以"断发剪爪"代替。

同卷所载吴钩故事，钩师"杀其二子，以血衅金，遂成二钩，献于阖间"。阖闾存疑，"钩师向钩而呼二子之名：'吴鸿、扈稽，我在于此，王不知汝之神也。'声绝于口，两钩俱飞着父之胸。"这奇事，也是匪夷所思的。

再如《夫差内传第五》载：先是吴王"坐于殿上，独见四人向庭相背而倚"，群臣皆不见；又"望见两人相对，北向人杀南向人"，群臣又不见。这种怪事，亦为小说家言。

最玄乎的是，吴王杀伍子胥后，用革囊装尸体，投到江中。伍子胥的遗体竟然能"随流扬波，依潮来往，荡激崩岸"。对此，《四库全书总目》叙录指出："至于处女试剑，老人化猿，公孙圣三呼三应之类，尤近小说家言，然自是汉、晋间稗官杂记之体。"

当代学者对《吴越春秋》在运用史料过程中的艺术想象与审美创造亦有论述，概言之，其对历史资料的小说化处理约有四种方式：其一，传闻异辞，择善而从；其二，博采史料，重新组合；其三，曲意改铸，移花接木；其四，点染生发，踵事增华。

《吴越春秋》的作者对历史事实坚持了审美把握，在书写过程中贯彻了审美理想，因而《吴越春秋》在保持其历史属性的同时，又散发着文学魅力。说《吴越春秋》是一部"吴越演义"，也不为过。

四、冰冷的"家国史"其实是奔放的"心灵史"

《吴越春秋》虽然以国家对立、国家战争、国家兴亡为展示重点，但是回到阅读层面，读者在清晰勾勒出吴国与越国的此消彼长之后，他们的关注点与兴奋点自然还是历史人物的命运。

"文学是人学""历史学也是人学"，抓住了人，理解了人，《吴越春秋》也就比较好懂了。

太伯、仲雍是周太王公亶甫的长子、次子，但当公亶甫对少子季历，尤其是季历的儿子昌抱以厚望，太伯、仲雍望风知指，二人托名采药于衡山，遂之荆蛮，断发文身，为夷狄之服，示不可用。公亶甫病将卒，令季历让国于太伯，三让不受，故云太伯三以天下让。对此，孔子在《论语》中给予高度赞扬："泰伯，其可谓至德也已矣。三以天下让，民无得而称焉。"太伯与仲雍，就是吴国的缔造者。

季札是吴王寿梦之幼子。寿梦有子四人，季札贤。寿梦想让季札继承王位，季札让，曰："礼有旧制，奈何废前王之礼，而行父子之私乎？"考季札一生，曾经三次拒绝为吴国国君。无私情怀，名垂青史。而其在宋国国君墓前挂剑之举，则被传为千古美谈。

伍子胥的父亲和兄长被楚王处死，伍子胥只好逃到吴国，在帮助阖闾夺到王位后，派兵讨伐楚国报仇雪恨，最后因直言进谏招来杀身之祸。自杀之前，伍子胥对吴国的未来，有着最为清醒的认识："忠臣掩口，谗夫在侧。政败道坏，诌谀无极。邪说伪辞，以曲为直。舍谗攻忠，将灭吴国。宗庙既夷，社稷不食。城郭丘墟，殿生荆棘。"伍子胥死后十年，吴国被越国灭亡，吴王夫差自刎而亡，全部应了伍子胥的预言。

至于勾践、范蠡、文种、计硯等人物，也都因为其"典型性格"而反射出各自不同的人性光彩。可以说，《吴越春秋》展示的是一个"人物长廊"，在这个长廊里，作者塑造的历史人物已经超越了吴国与越国的空间局限，也超越了公元前五世纪的时间维度，而有了"华夏典范"的况味。

如果对《吴越春秋》的历史人物展示作一点儿概括，想提醒读者的是：因为作者将众多的历史人物放置在宫廷斗争（如公子光、吴王僚、专诸）、外交斗争（子贡、季札）、军事斗争（伍子胥、孙武）、国家斗争（夫差、勾践、范蠡、西施）的风口浪尖上，所以这些人物经受的是异乎寻常的考验。凡展性格，皆鲜明突出；凡有声息，皆血肉丰满。总之，激活了人的心灵，也就打开了历史的关键。最后，阅读历史的过程就演变为与历史人物的对话。

五、谁还在沉思历史哲学？

阅读《吴越春秋》正如阅读任何一部中国古代经典那样，因读者阅读准备的差异，其阅读过程也应该是分层次的。最直白的说法：既存在着"浅读"，也渴望着"深读"。

　　所谓浅读，就是读故事，读金句，读情节，读热闹。《吴越春秋》在这几个方面都能满足读者的要求。

　　所谓深读，那就是设身处地还原历史并感受历史。

　　比如吴越对立，先是吴胜而越败，后是越胜而吴败。远远望过去，都是有胜有败的。好像打了个平手。再往深处探究，夫差与勾践这两个国君身上所遗留下来的物质的或非物质的遗产，竟然也是天差地别。

　　从非物质遗产的层面看，夫差留下了一笔"负资产"。这"负资产"包括了偏听偏信、好大喜功、自高自大、刚愎自用、凶残暴烈、薄情寡义、麻木不仁、鼠目寸光等。因为失败了，什么恶名似乎都可以加于他。

　　勾践呢，曾经是一个失败者，但他从失败中爬起来了。大夫文种进报怨复仇、破吴灭敌的"九术"，分别是："一曰尊天事鬼，以求其福。二曰重财币，以遗其君；多货贿，以喜其臣。三曰贵籴粟稿，以虚其国；利所欲，以疲其民。四曰遗美女，以惑其心而乱其谋。五曰遗之巧工良材，使之起宫室，以尽其财。六曰遗之谀臣，使之易伐。七曰强其谏臣，使之自杀。八曰君王国富，而备利器。九曰利甲兵，以承其弊。"勾践闻言，只说了一个字："善。"说到做到，卧薪尝胆，终于转败为胜。因而勾践在中国历史上留下了一个绝地反击的大丈夫形象。这是阅读史上长期趋向性的认同。

　　而从物质层面的遗产来看，夫差开挖的邗沟与荷水，对沟通"四渎"、贯通南北，对开创中国运河，则产生了巨大到不能再巨大的价值。另外，夫差的北上中原，黄池会盟，更是统一中国的先声。与此相比，勾践的复国则影响甚微，功业了了。

　　如果让今人抛开《吴越春秋》而写一篇"夫差、勾践比较论"，我想夫差对中国历史的影响，比勾践要大许多。

　　夫差、勾践比较之后，我们对太伯、季札、阖闾、伍子胥、范蠡、文种、计砚、西施等都会有新的认识。

　　引《吴越春秋》范蠡留信给文种的话作为古人对今人的教诲："吾闻天有四时，春生冬伐。人有盛衰，泰终必否。知进退存亡而不失其正，惟贤人乎？蠡虽不才，明知进退。高鸟已散，良弓将藏。狡兔已尽，良犬就烹。夫越王为人，长颈鸟喙，鹰视狼步。可与共患难，而不可共处乐。可与履危，不可与安。子若不去，将害于子，明矣。"文种不信其言，后来在越王勾践的威逼下，文种伏剑自刎。

与其说《吴越春秋》是一部记录吴越两国历史的史书，不如说它是一部揭示人性、表现人类智谋的文学作品。

田秉锷

目录

吴太伯传第一

吴之前君太伯者，后稷之苗裔也。后稷其母台氏之女姜嫄，为帝喾[1]元妃。年少未孕，出游于野，见大人迹而观之，中心欢然，喜其形像，因履而践之，身动，意若为人所感。后妊娠，恐被淫泆[2]之祸，遂祭祀以求，谓无子。履上帝之迹，天犹令有之。姜嫄怪而弃于厄狭之巷，牛马过者折易而避之；复弃于林中，适会伐木之人多；复置于泽中冰上，众鸟以羽覆之。后稷遂得不死。姜嫄以为神，收而养之，长因名弃。为儿时，好种树禾、黍、桑、麻、五谷[3]，相[4]五土之宜，青赤黄黑，陵[5]水高下，粱、稷、黍、禾、蘽、麦、豆、稻，各得其理。尧遭洪水，人民泛滥，遂高而居。尧聘弃，使教民山居，随地造区，研营种之术。三

---

① 帝喾：姬姓，名俊，五帝之一。司马迁说他是黄帝的曾孙。

② 淫泆：淫荡，淫乱。

③ 五谷：谷物的统称。

④ 相：相看，察看。

⑤ 陵：泛指陆地。

年余，行人无饥乏之色。乃拜弃为农师[①]，封之台，号为后稷，姓姬氏。

后稷就国，为诸侯。卒，子不窋立，遭夏氏世衰，失官，奔戎、狄[②]之间。其孙公刘。公刘慈仁，行不履生草，运车以避葭[③]苇。公刘避夏桀于戎、狄，变易风俗，民化其政。公刘卒，子庆节立。其后八世，而得古公亶甫，修公刘、后稷之业，积德行义，为狄人所慕。薰鬻[④]、戎姤而伐之，古公事之以犬马牛羊，其伐不止；事以皮币金玉重宝，而亦伐之不止。古公问："何所欲？"曰："欲其土地。"古公曰："君子不以养害。害所养，国所以亡也。而为身害，吾所不居也。"古公乃杖策[⑤]去邠，逾梁山而处岐周，曰："彼君与我何异？"邠人父子兄弟相帅，负老携幼，揭釜甑而归古公。居三月，成城郭；一年，成邑；二年，成都，而民五倍其初。

古公三子，长曰太伯，次曰仲雍（雍一名吴仲），少曰季历。季历娶妻太任氏，生子昌。昌有圣瑞。古公知昌圣，欲传国以及昌，曰："兴王业者，其在昌乎？"因更名曰季

---

① 农师：中国古代掌管农事的官员。
② 戎、狄：泛指中国古代西部的少数民族和北部的少数民族。
③ 葭：刚刚长出的芦苇。
④ 薰鬻：中国古时候北方的一个少数民族，可能是匈奴的别名。
⑤ 杖策：拿着鞭子。指拿鞭子抽打马前行。

历。太伯、仲雍望风知指①，曰："历者，適也。"知古公欲以国及昌。古公病，二人托名采药于衡山，遂之荆蛮，断发文身②，为夷狄之服，示不可用。古公卒，太伯、仲雍归，赴丧毕，还荆蛮。国民君而事之，自号为勾吴。吴人或问："何像而为勾吴？"太伯曰："吾以伯长居国，绝嗣者也。其当有封者，吴仲也。故自号勾吴，非其方乎？"荆蛮义之，从而归之者千有余家，共立以为勾吴。数年之间，民人殷富。遭殷之末世衰，中国侯王数用兵，恐及于荆蛮，故太伯起城周三里二百步，外郭三百余里，在西北隅，名曰故吴，人民皆耕田其中。

古公病③，将卒，令季历让国于太伯，而三让不受，故云"太伯三以天下让"。于是季历莅政，修先王之业，守仁义之道。季历卒，子昌立，号曰西伯，遵公刘、古公之术，业于养老，天下归之。西伯致太平，伯夷自海滨而往。西伯卒，太子发立，任周、召而伐殷。天下已安，乃称王，追谥古公为太王，追封太伯于吴。太伯祖卒，葬于梅里平墟。仲雍立，是为吴仲雍。仲雍卒，子季简，简子叔达，达子周章，章子熊，熊子遂，遂子柯相，相子强鸠夷，夷子馀乔疑

---

① 指：通"旨"，旨意。

② 断发文身：把长发剪了，文花纹在身上。

③ 病：病得很严重。

吾，吾子柯庐，庐子周繇，繇子屈羽，羽子夷吾，吾子禽处，处子专，专子颇高，高子句毕立。是时晋献公灭周北虞虞公，以开晋之伐虢氏。毕子去齐，齐子寿梦立，而吴益强，称王。凡从太伯至寿梦之世，与中国时通朝会，而国斯霸焉。

精彩解说

　　吴国的先君叫作太伯，是后稷的后代。后稷的母亲是有邰氏的女子，名叫姜嫄，是帝喾的嫡妻。在她年轻还没有身孕时，她去野外游玩，发现了一个巨人的脚印。她看了看，心中很是开心，因为喜欢这个形状，就走上去踩它，这时她突然觉得身体里面一动，似乎被人碰了一下。后来她发现自己怀孕了，害怕披上淫荡放纵的恶名，于是祭祀请求上天，说自己不想要孩子。可由于她踩了上天的足印，上天还是让她有了孩子。姜嫄觉得这事很怪异，就把孩子扔在了狭小的巷道里，但路过的牛马看见这个孩子都躲开了，绕道而行；姜嫄又把他扔到树林里，正好碰到很多的伐木人；姜嫄又把他扔到湖里的冰上，可是许多鸟用羽毛盖住了他。后稷于是没死。姜嫄觉得他很神奇，就留下了他抚养长大，长大后这孩子因为这件事被取名为弃。弃在小时候就喜欢种禾、黍、桑、麻和五谷，查看了五种土地都适宜种些什么，土色的青赤黄黑以及陆地水泽的高低，让粢、稷、黍、禾、芋、麦、豆、稻等都种植在适合它们生长的地方。尧当首领时，遇到了洪灾，洪水肆虐，人民十分痛苦，就寻找比较高的地方居住。尧请来弃，让他把在山上生活的方法教给百姓，依据地形建造田地，研究经营耕种的技术。三年多过去了，路上的人再也没有饥饿困乏的神色了。尧便将弃任命为农师，并把邰这个地方赐给他，号后稷，姓姬氏。

后稷去封国后，成了诸侯。他死后，他的儿子不窋被立为诸侯，当时夏朝已经逐渐走向衰败，不窋失去了官职，不再掌管农业，逃往靠近戎、狄的地方。他的孙子叫公刘。公刘是个慈和仁爱的人，走路的时候不会踩踏青草，驾车时也会避开芦苇。公刘为了躲开夏桀便住在戎、狄的地方，他使得那里的风俗改变，他的政教感化了当地的民众。公刘逝世后，他的儿子庆节继承了他的位置。庆节之后又过了八代，就是古公亶甫，他继承和发展了公刘、后稷的事业，积仁德，行道义，被狄族的人们仰慕、敬爱。薰鬻、戎出于嫉妒要讨伐他，古公用狗马牛羊供奉他们，但他们的讨伐并没有停止；古公用裘皮、丝织品、黄金、玉器等珍宝供奉他们，但他们的讨伐依旧没有停止。古公问："你们究竟是为了什么来攻打呢？"他们答道："想要你的土地。"古公说："君子不会因为养人的土地去伤害百姓。为了养人的土地而伤害百姓，这是国家灭亡的根本原因啊。而因为我使民众受到伤害，我不能住在这里了。"古公便挥着鞭子，骑马离开了邠地。他越过梁山，在岐山脚下的周原住了下来，并对邠地的百姓说："他们的国君和我有什么区别呢？"但邠地的百姓依旧父子兄弟结着伴，背着老人，带着孩子，挑着炊具来归附古公。古公在周原住了三个月，就形成了城郭；住了一年，那里就形成了一个城邑；住了两年，国都就建成了，人口也发展到原来的五倍。

古公有三个儿子，大儿子叫太伯，二儿子叫仲雍（也叫吴仲），小儿子叫季历。季历娶了太任氏为妻，生下儿子叫姬昌。姬昌刚出生的时候，天上出现了吉祥的征兆。古公知道姬昌有圣德，就想把国家传给姬昌，说："能够使王业振兴的人，大概就是昌吧？"因此给小儿子改名为季历。太伯和仲雍看到这情形就明白了古公的意思，说："历是嫡的意思啊。"他们明白古公想传位给姬昌。古公病了，太伯、仲雍以到衡山去采药为借口，于是到了吴越，并按当地习俗将头发剪短，文了花纹，穿着当地部族的衣服，用着当地的器物，表示自己不会再回周继位。古公死后，太伯、仲雍回来了，奔丧结束后他们又到吴越。当地人侍奉太伯就像国君一样，太伯就自称为勾吴。吴地有人问他："为什么叫作勾吴呢？"太伯说："我凭着自己是兄长才居于君位，可我没有后代。吴仲才应该占有这片土地，成为它的国君啊。因此，从一开始就叫作勾吴，这样不就符合道义了吗？"当地的百姓觉得太伯很讲道义，有上千家归附了他，大家齐心拥戴他建立了吴国。

短短几年，这里的人们就变富了。这个时候正好是商朝末年，世道衰微，中原地区的诸侯经常打仗，太伯怕吴越这个地方被战争波及，所以开始筑城防御。内城周长三里二百步，外城周长三百多里，这地方位于西北角，叫作旧吴城，百姓们都在里面耕种田地。

古公在病重将要死去时，让季历让位给太伯，可太伯多次拒绝，并不接受，所以说"太伯三以天下让"。于是季历继承了君位，继续先王的事业，遵守仁义之道。季历死去后，他的儿子姬昌成了国君，号西伯，他遵循公刘、古公的传统，敬养老人，所以天下的人都归附他。西伯让国内变得太平，伯夷从海边去投奔他。西伯死后，太子姬发继承君位，成了国君，任用周公旦和召公奭讨伐殷商。平定天下后，才称王，他把古公追称为太王，给太伯追封了吴地。吴国的始祖太伯死后，安葬于梅里平墟。仲雍成了国君，也就是吴仲雍。仲雍去世后，儿子季简继承了君位，然后是季简的儿子叔达，叔达的儿子周章，周章的儿子熊，熊的儿子遂，遂的儿子柯相，柯相的儿子强鸠夷，强鸠夷的儿子馀乔疑吾，馀乔疑吾的儿子柯庐，柯庐的儿子周繇，周繇的儿子屈羽，屈羽的儿子夷吾，夷吾的儿子禽处，禽处的儿子专，专的儿子颇高，颇高的儿子句毕，他们一个接一个地把王位传承了下去。这时，晋献公将周都北面的虞国灭了，这是由于晋侯进攻虢国的时候，虞公给让开了道路。随后句毕的儿子去齐，去齐的儿子寿梦继位，从这时起，吴国变得越来越强大，开始自立为王。大概从太伯建国到寿梦的时代，吴国经常和中原各国来往、会见，并独霸一方了。

智慧解析

本篇主要讲述了吴国的先祖和吴国的建立及发展。吴国的起源要追溯到弃，他的出生十分神奇，母亲姜嫄多次丢弃他，他都幸运地活了下来。后来因为他对农事颇有研究，使百姓富足，被尧赏识，得了封号后稷。后稷在封地当了诸侯，他死后儿子不窋继承了他的位置。不窋的孙子叫作公刘，实行仁道，他后面的第九代子孙名为古公亶甫。古公的仁义获得了民众的尊崇，大家纷纷前来依附，形成了国都。古公有三个儿子，分别是太伯、仲雍和季历。古公死后，季历继承了他的位置，而太伯、仲雍去了吴越之地，建立了吴国。季历的孙子姬发后来平定了天下，建立了周朝，并且把吴地追封给太伯，吴国也因此变得越来越强大。在吴国逐渐发展的这段历史中，他们的国君都实行仁义之道，这才使得百姓尊崇他们，依附他们，使国家从无到有，变得越来越强大，直至独霸一方。由此可见，仁义之道是多么重要。

吴王寿梦传第二

寿梦元年，朝周，适楚，观诸侯礼乐。鲁成公会于钟离，深问周公礼乐。成公悉为陈前王之礼乐，因为咏歌三代之风①。寿梦曰："孤在夷蛮，徒以椎髻②为俗，岂有斯之服哉？"因叹而去，曰："於乎哉！礼也！"

二年，楚之亡大夫申公巫臣适吴，以为行人③，教吴射御，导之伐楚。楚庄王怒，使子反将，败吴师，二国从斯结仇。于是吴始通中国，而与诸侯为敌。

五年，伐楚，败子反。

十六年，楚恭王怨吴为巫臣伐之也，乃举兵伐吴，至衡山而还。

十七年，寿梦以巫臣子狐庸为相，任以国政。

二十五年，寿梦病，将卒。有子四人，长曰诸樊，次曰

---

① 三代之风：夏、商、周三个朝代的乐曲。

② 椎髻：用来比喻没文化的民族的粗鄙风俗习惯。

③ 行人：负责用国宾之礼接待各国使者的官员。

馀祭，次曰馀昧，次曰季札。季札贤，寿梦欲立之。季札让曰："礼有旧制，奈何废前王之礼而行父子之私乎？"寿梦乃命诸樊曰："我欲传国及札，尔无忘寡人之言。"诸樊曰："周之太王知西伯之圣，废长立少，王之道兴。今欲授国于札，臣诚耕于野。"王曰："昔周行之德加于四海，今汝于区区之国、荆蛮之乡，奚能成天子之业乎？且今子不忘前人之言，必授国以次及于季札。"诸樊曰："敢不如命？"寿梦卒。诸樊以適长摄行事，当国政。

吴王诸樊元年，已除丧，让季札，曰："昔前王未薨①之时，尝晨昧不安，吾望其色也，意在于季札。又复三朝悲吟而命我曰：'吾知公子札之贤。'欲废长立少，重发言于口。虽然，我心已许之，然前王不忍行其私计，以国付我。我敢不从命乎？今国者，子之国也，吾愿达前王之义。"季札谢曰："夫適长当国，非前王之私，乃宗庙②社稷之制，岂可变乎？"诸樊曰："苟可施于国，何先王之命有？太王改为季历，二伯来入荆蛮，遂城为国，周道就成。前人诵之，不绝于口，而子之所习也。"札复谢曰："昔曹公卒，庶存適亡，诸侯与曹人不义而立于国。子臧闻之，行吟而归。曹君惧，将立子臧，子臧去之，以成曹之道。札虽不

①薨：指死亡。
②宗庙：祭祀祖先的地方。

才，愿附子臧之义。吾诚避之。"吴人固立季札，季札不受而耕于野，吴人舍之。诸樊骄恣，轻慢鬼神，仰天求死。将死，命弟馀祭曰："必以国及季札。"及封季札于延陵^①，号曰"延陵季子"。

馀祭十二年，楚灵王会诸侯伐吴，围朱方^②，诛庆封。庆封数为吴伺祭，故晋、楚伐之也。吴王馀祭怒曰："庆封穷来奔吴，封之朱方，以效不恨士也。"即举兵伐楚，取二邑而去。

十三年，楚怨吴为庆封故伐之，心恨不解，伐吴，至乾豀^③。吴击之，楚师败走。

十七年，馀祭卒。馀昧立，四年，卒。欲授位季札，季札让，逃去，曰："吾不受位，明矣。昔前君有命，已附子臧之义。洁身清行，仰高履尚，惟仁是处，富贵之于我，如秋风之过耳。"遂逃归延陵。吴人立馀昧子州于，号为吴王僚也。

精彩解说

寿梦元年的时候，寿梦拜见了周天子，又到了楚国，观赏了诸侯国的礼乐。鲁成公在钟离会见了寿梦，寿梦深入地询问了周公制作礼乐的

----

① 延陵：古代城邑的名字，位于如今的江苏常州。
② 朱方：吴国的地名，位于如今的江苏丹徒。
③ 乾豀：春秋楚地，在今安徽亳州市东南。

情况。鲁成公具体详细地讲了先王的礼乐，并为他演奏了夏、商、周三代的乐曲。寿梦说："我在蛮夷地区，习俗朴陋，怎么会有这样的礼乐文化啊？"因此他感叹着离开了，说："哎呀！ 这礼制多好啊！"

二年，在外面流亡的楚国大夫申公巫臣到了吴国，被任命为接待各国使臣的外交官员，巫臣教吴国人射箭、驾驶战车，劝导他们攻打楚国。楚庄王十分生气，让子反带兵回击，打败了吴国的军队，两国自此结怨。从这时开始，吴国开始和中原各国往来，与各诸侯相抗衡。

五年，吴国讨伐楚国，打败了子反。

十六年，楚恭王怨恨吴国为了巫臣攻打楚国，于是起兵伐吴，一直打到了衡山才返回。

十七年，寿梦将巫臣的儿子狐庸任命为宰相，把处理国家政事的任务交给了他。

二十五年，寿梦病得很重，快去世了。他有四个儿子，大儿子名为诸樊，二儿子名为馀祭，三儿子名为馀眛，小儿子名为叫季札。季札有才华且贤德，寿梦想传位给他。季札婉拒说："礼制中有规定，怎么能废弃先王的礼制而徇父子间的私情呢？"因此寿梦命令诸樊说："我想把国家传给季札，你别忘了我说的话。"诸樊说："周太王古公亶甫知道西伯昌的圣德，所以把长子废除而让少子继承君位，而后周族王业振兴。如今您想把国家交给季札，我心甘情愿去野外耕地当一个平民。"吴王寿梦说："以前周王能把施行的仁德遍布天下，如今你一个蛮夷之地的小国，如何成就天子伟业呢？假如你不把我的话忘记，那就必须按兄弟排次把国家传给季札。"诸樊说："您的命令，我哪里敢不服从呢？"寿梦死去了。诸樊因为是嫡长子所以代行君权，管理国政。

吴王诸樊元年，服丧期结束后，他想把君位让给季札，说："从前先王还活着的时候，曾早晚心中不安。我观察他的神色，明白他把希望都放在了你身上。他还在朝中各种场合时不时地哀叹，并同我说：'我知道公子季札的贤才啊。'他本想废除我而立你为国君，可难以说出口。虽然是这个样子，我已经同意了他的请求，可先王不忍按他的私情来做事情，还是把国家交给了我。我难道敢不服从命令吗？如今，这个国家是您的国家了，我希望能够达成先王的遗愿。"季札辞让说："嫡长子掌管国政，这不是先王的私情，而是祖宗传下来的国家制度，怎能变更呢？"诸樊说："假如对国家有好处，先王的命令又有什么关系呢？太王没有让嫡长子继承君位，改立季历，季历的两个哥哥就到吴越之地筑城墙建国家，成就了周王朝的治国之道。前人对他们称颂不已，赞不绝口，这您也是清楚的啊。"季札还是推让说："过去曹宣公去世后，他的庶子负刍将嫡长子杀害，自己继承了君位，诸侯和曹国的百姓都觉得把庶子负刍立为国君是不符合道义的。曹宣公的另一个庶子子臧听说这事后，边走边哀叹，回了曹国。曹成公也害怕了，要将子臧立为曹君，子臧逃走了，来成全曹国的治国之道。我虽无才德，但愿意和子臧一样奉行他的处世之道。我真诚地避让这个位置。"吴国的人坚决要拥立季札为国君，季札始终不接受，去野外耕种，吴国的人只能放弃了。诸樊故意装出一副骄纵放肆的样子，怠慢鬼神，仰头求老天赐死自己。死之前，他对弟弟馀祭下令说："必定要把国家交到季札手上。"季札被封到延陵，封号"延陵季子"。

馀祭十二年，楚灵王联合诸侯一起进攻吴国，把朱方团团围住，杀死了庆封。因为庆封数次为吴国侦察敌情，所以晋、楚两国才要讨伐他。吴王馀祭十分生气地说："庆封是实在没有办法了才投奔吴国的，我把他封在朱方，以此表明我们不仇视有才华的人。"于是发兵进攻楚国，夺得了两个城邑才退兵。

十三年，楚国怨恨吴国为庆封攻打自己，心里的怨气怎么也消除不了，所以进攻吴国，军队到了乾谿。吴国军队很快反击，楚军战败逃走了。

十七年，馀祭死去。继承君位的是馀昧，在位四年也去世了。馀昧去世前想传位于季札，季札推辞，逃走了，说：“我很早以前就说过不愿意接受君位。过去先君命令我继承君位，我就下定决心奉行子臧的道义。洁身自好，行为清净，追求高尚的品德，小心地奉行仁道，对我而言，荣华富贵就像一阵秋风，吹过耳边就没了。”于是他逃回了延陵。吴国的人就拥立馀昧的儿子州于，让他当了吴国国君，号称吴王僚。

智慧解析

本篇主要讲述了寿梦元年之后，一直到吴王僚继位之前所发生的事情。吴国国君寿梦在位期间，在外流亡的楚国大夫申公巫臣到了吴国当官，并劝导吴国攻打楚国。楚庄王为此十分愤怒，派人反击，打败了吴国。两国从此结怨，后来又相互攻打了几次。寿梦死后，诸樊继承了君位，诸樊死后弟弟馀祭成了吴国国君。馀祭在位期间，楚国联合诸侯来攻打吴国，但接连失败。馀祭死后，继承君位的是馀昧，再然后是馀昧的儿子州于，也就是吴王僚。从这段历史中，我们可以看出吴国和楚国积怨的原因，以及从此吴国和楚国纠纷不断。表面上看是一个臣子引起的纠纷，事实上利益的冲突和君王的不甘才是最根本的原因。

王僚使公子光传第三

二年，王僚使公子光伐楚，以报前来诛庆封也。吴师败而亡舟[1]，光惧因舍，复得王舟而还。光欲谋杀王僚，未有所与合议，阴求贤，乃命善相者为吴市吏。

五年，楚之亡臣伍子胥来奔吴。伍子胥者，楚人也，名员。员父奢，兄尚。其前名曰伍举，以直谏事楚庄王。王即位三年，不听国政，沉湎于酒，淫于声色，左手拥秦姬，右手抱越女，身坐钟鼓之间而令曰："有敢谏者，死！"于是伍举进谏曰："有一大鸟，集楚国之庭[2]，三年不飞亦不鸣，此何鸟也？"于是庄王曰："此鸟不飞，飞则冲天；不鸣，鸣则惊人。"伍举曰："不飞不鸣，将为射者所图，弦矢卒[3]发，岂得冲天而惊人乎？"于是庄王弃其秦姬、越女，罢钟鼓之乐，用孙叔敖，任以国政，遂霸天下，威伏诸

① 亡舟：丢失了王舟。王舟，名艅艎，是吴国最华丽的战船。

② 庭：通"廷"，指朝堂。

③ 卒：同"猝"，一下子，忽然。

侯。庄王卒，灵王立。建章华之台，与登焉。王曰："台美！"伍举曰："臣闻国君服宠①以为美，安民以为乐，克听以为聪，致远以为明。不闻以土木之崇高、虫镂之刻画、金石之清音、丝竹之凄唳以之为美。前庄王为抱居之台，高不过望国氛②，大不过容宴豆③，木不妨守备，用不烦官府，民不败时务，官不易朝常。今君为此台七年，国人怨焉，财用尽焉，年谷败焉，百姓④烦焉，诸侯忿怨，卿士讪谤，岂前王之所盛，人君之美者耶？臣诚愚，不知所谓也。"灵王即除工去饰，不游于台。由是伍氏三世为楚忠臣。

楚平王有太子名建，平王以伍奢为太子太傅，费无忌为少傅。平王使无忌为太子娶于秦。秦女美容，无忌报平王曰："秦女天下无双，王可自取⑤。"王遂纳秦女为夫人，而幸爱之，生子珍，而更为太子娶齐女。无忌因去太子而事平王，深念平王一旦卒而太子立，当害己也，乃复谗太子建。建母蔡氏无宠，乃使太子守城父⑥，备边兵。顷之，无忌日夜言太子之短，曰："太子以秦女之故，不能无怨

① 服宠：令人归顺和敬重。

② 望国氛：通过观察天象来了解国家的吉凶。

③ 豆：古代的容器，用来装食物。

④ 百姓：此处指百官。

⑤ 取：通"娶"，娶妻。

⑥ 城父：春秋楚地名，一说今安徽亳州市东南七十里城父集，一说在今河南宝丰东。

望之心，愿王自备。太子居城父，将兵，外交诸侯，将入为乱。"平王乃召伍奢而按问之。奢知无忌之谗，因谏之曰："王独奈何以谗贼小臣而疏骨肉乎？"无忌承宴①，复言曰："王今不制，其事成矣，王且见擒。"平王大怒，因囚伍奢，而使城父司马奋扬往杀太子。奋扬使人前告太子："急去！不然将诛。"三月，太子奔宋。

无忌复言平王曰："伍奢有二子，皆贤，不诛，且为楚忧。可以其父为质而召之。"王使使谓奢曰："能致二子则生，不然则死。"伍奢曰："臣有二子，长曰尚，少曰胥。尚为人慈温仁信，若闻臣召，辄来。胥为人少好于文，长习于武，文治邦国，武定天下，执纲守戾，蒙垢受耻，虽冤不争，能成大事。此前知之士，安可致耶？"

平王谓伍奢之誉二子，即遣使者驾驷马，封函印绶往，诈召子尚、子胥。令曰："贺二子，父奢以忠信慈仁，去难就免。平王内惭因系忠臣，外愧诸侯之耻，反遇奢为国相，封二子为侯。尚赐鸿都侯，胥赐盖侯，相去不远三百余里。奢久因系，忧思二子，故遣臣来奉进印绶。"尚曰："父系三年，中心忉怛②，食不甘味，尝苦饥渴，昼夜感思，忧父不活。惟父获免，何敢贪印绶哉？"使者曰："父

①承宴：趁着空闲的时候。承，通"乘"。宴，安逸，休息。
②忉怛：伤心难过。

囚三年，王今幸赦，无以赏赐，封二子为侯。一言当至，何所陈哉？"

　　尚乃入报子胥曰："父幸免死，二子为侯，使者在门，兼封印绶，汝可见使。"子胥曰："尚且安坐，为兄卦之。今日甲子，时加于巳，支伤日下，气不相受。君欺其臣，父欺其子。今往方死，何侯之有？"尚曰："岂贪于侯，思见父耳。一面而别，虽死而生。"子胥曰："尚且无往，父当我活。楚畏我勇，势不敢杀。兄若误往，必死不脱。"尚曰："父子之爱，恩从中出，徼倖相见，以自济达。"于是子胥叹曰："与父俱诛，何明于世？冤仇不除，耻辱日大。尚从是往，我从是决①。"尚泣曰："吾之生也，为世所笑，终老地上，而亦何之？不能报仇，毕为废物。汝怀文武，勇于策谋，父兄之仇，汝可复也。吾如得返，是天祐之，其遂沉埋②，亦吾所喜。"胥曰："尚且行矣，吾去不顾。勿使临难，虽悔何追！"旋泣辞行，与使俱往。

　　楚得子尚，执而囚之，复遣追捕子胥。胥乃贯弓执矢去楚。楚追之，见其妻，曰："胥亡矣，去三百里。"使者追及无人之野，胥乃张弓布矢，欲害使者，使者俯伏而走。胥曰："报汝平王，欲国不灭，释吾父兄。若不尔者，楚为墟

---

① 决：告辞。
② 沉埋：死亡。

矣。"使返报平王，王闻之，即发大军追子胥至江，失其所在，不获而返。子胥行至大江，仰天行哭林泽之中，言："楚王无道，杀吾父兄，愿吾因于诸侯以报仇矣！"闻太子建在宋，胥欲往之。伍奢初闻子胥之亡，曰："楚之君臣且苦兵矣！"尚至楚就父，俱戮于市。

伍员奔宋，道遇申包胥，谓曰："楚王杀吾兄父，为之奈何？"申包胥曰："於乎！吾欲教子报楚，则为不忠；教子不报，则为无亲友也。子其行矣，吾不容言①。"子胥曰："吾闻父母之仇，不与戴天履地；兄弟之仇，不与同域接壤；朋友之仇，不与邻乡共里。今吾将复楚辜，以雪父兄之耻。"申包胥曰："子能亡之，吾能存之；子能危之，吾能安之。"胥遂奔宋。

宋元公无信于国，国人恶之。大夫华氏谋杀元公，国人与华氏因作大乱。子胥乃与太子建俱奔郑，郑人甚礼之。太子建又适晋，晋顷公曰："太子既在郑，郑信太子矣。太子能为内应而灭郑，即以郑封太子。"太子还郑，事未成，会欲私其从者，从者知其谋，乃告之于郑。郑定公与子产诛杀太子建。

建有子名胜，伍员与胜奔吴。到昭关，关吏欲执之。伍

---

① 容言：说话留有回转的余地。

员因诈曰："上所以索我者，美珠也。今我已亡矣，将告子取吞之。"关吏因舍之。与胜行去，追者在后，几不得脱。至江，江中有渔父乘船从下方溯水而上。子胥呼之，谓曰："渔父渡我！"如是者再。渔父欲渡之，适会①旁有人窥之，因而歌曰："日月昭昭乎侵已驰，与子期乎芦之漪。"子胥即止芦之漪。渔父又歌曰："日已夕兮予心忧悲，月已驰兮何不渡为？事浸急兮当奈何？"子胥入船，渔父知其意也，乃渡之千浔之津。子胥既渡，渔父乃视之，有其饥色，乃谓曰："子俟我此树下，为子取饷。"渔父去后，子胥疑之，乃潜身于深苇之中。有顷，父来，持麦饭、鲍鱼羹、盎浆，求之树下，不见，因歌而呼之，曰："芦中人，芦中人，岂非穷士乎？"如是至再，子胥乃出芦中而应。渔父曰："吾见子有饥色，为子取饷，子何嫌哉？"子胥曰："性命属天，今属丈人，岂敢有嫌哉？"二人饮食毕，欲去，胥乃解百金之剑，以与渔者："此吾前君之剑，中有七星，价直百金，以此相答。"渔父曰："吾闻楚之法令：得伍胥者，赐粟五万石，爵执圭。岂图取百金之剑乎？"遂辞不受，谓子胥曰："子急去，勿留，且为楚所得。"子胥曰："请丈人姓字。"渔父曰："今日凶凶②，两贼相逢，

---

① 适会：刚好遇到。

② 凶凶：指当今世道很危险。

吾所谓渡楚贼也。两贼相得，得形于默，何用姓字为？子为芦中人，吾为渔丈人，富贵莫相忘也。"子胥曰："诺。"既去，诫渔父曰："掩子之盎浆，无令其露。"渔父诺。子胥行数步，顾视渔者，已覆船自沉于江水之中矣。

子胥默然，遂行至吴，疾于中道，乞食溧阳。适会女子击绵于濑水之上，筥中有饭。子胥遇之，谓曰："夫人，可得一餐乎？"女子曰："妾独与母居，三十未嫁，饭不可得。"子胥曰："夫人赈穷途少饭，亦何嫌哉？"女子知非恒人，遂许之，发其箪筥，饭其盎浆，长跪而与之。子胥再餐而止。女子曰："君有远逝之行，何不饱而餐之？"子胥已餐而去，又谓女子曰："掩夫人之壶浆，无令其露。"女子叹曰："嗟乎！妾独与母居三十年，自守贞明，不愿从适①，何宜馈饭而与丈夫？越亏礼仪，妾不忍也。子行矣！"子胥行，反顾女子，已自投于濑水矣。於乎！贞明执操，其丈夫女哉！

子胥之吴，乃被发佯狂，跣足②涂面，行乞于市。市人观，罔有识者。翌日，吴市吏善相者见之，曰："吾之相人多矣，未尝见斯人也，非异国之亡臣乎？"乃白吴王僚，具陈其状："王宜召之。"王僚曰："与之俱入。"公子光闻

———————

① 从适：嫁人。

② 跣足：光脚。

之，私喜曰："吾闻楚杀忠臣伍奢，其子子胥，勇而且智，彼必复父之仇，来入于吴。"阴欲养之。市吏于是与子胥俱入见王，王僚怪其状伟，身长一丈，腰十围，眉间一尺。王僚与语三日，辞无复者。王曰："贤人也。"子胥知王好之，每入语语，遂有勇壮之气，稍道其仇，而有切切①之色。王僚知之，欲为兴师复仇。公子谋杀王僚，恐子胥前亲于王而害其谋，因谗："伍胥之谏伐楚者，非为吴也，但欲自复私仇耳，王无用之。"子胥知公子光欲害王僚，乃曰："彼光有内志，未可说以外事②。"入见王僚，曰："臣闻诸侯不为匹夫兴师用兵于比国。"王僚曰："何以言之？"子胥曰："诸侯专为政，非以意，救急后兴师。今大王践国制威，为匹夫兴兵，其义非也。臣固不敢如王之命。"吴王乃止。

　　子胥退耕于野，求勇士荐之公子光，欲以自媚，乃得勇士专诸。专诸者，堂邑人也，伍胥之亡楚如吴时，遇之于途。专诸方与人斗，将就敌，其怒有万人之气，甚不可当，其妻一呼即还。子胥怪而问其状："何夫子之怒盛也，闻一女子之声而折道，宁有说乎？"专诸曰："子视吾之仪，宁类愚者也？何言之鄙也？夫屈一人之下，必伸万人之上。"

---

① 切切：着急、急迫的样子。

② 外事：指讨伐他国。

子胥因相其貌，碓颡①而深目，虎膺而熊背，戾于从难，知其勇士，阴而结之，欲以为用。遭公子光之有谋也，而进之公子光。

光既得专诸，而礼待之。公子光曰："天以夫子辅孤之失根也。"专诸曰："前王馀眜卒，僚立，自其分也，公子何因而欲害之乎？"光曰："前君寿梦有子四人，长曰诸樊，则光之父也，次曰馀祭，次曰馀眜，次曰季札。札之贤也。将卒，传付适长，以及季札。念季札为使，亡在诸侯，未还，馀眜卒，国空，有立者，适长也。适长之后，即光之身也。今僚何以当代立乎？吾力弱，无助于掌事之间，非用有力徒，能安吾志？吾虽代立，季子东还，不吾废也。"专诸曰："何不使近臣从容言于王侧，陈前王之命，以讽②其意，令知国之所归？何须私备剑士，以捐先王之德？"光曰："僚素贪而恃力，知进之利，不睹退让。吾故求同忧之士，欲与之并力。惟夫子诠斯义也。"专诸曰："君言甚露③乎？于公子何意也？"光曰："不也。此社稷之言也，小人不能奉行，惟委命矣。"专诸曰："愿公子命之。"公子光曰："时未可也。"专诸曰："凡欲杀人君，必前求其

---

① 碓（duì）颡（sǎng）：形如碓的高额头。

② 讽：婉转地劝说。

③ 露：直接。

所好。吴王何好？"光曰："好味。"专诸曰："何味所甘？"光曰："好嗜鱼之炙也。"专诸乃去，从太湖学炙鱼，三月得其味，安坐待公子命之。

八年，僚遣公子伐楚，大败楚师，因迎故太子建母于郑。郑君送建母珠玉簪珥，欲以解杀建之过。

九年，吴使光伐楚，拔居巢、钟离。吴所以相攻者，初，楚之边邑脾梁之女与吴边邑处女蚕，争界上之桑，二家相攻，吴国不胜，遂更相伐，灭吴之边邑。吴怒，故伐楚，取二邑而去。

十二年冬，楚平王卒。伍子胥谓白公胜曰："平王卒，吾志不悉矣。然楚国有，吾何忧矣？"白公默然不对，伍子胥坐泣于室。

十三年春，吴欲因楚葬而伐之，使公子盖馀、烛庸以兵围楚，使季札于晋以观诸侯之变①。楚发兵绝吴后，吴兵不得还。于是公子光心动。伍胥知光之见机也，乃说光曰："今吴王伐楚，二弟将兵，未知吉凶。专诸之事，于斯急矣。时不再来，不可失也。"于是公子见专诸曰："今二弟伐楚，季子未还，当此之时，不求何获？时不可失，且光真王嗣也。"专诸曰："僚可杀也。母老，子弱，弟伐

---

① 变：态度变化。

楚，楚绝其后。方今吴外困于楚，内无骨鲠之臣，是无如我何也。”

四月，公子光伏甲士于窟室中，具酒而请王僚。僚白其母曰："公子光为我具酒，来请期，无变悉乎？"母曰："光心气怏怏①，常有愧恨之色，不可不慎。"王僚乃被棠铁之甲三重，使兵卫陈于道，自宫门至于光家之门。阶席左右皆王僚之亲戚，使坐立侍皆操长戟交轵。酒酣，公子光佯为足疾，入窟室裹足，使专诸置鱼肠剑炙鱼中进之。既至王僚前，专诸乃擘炙鱼，因推匕首。立戟交轵倚专诸胸，胸断臆开，匕首如故，以刺王僚，贯甲达背。王僚既死，左右共杀专诸，众士扰动。公子光伏其甲士，以攻僚众，尽灭之。遂自立，是为吴王阖闾也。乃封专诸之子，拜为客卿。

季札使还，至吴，阖闾以位让，季札曰："苟前君无废，社稷以奉君也，吾谁怨乎？哀死待生，以俟天命。非我所乱，立者从之，是前人之道。"命哭僚墓，复位而待。公子盖馀、烛庸二人，将兵遇围于楚者，闻公子光杀王僚自立，乃以兵降楚，楚封之于舒。

精彩解说

二年，吴王僚派遣公子光进攻楚国，以报先前楚国联合诸侯进攻吴

---

① 怏怏：不服或不开心的样子。

国并把庆封杀害之仇。吴军打了败仗，还把赫赫有名的战船王舟馀艎丢失了，公子光十分害怕吴王僚怪罪，就偷袭楚国的军队，重得王舟后才带兵回国。公子光想要谋害吴王僚，却没人能和他一起谋划，所以偷偷寻找贤能的人，并把一个对相面十分擅长的人任命为吴都集市的官吏。

五年，在外逃亡的楚国臣子伍子胥投奔了吴国。伍子胥是楚国人，名员。伍员的父亲名为伍奢，哥哥名为伍尚。伍员的祖父叫作伍举，曾经凭借直言进谏在楚庄王手下做事。楚庄王登上君位三年，并不听人汇报国家政事，每天沉迷在酒宴中，纵情于音乐和美女之中，左手抱着秦地的歌姬，右手抱着越国的美人，坐在钟声鼓乐当中，还下令道："有敢来进谏的人，就处死他。"这时，伍举进谏说："有一只很大的鸟，一直在楚国的殿堂上休息，三年了，不飞也不叫，请问这是什么鸟啊？"于是楚庄王说："这鸟不飞就罢了，一飞起来就会直冲云霄；不鸣叫就算了，一鸣叫就会使人震惊。"伍举说："这鸟既不飞也不叫，就会成为射鸟人的目标，等到箭一下射了过来，还能一飞冲天，使人震惊吗？"从这以后楚庄王舍弃了秦姬和越女，停止演奏钟鼓之乐，并重用孙叔敖，将国家政事托付给他，最终成了天下的霸主，威震诸侯。楚庄王去世后，楚灵王成了国君。楚灵王令人建造了章华台，和伍举一起登上去欣赏。楚灵王说："这台真是美啊！"伍举说："我听说国君把被百姓信服、尊敬作为美，把让百姓安居乐业当作快乐，把能听取劝谏作为耳聪，把能对远方的情况了如指掌作为明视，却从来没有听说过把巍峨的建筑、繁缛的镂刻雕画、清越悠扬的金钟石磬之声、凄唳的琴瑟箫管之音当作美。原先庄王建造的抱居台，它的高度只能够观望国家的气运是凶是吉，大小只能放得下宴饮的器皿，建造抱居台用的木材也不会妨碍城郭的守备，所产生的费用不会扰乱国库，虽然役使了百姓却不会耽误他们干农事，劳累了官吏却不影响他们正常工作。如今您建造此台花费了七年的时间，百姓颇有怨言，国家财物也都消耗完了，农业收成受影响，官吏也十分辛苦地奔波，诸侯又怒又恨，贵族卿士大夫也对这件事多有诋毁。难道这是先王所称道的，一个国君所称颂的吗？我确实蠢笨，不明白您说的啊。"楚灵王听后马上把工匠解雇，然后把台上的装饰品撤下，不再登台玩赏了。从此伍家三代人都成了楚国忠心耿耿的臣子。

楚平王的太子叫作建，平王命伍奢做了太子太傅，让费无忌担任了少傅的职位。平王派遣费无忌到秦国为太子求亲。要娶的这位秦国女子十分美丽，费无忌向平王报告说："秦国的那位女子美貌无双，您可以自己迎娶她。"平王就把这个秦国的美人迎娶来当了夫人，平王很是宠爱她，后来生了个儿子名叫珍，而给太子建另娶了一个齐国的女子。费无忌因此离开了太子去平王身边服侍，他很担心平王一旦去世太子建继位后会伤害自己，所以又在平王那儿进谗言，诋毁太子建。太子建的母亲是蔡氏，不被平王宠爱，所以平王派遣太子建去守卫城父，防备边境的敌国军队。没过多久，费无忌又一天到晚地在平王面前诋毁太子建，说坏话。他说："由于秦女的关系，太子不可能不生出怨恨之心，希望您自己多防备他。太子在城父住着，统帅军队，在外结交了别国诸侯，将要回国都发动叛乱。"平王于是召见伍奢来审问追究这件事情。伍奢清楚这是费无忌的谗言，劝谏平王说："为何您要因为那进谗言诋毁别人的小人而和自己的亲生骨肉疏远呢？"费无忌又趁空闲的时候对平王说："您如果现在不制止，那太子建做的事就会成功了，大王即将成为阶下囚啊。"平王又气又急，就拘禁了伍奢，同时派遣城父的司马奋扬去杀太子。奋扬提前派了人给太子通风报信："快逃，不然就会被杀。"三月，太子建逃到了宋国。

费无忌又对平王说："伍奢有两个儿子，十分贤能，倘若不把他们杀了，将会变成楚国的祸患。我们可把他们的父亲当作人质，召来他们。"平王就派了人去对伍奢说："你能召来两个儿子就能活下来，不然就会被处死。"伍奢说："我有两子，大儿子名尚，小儿子名胥。伍尚是个善良温和的人，向来仁厚守信，假如我召唤他，立刻就会过来。伍子胥从小就喜欢文辞，大了以后又练武，他的文才能治国，武功能安定天下，他固执且自信，就算是污蔑和耻辱也能忍受，就算被冤枉也不会争辩，能成大事。他是个有深谋远虑的贤士，怎么能召来他呢？"

楚平王觉得伍奢是故意夸赞他的两个儿子，就派遣使者驾着四匹马的大车，带着加封装匣的官印和绶带，去欺骗伍尚和伍子胥，让他们回国。使者拿制令说："恭喜二位，你们的父亲伍奢由于忠诚守信、善良仁慈而免除了灾难，被赦免。在国内大王对拘押忠臣这事感到后悔内疚，在国外他因为被诸侯们嘲笑而感到羞愧，所以反而将伍奢任命为国相，将你们封为侯。大王赐封伍尚为鸿都侯，赐封伍子胥为盖侯，你们的封地相隔不远，有三百多里的距离。伍奢长时间被关押，十分思念你们，因此派我来把印绶送给你们。"伍尚说："父亲被关押了三年，我们忧心不已，连吃饭都没有滋味了，总是忍受饥渴，日夜都在忧虑，害怕父亲活不了。我们就希望父亲能被赦免，怎么敢贪图官爵呢？"使者说："你们父亲被关押三年，幸好大王如今赦免了他，没有别的能用来赏赐的，就封他的两个儿子为侯。你们听了话后应当立刻赶往国都，还有什么好说的呢？"

伍尚就到里面对伍子胥说："父亲侥幸免了一死，我们俩被封为侯，使者就在门口，带着加封的印绶，你可以去见见他。"伍子胥说：
"你先安心坐着，我为你算一卦。今天是甲子日，时辰正好是巳时，地
支被干支所伤，气数如此，是不能接受制令的。这预示国君骗了大臣，
父亲骗了儿子。如今去国都刚好受死，怎么会有封侯的赏赐呢？"伍尚
说："我难道是贪图封侯吗？只是想见父亲而已啊！我和父亲见完面后
诀别，虽然死了也像活着一般。"伍子胥说："你先别去，因为我的关
系，父亲还活着。楚王怕我勇猛，一定不敢把父亲杀了。假如哥哥错误
地过去了，必定会被杀死，根本逃不了啊。"伍尚说："父子间的爱，
恩情来自内心，假如侥幸能够见到父亲，那我心里也坦然了。"于是伍
子胥哀叹道："我们和父亲都被处死的话，怎么让人们了解真相？如果
不能消除我们的冤仇，那么耻辱就会越来越大。哥哥你这次前去，我就
在这里和你诀别吧！"伍尚哭着说："我活着，会被人们嘲笑，就算在
世上好好活着，直到老死，又能如何呢？没办法报仇雪恨，到底还是个
废物。你胸怀文韬武略，擅长谋划，父亲和兄长的冤仇，你是能报的。
假如我能活着回来，就是老天庇佑了我；假如就此死去，我也心甘。"
伍子胥说："哥哥你马上就要出发，我也再不会回来。希望灾难不会发
生在你身上，不然后悔也没用了。"随后伍尚跟伍子胥挥泪相别，和楚
使者一起离开了。

　　楚平王得到伍尚后，马上囚禁了他，又派人抓伍子胥。伍子胥挽着
弓、拿着箭逃离了楚国。楚平王派去追伍子胥的人，看到了伍子胥的妻
子，她说："伍子胥逃走了，离开有三百里了。"使者追到了荒无人烟
的旷野，伍子胥拉开弓，搭上箭就要射杀使者，使者吓得弯下身，赶紧
往回跑。伍子胥喊道："回去向你们大王报告，要想国家不灭亡，就将
我的父兄放了。假如不这么做，楚国将会成为废墟。"使者回去后报告

了楚平王，楚平王听了，马上派大军去追捕伍子胥。追到江边，追捕的人不知道伍子胥藏在哪里，只能徒劳而返。伍子胥逃到江边，一边奔走在丛林沼泽里，一边仰天大哭，说："楚王昏庸，将我父兄杀害，希望我能靠着诸侯的力量来报仇。"听说太子建在宋国，伍子胥就准备去宋国投奔他。伍奢一听说伍子胥逃走的消息就说："楚国君臣就要遭受战乱之苦了！"伍尚来到楚都父亲身边，父子二人一起在集市上被杀了。

伍子胥投奔宋国，半路遇到申包胥，对他说："楚王把我的父兄杀害了，要怎么办呢？"申包胥说："唉！如果我教你报复楚国，那就是不忠；如果教你不去报仇，那就是没有亲友之情。你就这么走吧，我说不了什么。"伍子胥说："我听说要是有杀父母之仇，不能和仇人同顶一片天空，脚踩同一块地；如果是杀害兄弟之仇，不能和仇人生活在同一个地区以及邻近地区；如果是杀害朋友之仇，不能和仇人住在相邻的乡里或住在一个里巷。如今我将要报复楚王的罪孽，来洗去父兄身上的耻辱。"申包胥说："你能灭了楚国，我能保护它；你能使它处于险境，我能让它平安。"于是伍子胥投奔到宋国。

宋元公对国人不守信，百姓都讨厌他。大夫华氏谋划着将宋元公杀死，百姓十分支持，和他一起发动了大规模的叛乱。伍子胥就和太子建一起投奔到了郑国，郑国人对他们很有礼。太子建又到了晋国，晋顷公说："太子既然在郑国，而郑国的人也信任太子。假如太子能做我的内应，帮我们把郑国灭了，我就把郑国封赏给你。"太子建回到郑国，事情还没成，正要收买郑国随从，随从知道他的阴谋后就向郑定公报告。郑定公和子产一起杀了太子建。

太子建有个儿子名叫胜，伍员和胜一起逃走，投奔了吴国。他们到了昭关，守关的官吏想把他们囚禁起来。伍子胥骗他说："君上之所以派人抓我，是为了宝珠。如今我已弄丢了它，那只能告发说是你私吞了它。"关吏因此把他们放了。伍子胥和胜出关后，追兵一直在后面，差点无法脱身。伍子胥逃到江边，江中有个渔翁驾着船从下游逆水而上。伍子胥呼叫："渔翁请帮我渡江！"这样连着喊了两次。渔翁正要帮伍子胥渡江，可刚好有人窥视他们，所以渔翁歌唱道："日月明亮，渐渐驰去，我和您约在芦苇岸边。"伍子胥听后，就在芦苇岸边躲了起来。渔翁又唱道："太阳已下山啊，我心中悲伤，月亮已赶上来了啊，怎么还不渡江？事情越发紧急啊，要怎么办？"伍子胥上了船，渔翁知道伍子胥的意思，于是将他送到一个十分遥远的渡口上。伍子胥过江后，渔翁才仔细看了看他，发现他面有饥色，就对伍子胥说："你在这树下等我会儿，我去为你拿些食物。"渔翁走后，伍子胥有些怀疑，就躲到了芦苇深处。没多久，渔翁回来了，端着麦子饭、腌鱼羹和一罐水，到树下找人，却没找到，就用歌声呼唤他："芦苇中的人啊，芦苇中的人啊，难道你不是个走投无路的人吗？"这样喊了两次，伍子胥才走出芦苇来回应。渔翁说："我看你面有饥色，给你拿些食物，你为何要怀疑我啊？"伍子胥说："我的命是属于苍天的，如今属于您，怎么敢有猜疑呢？"两人吃喝好了后，伍子胥要走了就将自己价值百金的宝剑解下来，送给渔翁，说："这是我祖父的剑，铸有北斗七星，价值百两黄金，用它来报答您吧。"渔翁说："我听说楚国有法令：抓到伍子胥的人可赏粟五万石，还会被封爵位执珪。难道我还贪价值百两黄金的剑吗？"于是渔翁推辞，没有接受，对伍子胥说："你快逃吧，别停留，不然就要被楚国的人抓到了。"伍子胥说："请问您的尊姓大名。"渔翁说："如今世道凶险，两个叛贼相遇，我是那个帮楚国逃亡的叛贼渡江的贼了。两个叛贼志趣相投，这种投合表现在默契，哪需要知道姓名呢？你是芦中人，我是老渔翁，以后富贵了，别忘了我就行。"伍子胥说："好的。"他要离开，又告诫渔翁说："把你的壶浆遮好，别暴露在外。"渔翁答应了。伍子胥走了几步，回过头去看渔翁，只见他已弄翻了船，在江中自沉了。

伍子胥心情沉重，赶往吴国，途中得了病，在溧阳乞食。刚好一女子在濑水边捶捣绵帛，竹筐里装有饭食。伍子胥遇到她，对她说："夫人，能给我一餐饭吗？"女子说："我独自一人和母亲住着，三十岁了还没嫁，我不能把饭给你。"伍子胥说："夫人救济我这个处于困境的人一些饭食，又有什么好避嫌的呢？"女子明白伍子胥非同常人，就同意了，将装饭的竹筐打开，将汤饭盛好，直身而跪，把饭食端给伍子胥。伍子胥吃了两口就不吃了。女子说："您要走很远，怎么不吃饱呢？"伍子胥吃完饭离开，又对女子说："把你的壶浆藏好，别让它暴露在外。"女子哀叹说："唉！我独自一人和母亲住了三十年，守着自己的贞节，不愿出嫁，怎么能把饭食送给男子吃呢？我做这事越礼伤节，可是我不忍您饿肚子啊。您离开吧。"伍子胥走了几步，回过头去看那女子，她已投身到濑水里自杀了。唉！贞节守礼，真是大丈夫式的女人啊！

伍子胥到吴国后，披头散发，假装发疯，光着脚，脸上涂满了烂泥，在街市上行乞。街上的人都看他，却无人认识他。次日，吴国那擅长相面的集市官吏看到他，说："我给很多人相过面，还从没见过这样的人，难道是别国流亡到这儿的大臣？"于是他呈报吴王僚，详细地讲述了伍子胥的样子，并提议说："大王应该将他召来见见。"吴王僚说："你去请他一同觐见。"公子光听说这事，心里暗暗高兴地说："我听说楚王把忠臣伍奢杀了，他的儿子伍子胥是个有勇有谋的人，他肯定是为了替父报仇而投奔吴国的。"于是暗地里想把他收到自己门下。那位集市官吏和伍子胥一同进宫拜见了吴王僚，吴王僚对伍子胥魁梧高大的样子感到惊奇。伍子胥身高一丈，腰有十围粗，两眉中间相隔一尺。吴王僚和伍子胥交谈了三天，伍子胥说的话没重复过。吴王僚说："这是个贤才啊。"伍子胥明白吴王欣赏自己，每次进宫和吴王交谈时，都将自己的英勇豪壮之气表现出来，只要稍微说到自己的冤仇，就露出咬牙切齿的表情。吴王僚得知他的事情后，想兴兵为他报仇。公子光谋划把吴王僚杀害，害怕伍子胥先亲近吴王，导致阴谋失败，就对吴王僚进谗言："伍子胥劝大王讨伐楚国，并不是为吴国，而是想报私仇罢了，希望大王别用他的计策。"伍子胥明白公子光想把吴王僚杀了，心里想："公子光有篡位的野心，如今还不是游说吴王对外用兵的时候。"伍子胥入宫拜见吴王僚，说："我听说诸侯不会为一个普通人而大动干戈地讨伐邻国。"吴王僚问："怎么这样说？"伍子胥说："诸侯专权处理政事，并非只凭自己的想法做事，只有救急的时候才会让军队出动。如今您是国君，操持威权，假如为一个普通人派军队出动，道义上是不对的。我实在不敢听从您的命令啊。"吴王就此作罢。

　　伍子胥离开朝廷去乡间种地，到处寻访勇士推荐给公子光，想靠这个讨好公子光，于是找到了个勇士叫专诸。专诸是堂邑人，伍子胥从楚国逃走投奔吴国时，在路上遇见了他。那时候专诸正准备和人搏斗，即将逼近对方时他的愤怒堪比上万人发出的火气，势不可挡，可他的妻子一叫，他马上就回去了。伍子胥觉得奇怪，问他具体情况："您正盛怒，为何听到一个女子的声音就转身回去了呢？难道有什么说法？"专诸说："你看我的仪容，像个愚笨之人吗？你说话怎么如此粗鄙？我屈身于一人之下，但肯定出头于万人之上。"伍子胥仔细观察专诸的样子，看他有高高的额头、深凹的眼睛、虎一样的胸脯、熊一样的背，刚猛而敢冒险，知他是个勇士，就偷偷和他结交，想让他为己所用。刚好遇到公子光准备谋害吴王僚，伍子胥便将专诸引荐给了公子光。

公子光有了专诸后，待他十分有礼。公子光说："是老天爷派您来助我这失去王位的人啊！"专诸说："前王馀眜死后，僚登上了君位，这是符合他名分的事情啊，您为何要谋杀他呢？"公子光说："先君寿梦有四个儿子，大儿子是诸樊，是我的父亲，二儿子是馀祭，三儿子是馀眜，小儿子是季札。因为季札十分贤能，所以先君去世前，想把王位传给嫡长子，这样就按着顺序传给季札。念及季札是使者，在诸侯国出访还没回。因此，馀眜逝世后，国君的位置就空了下来。如果要立国君，应该是嫡长子为先。那嫡长子的后代是我啊。如今僚凭什么取代我登上君位呢？我势单力薄，执政大臣里无人帮我，不任用勇士，如何完成我的志向呢？我就算取代王僚而成为国君，季札东来回国，也不会将我废除。"专诸说："为何不派个亲近的大臣去吴王那从容地进言，将先君遗命讲述，婉转地劝说他，让他明白国家应有的归属呢？哪里需要偷偷准备刺客，而使先王的德行被毁呢？"公子光说："僚向来贪得无厌，凭着强力，只知贪图进取的好处，根本不知道退让。因此，我寻求能共患难的勇士，想和他齐心合作。望先生您能理解这道理。"专诸说："您的话实在太直白，您到底是什么用意呢？"公子光说："并非如此。这些话关乎国家命运，小人不能奉命做这样的事，只能把命交给您了啊。"专诸说："请您下令吧。"公子光说："时机还没到。"专诸说："凡是要刺杀国君，必定要先弄清楚他的喜好。吴王有什么爱好呢？"公子光说："他爱好美食。"专诸再问："最爱吃哪一种美食？"公子光说："他最爱的就是烤鱼。"专诸就离开吴都，去太湖练习烤鱼，三个月过去了，他烤的鱼已十分美味，就安心坐等公子光下令。

八年，僚派公子光讨伐楚国，公子光大败楚军，并迎回在郑国的已故楚太子建的母亲。郑国国君送了很多珍珠、宝玉、发簪和耳环等饰品给建的母亲，想借此消解杀了太子建的过错。

九年，吴国派公子光进攻楚国，夺得了楚国的居巢和钟离两地。吴国之所以进攻楚国，原本是因为楚国边镇脾梁的妇女和吴国边邑的妇女争抢边境的桑叶养蚕，两家互相攻击，吴国那家没能获利，就变成了吴楚双方交替相攻，把吴国的边邑灭了。吴王知道后勃然大怒，故发兵进攻楚国，夺取了两座城池才把军队撤回。

十二年冬天，楚平王逝世了。伍子胥对白公胜说："楚平王逝世了，我报仇的心志实现不了啊。可是楚国还在，我的仇还能报，我担忧什么呢？"白公胜沉默不语，伍子胥坐在屋中哭了。

十三年春，吴王想借着楚国举办丧事的时候进攻楚国，派公子盖馀和烛庸带领军队围攻楚国，同时让在晋国的季札观察诸侯们的反应。楚国发兵断了吴国军队的后路，让吴军不能退回国。于是公子光内心一动。伍子胥明白公子光看到了时机，就劝公子光说："现在吴王派遣士兵讨伐楚国，吴王的两个弟弟带兵出战，不知道吉凶。专诸的刺杀要抓紧了。时机不会再来，机会不容错过啊。"于是公子光召见专诸说："现在僚的两个弟弟正讨伐楚国，季札还在外面出使没有回来。遇到这种时机，不去求取，还能指望收获吗？机会不容错失，更何况我才是真正的王位继承人啊。"专诸说："僚可以杀。他的母亲已经衰老，儿子还弱小，弟弟又在讨伐楚国，而且后路已经被断。现在吴国的军队在外面被楚国困住，而朝廷里又无忠诚正直的大臣，是无法对抗我们的。"

　　四月，公子光在地下室埋伏了全副武装的士兵，设下酒宴来邀请吴王僚。吴王僚对他母亲说："公子光为我设下了酒宴，邀请我去，不会有什么变乱吧？"吴王僚的母亲说："光的脸上经常露出不服气、羞恼的神色，要小心啊。"于是吴王僚披戴了三层棠铁甲衣，沿路列兵守卫，从王宫大门一直到公子光的门口。台阶、席位和身边都是吴王僚的亲信，两旁站立的侍从都拿着长戟交叉护卫。喝酒正畅快的时候，公子光装作脚疼的样子，到地下室包扎脚，让专诸把鱼肠剑放在烤鱼里面藏好，端了进去。走到吴王僚面前，专诸就把烤鱼掰开，推了匕首出来。吴王僚的侍卫马上把戟交叉地插在专诸胸上，专诸前胸立刻被刺破，可他还是用匕首刺向吴王僚，把他的盔甲刺穿了，直达后背。吴王僚已经死去，他身边的侍从一起把专诸杀了，一时间众人扰动。公子光事先埋伏的甲兵，开始攻击吴王僚的侍从，把他们全杀了。于是公子光自立为国君，这就是吴王阖闾。阖闾封赏专诸的儿子，任命他当了客卿。

　　季札出使回来，阖闾以王位相让，季札说："如果对先王的祭祀没废弃，我愿意把国家奉献给您，我怨谁呢？我哀悼死去的僚，侍奉你，顺应天命。这祸乱不是我引起的，谁成了国君，我便顺从谁，这是祖先传下来的规矩。"他到僚的墓前复命哭祭，随后回到了原本的职位，等待阖闾安排任务。公子盖余、烛庸两个人带领的军队在楚国被包围，听说公子光把吴王僚杀了后自立为国君，就带着军队向楚国投降，楚国把他们封在了舒这个地方。

智慧解析

　　本篇主要介绍了吴王僚在位期间的历史。在这段时期，吴国和楚国之间依旧经常发生战事。伍奢是楚国的忠臣，可惜楚平王听信了费无忌的谗言，杀害了伍奢和他的大儿子伍尚，而伍奢的小儿子伍子胥料到楚平王不怀好意，历经千辛万苦逃过一劫，到了吴国投奔了吴王僚，决心要报仇雪恨。为此，伍子胥帮助阖闾杀害了吴王僚，使阖闾登上了君位。这部分详细介绍了伍子胥的逃亡过程，以及他帮助阖闾夺得君位。由这些故事情节可见伍子胥的机智勇敢和深谋远虑，被这样的敌人盯上，楚国必定会有危机。可见谗言不可信，否则就会害人害己。

阖闾内传第四

阖闾元年，始任贤使能，施恩行惠，以仁义闻于诸侯。仁未施，恩未行，恐国人不就，诸侯不信，乃举伍子胥为行人，以客礼事之，而与谋国政。阖闾谓子胥曰："寡人欲强国霸王，何由而可？"伍子胥膝进，垂泪顿首曰："臣，楚国之亡虏也，父兄弃捐，骸骨不葬，魂不血食[1]，蒙罪受辱，来归命于大王，幸不加戮，何敢与政事焉？"阖闾曰："非夫子，寡人不免于絷御之使。今幸奉一言之教，乃至于斯，何为中道生进退[2]耶？"子胥曰："臣闻谋议之臣，何足[3]处于危亡之地。然忧除事定，必不为君主所亲。"阖闾曰："不然。寡人非子，无所尽议，何得让乎？吾国僻远，顾在东南之地，险阻润湿，又有江海之害。君无守御，民无所依，仓库不设，田畴不垦。为之奈何？"子胥良久对曰：

---

① 血食：取动物的鲜血祭祀。

② 进退：文中指不再参加政事。

③ 何足：足够。

"臣闻治国之道，安君理民，是其上者。"阖闾曰："安君治民，其术奈何？"子胥曰："凡欲安君治民，兴霸成王，从近制远者，必先立城郭，设守备，实仓廪，治兵库。斯则其术也。"阖闾曰："善。夫筑城郭，立仓库，因地制宜，岂有天气之数以威邻国者乎？"子胥曰："有。"阖闾曰："寡人委计于子。"

子胥乃使相土尝水，象天法地，造筑大城，周回四十七里。陆门八，以象天八风，水门八，以法地八聪。筑小城，周十里，陵门三。不开东面者，欲以绝越明也。立阊门者，以象天门，通阊阖风①也。立蛇门者，以象地户也。阖闾欲西破楚，楚在西北，故立阊门以通天气，因复名之破楚门。欲东并大越，越在东南，故立蛇门以制敌国。吴在辰，其位龙也，故小城南门上反羽为两鲵鳝，以象龙角。越在巳地，其位蛇也，故南大门上有木蛇，北向首内，示越属于吴也。

城郭以成，仓库以具，阖闾复使子胥、屈盖馀、烛庸②习术战骑射御之巧。未有所用，请干将铸作名剑二枚。干将者，吴人也，与欧冶子同师，俱能为剑。越前来献三枚，阖闾得而宝之，以故使剑匠作为二枚，一曰干将，二曰莫耶。

---

① 阊阖风：文中指西风。

② 屈盖馀、烛庸在《吴越春秋·王僚使公子光传第三》中已降楚国，此处疑为作者的疏漏。姑从原文。

莫耶，干将之妻也。干将作剑，采五山之铁精，六合①之金英，候天伺地，阴阳同光，百神临观，天气下降，而金铁之精不销②沦流。于是干将不知其由。莫耶曰："子以善为剑闻于王，使子作剑，三月不成，其有意乎？"干将曰："吾不知其理也。"莫耶曰："夫神物之化，须人而成。今夫子作剑，得无得其人而后成乎？"干将曰："昔吾师作冶，金铁之类不销，夫妻俱入冶炉中，然后成物。至今后世即山作冶，麻绖葌服，然后敢铸金于山。今吾作剑不变化者，其若斯耶？"莫耶曰："师知烁身以成物，吾何难哉？"于是干将妻乃断发剪爪，投于炉中，使童女童男三百人鼓橐装炭，金铁乃濡③，遂以成剑。阳曰干将，阴曰莫耶。阳作龟文，阴作漫理。干将匿其阳，出其阴而献之，阖闾甚重。既得宝剑，适会鲁使季孙聘于吴，阖闾使掌剑大夫以莫耶献之。季孙拔，剑之锷中缺者大如黍米，叹曰："美哉！剑也。虽上国之师，何能加之！夫剑之成也，吴霸。有缺，则亡矣。我虽好之，其可受乎？"不受而去。

阖闾既宝莫耶，复命于国中作金钩。令曰："能为善钩者，赏之百金。"吴作钩者甚众，而有人贪王之重赏也，

---

① 六合：指天地世间。

② 销：熔化。

③ 濡：柔软，此指熔化。

杀其二子，以血衅①金，遂成二钩，献于阖闾，诣宫门而求赏。王曰："为钩者众，而子独求赏，何以异于众夫子之钩乎？"作钩者曰："吾之作钩也，贪而杀二子，衅成二钩。"王乃举众钩以示之："何者是也？"王钩甚多，形体相类，不知其所在。于是钩师向钩而呼二子之名："吴鸿、扈稽，我在于此，王不知汝之神也。"声绝于口，两钩俱飞着父之胸。吴王大惊，曰："嗟乎！寡人诚负于子。"乃赏百金，遂服而不离身。

六月，欲用兵，会楚之白喜来奔。吴王问子胥曰："白喜何如人也？"子胥曰："白喜者，楚白州犁之孙。平王诛州犁，喜因出奔，闻臣在吴而来也。"阖闾曰："州犁何罪？"子胥曰："白州犁，楚之左尹，号曰郤宛，事平王。平王幸之，常与尽日而语，袭朝而食。费无忌望而妒之，因谓平王曰：'王爱幸宛，一国所知。何不为酒，一至宛家，以示群臣于宛之厚？'平王曰：'善。'乃具酒于郤宛之舍。无忌教宛曰：'平王甚毅猛而好兵，子必前陈兵堂下门庭。'宛信其言，因而为之。及平王往而大惊，曰：'宛何等也？'无忌曰：'殆且有篡杀之忧，王急去之，事未可知。'平王大怒，遂诛郤宛。诸侯闻之，莫不叹息。喜闻臣

———————

① 衅（xìn）：同"衅"，古代用牲畜的血涂器物而祭。

在吴，故来，请见之。"阖闾见白喜而问曰："寡人国僻远，东滨海，侧闻①子前人为楚荆之暴怒，费无忌之谗口。不远吾国，而来于斯，将何以教寡人？"喜曰："楚国之失虏，前人无罪，横被暴诛。臣闻大王收伍子胥之穷厄，不远千里，故来归命，惟大王赐其死。"阖闾伤之，以为大夫，与谋国事。

吴大夫被离承宴问子胥曰："何见而信喜？"子胥曰："吾之怨与喜同，子不闻《河上歌》乎？'同病相怜，同忧相救。惊翔之鸟，相随而集。濑②下之水，因复俱流。'胡马望北风而立，越燕向日而熙③。谁不爱其所近，悲其所思者乎？"被离曰："君之言外也，岂有内意以决疑乎？"子胥曰："吾不见也。"被离曰："吾观喜之为人，鹰视虎步，专功擅杀之性，不可亲也。"子胥不然其言，与之俱事吴王。

二年，吴王前既杀王僚，又忧庆忌之在邻国，恐合诸侯来伐。问子胥曰："昔专诸之事于寡人厚矣。今闻公子庆忌有计于诸侯，吾食不甘味，卧不安席，以付于子。"子胥曰："臣不忠无行，而与大王图王僚于私室之中，今复欲讨

————

① 侧闻：从别处听说。

② 濑：急流。

③ 熙：玩耍。

其子，恐非皇天之意。"阖闾曰："昔武王讨纣，而后杀武庚，周人无怨色。今若斯议，何乃天乎？"子胥曰："臣事君王，将遂吴统①，又何惧焉？臣之所厚其人者，细人②也，愿从于谋。"吴王曰："吾之忧也，其敌有万人之力，岂细人之所能谋乎？"子胥曰："其细人之谋事，而有万人之力也。"王曰："其为何谁？子以言之。"子胥曰："姓要，名离。臣昔尝见曾折辱壮士椒丘诉也。"王曰："辱之奈何？"子胥曰："椒丘诉者，东海上人也，为齐王使于吴，过淮津，欲饮马于津。津吏曰：'水中有神，见马即出，以害其马。君勿饮也。'诉曰：'壮士所当，何神敢干？'乃使从者饮马于津，水神果取其马，马没。椒丘诉大怒，袒裼持剑，入水求神决战，连日乃出，眇③其一目。遂之吴，会于友人之丧。诉恃其与水战之勇也，于友人之丧席而轻傲于士大夫，言辞不逊，有陵人之气。要离与之对坐，合坐不忍其溢④于力也。时要离乃挫诉曰：'吾闻勇士之斗也，与日战不移表，与神鬼战者不旋踵，与人战者不达声，生往死还，不受其辱。今子与神斗于水，亡马失御，又受眇目之病，形

---

① 统：国统。

② 细人：身体单薄、力量微弱的人。

③ 眇：瞎了一只眼睛。

④ 溢：过度称赞。

残名勇，勇士所耻。不即丧命于敌，而恋其生，犹傲色于我哉！’于是椒丘诉卒于诘责，恨怒并发，暝即往攻要离。于是要离席阑至舍，诫其妻曰：‘我辱勇士椒丘诉于大家之丧，余恨蔚恚，暝必来也，慎无闭吾门。’至夜，椒丘诉果往，见其门不闭。登其堂，不关。入其室，不守。放发僵卧无所惧。诉乃手剑而捽要离曰：‘子有当死之过者三，子知之乎？’离曰：‘不知。’诉曰：‘子辱我于大家之众，一死也。归不关闭，二死也。卧不守御，三死也。子有三死之过，欲无得怨。’要离曰：‘吾无三死之过，子有三不肖之愧，子知之乎？’诉曰：‘不知。’要离曰：‘吾辱子于千人之众，子无敢报，一不肖也。入门不咳，登堂无声，二不肖也。前拔子剑，手挫捽吾头，乃敢大言，三不肖也。子有三不肖而威于我，岂不鄙哉？’于是椒丘诉投剑而叹曰：‘吾之勇也，人莫敢眦占①者，离乃加吾之上，此天下壮士也。’臣闻要离若斯，诚以闻矣。”吴王曰：“愿承宴而待焉。”

子胥乃见要离，曰：“吴王闻子高义，惟一临之。”乃与子胥见吴王。王曰：“子何为者？”要离曰：“臣，国东千里之人。臣细小无力，迎风则僵，负风则伏。大王有命，

---

① 眦占：侧目而视，表示轻视、不屑。

臣敢不尽力？"吴王心非子胥进此人，良久默然不言。要离即进曰："大王患庆忌乎？臣能杀之。"王曰："庆忌之勇，世所闻也。筋骨果劲，万人莫当，走追奔兽，手接飞鸟，骨腾肉飞，拊膝数百里。吾尝追之于江，驷马驰不及。射之暗，接矢不可中。今子之力不如也。"要离曰："王有意焉，臣能杀之。"王曰："庆忌，明智之人，归穷于诸侯，不下诸侯之士。"要离曰："臣闻，安其妻子之乐，不尽事君之义，非忠也；怀家室之爱，而不除君之患者，非义也。臣诈以负罪出奔，愿王戮臣妻子，焚之吴市，飞扬其灰，购臣千金与百里之邑，庆忌必信臣矣。"王曰："诺。"要离乃诈得罪出奔，吴王乃取其妻子，焚弃于市。

要离乃奔诸侯而行怨言，以无罪闻于天下。遂如卫，求见庆忌。见曰："阖闾无道，王子所知。今戮吾妻子，焚之于市，无罪见诛。吴国之事，吾知其情，愿因王子之勇，阖闾可得也。何不与我东之于吴？"庆忌信其谋。后三月，拣练士卒，遂之吴。将渡江于中流，要离力微，坐与上风，因风势以矛钩其冠，顺风而刺庆忌。庆忌顾而挥之，三摔其头于水中，乃加于膝上："嘻嘻哉！天下之勇士也，乃敢加兵刃于我！"左右欲杀之，庆忌止之曰："此是天下勇士，岂可一日而杀天下勇士二人哉！"乃诚左右曰："可令还吴，以旌其忠。”于是庆忌死。

要离渡至江陵，愍然①不行。从者曰：“君何不行？”要离曰：“杀吾妻子，以事吾君，非仁也。为新君而杀故君之子，非义也。重其死，不贵无义，今吾贪生弃行，非义也。夫人有三恶以立于世，吾何面目以视天下之士？”言讫，遂投身于江。未绝，从者出之。要离曰：“吾宁能不死乎？”从者曰：“君且勿死，以俟爵禄。”要离乃自断手足，伏剑而死。

三年，吴将欲伐楚，未行。伍子胥、白喜相谓曰：“吾等为王养士，画其策谋，有利于国，而王故伐楚，出其令，托而无兴师之意，奈何？”有顷，吴王问子胥、白喜曰：“寡人欲出兵，于二子何如？”子胥、白喜对曰：“臣愿用命。”吴王内计二子皆怨楚，深恐以兵往破灭而已。登台向南风而啸，有顷而叹，群臣莫有晓王意者。子胥深知王之不定，乃荐孙子于王。

孙子者，名武，吴人也，善为兵法，辟隐深居，世人莫知其能。胥乃明于鉴辨，知孙子可以折冲销敌。乃一旦与吴王论兵，七荐孙子。吴王曰：“子胥托言进士，欲以自纳。”而召孙子，问以兵法。每陈一篇，王不知口之称善，

---

① 愍然：神情忧伤。

其意大悦。问曰："兵法宁可以小试耶？"孙子曰："可。可以小试于后宫之女。"王曰："诺。"孙子曰："得大王宠姬二人，以为军队长，各将一队。"令三百人皆被甲兜鍪，操剑盾而立。告以军法，随鼓进退，左右回旋，使知其禁。乃令曰："一鼓皆振，二鼓操进，三鼓为战形。"于是宫女皆掩口而笑。孙子乃亲自操枹击鼓，三令五申，其笑如故。孙子顾视，诸女连笑不止。孙子大怒，两目忽张，声如骇虎，发上冲冠，项旁绝缨，顾谓执法曰："取铁锧。"孙子曰："约束不明，申令不信，将之罪也。既以约束，三令五申，卒不却行，士之过也。军法如何？"执法曰："斩！"武乃令斩队长二人，即吴王之宠姬也。吴王登台观望，正见斩二爱姬，驰使下之令曰："寡人已知将军用兵矣。寡人非此二姬，食不甘味，宜勿斩之。"孙子曰："臣既已受命为将，将法在军，君虽有令，臣不受之。"孙子复拗，鼓之，当左右、进退、回旋规矩，不敢瞬目。二队寂然，无敢顾者。于是乃报吴王曰："兵已整齐，愿王观之。惟所欲用，使赴水火，犹无难矣，而可以定天下。"吴王忽然不悦，曰："寡人知子善用兵，虽可以霸，然而无所施也。将军罢兵就舍，寡人不愿。"孙子曰："王徒好其言而不用其实。"子胥谏曰："臣闻兵者凶事，不可空试。故为兵者，诛伐不行，兵道不明。今大王虔心思士，欲兴兵戈以诛暴楚，以霸天下而威诸侯。非孙武之将，而谁能涉淮逾泗，越千里而战者乎？"于是吴王大悦，因鸣鼓会军，集而攻楚。孙子为将，拔舒，杀吴亡将二公子盖馀、烛庸。谋欲入郢，孙武曰："民劳，未可恃也。"

楚闻吴使孙子、伍子胥、白喜为将，楚国苦之。群臣皆怨，咸言费无忌谗杀伍奢、白州犁，而吴侵境，不绝于寇，楚国群臣有一朝之患。于是司马成乃谓子常曰："太傅伍奢、左尹白州犁，邦人莫知其罪，君与王谋诛之，流谤于国，至于今日，其言不绝，诚惑之。盖闻仁者杀人以掩谤者，犹弗为也。今子杀人以兴谤于国，不亦异乎！夫费无忌，楚之谗口，民莫知其过。今无辜杀三贤士，以结怨于吴。内伤忠臣之心，外为邻国所笑。且郤、伍之家出奔于吴，吴新有伍员、白喜，秉威锐志，结仇于楚，故强敌之兵日骇。楚国有事，子即危矣。夫智者除谗以自安，愚者受佞以自亡。今子受谗，国以危矣。"子常曰："是曩①之罪也，敢不图之？"九月，子常与昭王共诛费无忌，遂灭其族，国人乃谤止。

吴王有女滕玉，因谋伐楚，与夫人及女会，食蒸鱼，

———
① 曩：过去。

王前尝半而与女。女怒曰："王食我残鱼，辱我，不忍久生。"乃自杀。阖闾痛之，葬于国西阊门外。凿池积土，文石为椁①，题凑为中，金鼎、玉杯、银樽、珠襦之宝，皆以送女。乃舞白鹤于吴市中，令万民随而观之，还使男女与鹤俱入羡门，因发机以掩之，杀生以送死，国人非之。

湛卢之剑恶阖闾之无道也，乃去而出，水行如楚。楚昭王卧而寤，得吴王湛卢之剑于床。昭王不知其故，乃召风湖子而问曰："寡人卧，觉而得宝剑，不知其名，是何剑也？"风湖子曰："此谓湛卢之剑。"昭王曰："何以言之？"风湖子曰："臣闻吴王得越所献宝剑三枚，一曰鱼肠，二曰磐郢，三曰湛卢。鱼肠之剑已用杀吴王僚也，磐郢以送其死女，今湛卢入楚也。"昭王曰："湛卢所以去者，何也？"风湖子曰："臣闻越王元常使欧冶子造剑五枚，以示薛烛。烛对曰：'鱼肠剑逆理不顺，不可服也。臣以杀君，子以杀父。'故阖闾以杀王僚。'一名磐郢，亦曰豪曹，不法之物，无益于人。'故以送死。'一名湛卢，五金②之英，太阳之精，寄气托灵，出之有神，服之有威，可以折冲拒敌。然人君有逆理之谋，其剑即出。'故去无道，以就有道。今吴王无道，杀君谋楚，故湛卢入楚。"昭王

---

① 椁：棺材的外层。

② 五金：此处为金属的统称。

曰："其直几何？"风湖子曰："臣闻此剑在越之时，客有酬其直者，有市之乡三十、骏马千匹、万户之都二，是其一也。薛烛对曰：'赤堇之山已合无云，若耶之溪深而莫测，群神上天，欧冶死矣。虽倾城量金，珠玉盈河，犹不能得此宝，而况有市之乡、骏马千匹、万户之都，何足言也？'"昭王大悦，遂以为宝。

阖闾闻楚得湛卢之剑，因斯发怒，遂使孙武、伍胥、白喜伐楚。子胥阴令宣言于楚曰："楚用子期为将，吾即得而杀之。子常用兵，吾即去之。"楚闻之，因用子常，退子期。吴拔六与潜二邑。

五年，吴王以越不从伐楚，南伐越。越王元常曰："吴不信前日之盟，弃贡赐之国而灭其交亲。"阖闾不然其言，遂伐，破樆里。

六年，楚昭王使公子囊瓦伐吴，报潜、六之役。吴使伍胥、孙武击之，围于豫章。吴王曰："吾欲乘危入楚都而破其郢，不得入郢，二子何功？"于是围楚师于豫章，大破之。遂围巢，克之，获楚公子繁以归，为质。

九年，吴王谓子胥、孙武曰："始子言郢不可入，今果何如？"二将曰："夫战，借胜以成其威，非常胜之道。"吴王曰："何谓也？"二将曰："楚之为兵，天下强敌也。

今臣与之争锋，十亡一存。而王入郢者，天也。臣不敢必。”吴王曰：“吾欲复击楚，奈何而有功？”伍胥、孙武曰：“囊瓦者，贪而多过于诸侯，而唐、蔡怨之。王必伐，得唐、蔡。”“何怨？”二将曰：“昔蔡昭公朝于楚，有美裘二枚、善珮二枚，各以一枚献之昭王。王服之以临朝，昭公自服一枚。子常欲之，昭公不与。子常三年留之，不使归国。唐成公朝楚，有二文马①，子常欲之，公不与，亦三年止之。唐成相与谋，从成公从者请马，以赎成公。饮从者酒，醉之，窃马而献子常，常乃遣成公归国。群臣诽谤曰：‘君以一马之故，三年自囚，愿赏窃马之功。’于是成公常思报楚，君臣未尝绝口。蔡人闻之，固请献裘、珮于子常。蔡侯得归，如晋告诉，以子元与太子质，而请伐楚。故曰：得唐、蔡而可伐楚。”

吴王于是使使谓唐、蔡曰：“楚为无道，虐杀忠良，侵食诸侯，困辱二君。寡人欲举兵伐楚，愿二君有谋。”唐侯使其子乾为质于吴。三国合谋伐楚，舍兵于淮汭，自豫章与楚夹汉水为阵。子常遂济汉而阵，自小别山至于大别山，三不利，自知不可进，欲奔亡。史皇曰：“今子常无故与王共杀忠臣三人，天祸来下，王之所致。”子常不应。

---

① 文马：身上带有花纹的马匹。

十月，楚二师阵于柏举。阖闾之弟夫概晨起请于阖闾曰：“子常不仁，贪而少恩，其臣下莫有死志。追之，必破矣。”阖闾不许。夫概曰：“所谓臣行其志不待命者，其谓此也。”遂以其部五千人击子常。大败，走奔郑，楚师大乱，吴师乘之，遂破楚众。楚人未济汉，会楚人食，吴因奔而击破之雍滞①，五战径至于郢。

王追于吴寇，出固将亡，与妹季芈出河、滩之间，楚大夫尹固与王同舟而去。吴师遂入郢，求昭王。王涉滩济江，入于云②中。暮宿，群盗攻之，以戈击王头。大夫尹固隐王，以背受之，中肩。王惧，奔郧，大夫钟建负季芈以从。郧公辛得昭王，大喜，欲还之。其弟怀怒曰：“昭王是我仇也。”欲杀之，谓其兄辛曰：“昔平王杀我父，吾杀其子，不亦可乎！”辛曰：“君讨其臣，敢仇之者？夫乘人之祸，非仁也；灭宗废祀，非孝也；动无令名，非智也。”怀怒不解。辛阴与其季弟巢以王奔随。吴兵逐之，谓随君曰：“周之子孙在汉水上者，楚灭之。谓天报其祸，加罚于楚，君何宝之？周室何罪？而隐其贼。能出昭王，即重惠也。”随君卜昭王与吴王不吉，乃辞吴王曰：“今随之僻小，密近于

① 雍滞：《左传·定公四年》作“雍澨（shì）”，“滞”当为“澨”之误字。译文从此说。

② 云：云梦泽。

楚，楚实存我，有盟至今未改。若今有难而弃之，今且安静楚，敢不听命？"吴师多其辞，乃退。是时大夫子期虽与昭王俱亡，阴与吴师为市，欲出昭王。王闻之，得免，即割子期心，以与随君盟而去。

吴王入郢，止留。伍胥以不得昭王，乃掘平王之墓，出其尸，鞭之三百。左足践腹，右手抉其目，诮之曰："谁使汝用谗谀之口，杀我父兄，岂不冤哉！"即令阖闾妻昭王夫人，伍胥、孙武、白喜亦妻子常、司马成之妻，以辱楚之君臣也。

遂引军击郑。郑定公前杀太子建而困迫子胥，自此怨郑。兵将入境，定公①大惧，乃令国中曰："有能还吴军者，吾与分国而治。"渔者之子应募曰："臣能还之。不用尺兵斗粮，得一桡而行歌道中，即还矣。"公乃与渔者之子桡。子胥军将至，当道扣桡而歌曰："芦中人！"如是再。子胥闻之，愕然②大惊，曰："何等谓？"与语，"公为何谁矣？"曰："渔父者子。吾国君惧怖，令于国：'有能还吴军者，与之分国而治。'臣念前人与君相逢于途，今从君乞郑之国。"子胥叹曰："悲哉！吾蒙子前人之恩，自致于

---

① 此处按徐天祐为《吴越春秋》的注文："太子建死乃定公时，吴师入郢则献公时，此亦云'定公'，误。"译文从徐说。

② 愕然：神色吃惊。

此。上天苍苍，岂敢忘也？”于是乃释郑国，还军守楚，求昭王所在日急。

申包胥亡在山中，闻之，乃使人谓子胥曰："子之报仇，其以甚乎！子故平王之臣，北面①事之，今于僇②尸之辱，岂道之极乎！"子胥曰："为我谢申包胥曰：'日暮路远，倒行而逆施之于道也。'"申包胥知不可，乃之于秦，求救楚。昼驰夜趋，足踵趼劈，裂裳裹膝，鹤倚哭于秦庭，七日七夜，口不绝声。秦桓公③素沉湎，不恤国事。申包胥哭已，歌曰："吴为无道，封豕长蛇，以食上国，欲有天下，政从楚起。寡君出在草泽，使来告急。"如此七日，桓公大惊："楚有贤臣如是，吴犹欲灭之。寡人无臣若斯者，其亡无日矣。"为赋《无衣》之诗，曰："岂曰无衣？与子同袍。王于兴师，与子同仇。"包胥曰："臣闻戾德无厌，王不忧邻国，壃场④之患。逮吴之未定，王其取分焉。若楚遂亡，于秦何利？则亦亡君之土也。愿王以神灵存之，世以事王。"秦伯使辞焉，曰："寡人闻命矣，子且就馆，将图

① 北面：面朝北方。古以朝南为尊贵，君王在朝廷上坐北朝南，臣子向北朝拜，故以"北面"代指臣子。

② 僇：羞辱，辱没。

③ 按秦桓公在位时间为公元前603年至公元前577年，此处应为秦哀公（公元前536年至公元前501年在位）。本书译文校之。

④ 壃场（yì）：边境，边界。壃，同"疆"。

而告。"包胥曰："寡君今在草野，未获所伏，臣何敢即安？"复立于庭，倚墙而哭，日夜不绝声，水不入口。秦伯为之垂涕，即出师而送之。

十年，秦师未出，越王元常恨阖闾破之槜里，兴兵伐吴。吴在楚，越盗掩袭之。六月，申包胥以秦师至，秦使公子子蒲、子虎率车五百乘救楚击吴。二子曰："吾未知吴道。"使楚师前与吴战，而即会之，大败夫概。七月，楚司马子成、秦公子子蒲与吴王相守，私以间兵伐唐，灭之。子胥久留楚，求昭王，不去。夫概师败，却退。九月，潜归，自立为吴王。阖闾闻之，乃释楚师，欲杀夫概。奔楚，昭王封夫概于棠溪。阖闾遂归。子胥、孙武、白喜留，与楚师于淮澨，秦师又败吴师。楚子期将焚吴军，子西曰："吾国父兄身战暴骨草野焉，不收，又焚之，其可乎？"子期曰："亡国失众，存没所在，又何杀生以爱死？死如有知，必将乘烟起而助我。如其无知，何惜草中之骨而亡吴国？"遂焚而战，吴师大败。子胥等相谓曰："彼楚虽败我余兵，未有所损我者。"孙武曰："吾以吴干戈西破楚，逐昭王而屠荆平王墓，割戮其尸，亦已足矣。"子胥曰："自霸王已来，未有人臣报仇如此者也。行去矣！"

吴军去后，昭王反国。乐师扈子非荆王信谗佞，杀伍奢、白州犁，而寇不绝于境，至乃掘平王墓，戮尸奸喜[1]，以辱楚君臣。又伤昭王困迫，几为天下大鄙，然已愧矣。乃援琴为楚作《穷劫之曲》，以畅君之迫厄之畅达也。其词曰："王耶王耶何乖烈，不顾宗庙听谗孽。任用无忌多所杀，诛夷白氏族几灭。二子东奔适吴越，吴王哀痛助忉怛。垂涕举兵将西伐，伍胥白喜孙武决。三战破郢王奔发，留兵纵骑虏荆阙。楚荆骸骨遭发掘，鞭辱腐尸耻难雪。几危宗庙社稷灭，严王[2]何罪国几绝。卿士凄怆民侧恨[3]，吴军虽去怖不歇。愿王更隐抚忠节，勿为谗口能谤亵。"昭王垂涕，深知琴曲之情，扈子遂不复鼓矣。

子胥等过溧阳濑水之上，乃长太息曰："吾尝饥于此，乞食于一女子。女子饲我，遂投水而亡。"将欲报以百金，而不知其家，乃投金水中而去。有顷，一老妪行哭而来。人问曰："何哭之悲？"妪曰："吾有女子，守居三十不嫁。往年击绵于此，遇一穷途君子，而辄饭之，而恐事泄，自投于濑水。今闻伍君来，不得其偿，自伤虚死，是故悲耳。"人曰："子胥欲报百金，不知其家，投金水中而去矣。"妪

---

[1] 戮尸奸喜：徐乃昌校刊的《吴越春秋》引卢文弨说"当作'戮尸奸妻'"。译文从卢说。

[2] "严王"应为"庄王"，为避汉明帝刘庄讳而改称"严王"。

[3] 侧恨：悲伤痛苦。

遂取金而归。

子胥归吴，吴王闻三师将至，治鱼为鲙。将到之日，过时不至，鱼臭。须臾，子胥至，阖闾出鲙而食，不知其臭。王复重为之，其味如故。吴人作鲙者，自阖闾之造也。

诸将既从还楚，因更名阊门曰破楚门。复谋伐齐。齐子使女为质于吴，吴王因为太子波聘齐女。女少，思齐，日夜号泣，因乃为病。阖闾乃起北门，名曰望齐门，令女往游其上。女思不止，病日益甚，乃至殂落。女曰："令死者有知，必葬我于虞山之巅，以望齐国。"阖闾伤之，正如其言，乃葬虞山之巅。

是时，太子亦病而死。阖闾谋择诸公子可立者，未有定计。波太子夫差日夜告于伍胥曰："王欲立太子，非我而谁当立？此计在君耳。"伍子胥曰："太子未有定，我入，则决矣。"阖闾有顷召子胥谋立太子，子胥曰："臣闻祀废于绝后，兴于有嗣。今太子不禄，早失侍御，今王欲立太子者，莫大乎波秦之子夫差。"阖闾曰："夫愚而不仁，恐不能奉统于吴国。"子胥曰："夫差信以爱人，端于守节，敦于礼义，父死子代，经之明文。"阖闾曰："寡人从子。"立夫差为太子，使太子屯兵守楚留止。自治宫室，立射台于安里，华池在平昌，南城宫在长乐。阖闾出入游卧，秋冬治于城中，春夏治于城外，治姑苏之台。旦食鲰山，昼游苏台，射于鸥陂，驰于游台，兴乐石城，走犬长洲。斯止阖闾之霸时。于是太子定，因伐楚，破师拔番。楚惧吴兵复往，乃去郢，徙于芴若。当此之时，吴以子胥、白喜、孙武之谋，西破强楚，北威齐、晋，南伐于越。

精彩解说

阖闾元年，吴王阖闾刚登上君位就开始任用贤能之士，施行恩惠，靠着仁义在各诸侯中闻名。仁义还没实施，恩惠也没有实行的时候，他担忧国人对自己不亲近，诸侯对自己不信任，就将伍子胥任命为外交大臣，用对客卿的礼仪对待伍子胥，还和他一起讨论国家的政事。阖闾对伍子胥说："我想让国家变得更强，从而能称霸天下，应该从何做起才行呢？"伍子胥跪在地上，用膝盖跪行，一边落泪一边磕头说："我是楚国在外逃亡的犯人，将自己的父亲和兄长抛弃，让他们的尸骨不能安葬，也没有办法祭祀他们的鬼魂。我受着罪过和耻辱投奔您，幸好您没有杀我，怎么敢和您一起讨论国家政事呢？"阖闾说："如果不是您，我就免不了要干征战杀敌的差使，幸亏得到了您的教导，我才有了如今的地位，为什么您半路想要退却呢？"伍子胥说："我听说出谋划策的臣子，在国家危亡之时可以和君王共处，但在忧患排除、国事安定下来后，一定不会被君王亲近。"阖闾说："不是这样的。我如果没有你，就不会有人能和我一起详细地讨论国家大事了，怎么会去责备你呢？我的国家荒僻偏远，只在东南这个地区，地势艰险阻塞，而且气候潮湿，又有江河海洋的祸患。君王没有能够用来防护抵御的东西，人民没有能依靠的东西，粮仓库房还没有建立好，田地也没开垦。对这些情况该怎么办呢？"伍子胥很久后才答："我听说治理国家的方法，让君王安泰，使百姓安定有序，才是最好的计策。"阖闾说："让君王安泰，使百姓安定有序，方法是什么呢？"伍子胥说："要想君王安泰，百姓安定有序，建立霸业，称王天下，让周边各国依顺，控制远方的各国，那必定要先把城池修建好，设置好守卫，使粮仓充实，兵库得以修治。这就是我们应该用的方法。"阖闾说："很好。修建城池，设立仓库，这得因地制宜，难道有什么阴阳术数震慑周边各国吗？"伍子胥回答说："有的。"阖闾说："我就把这大事委托给你了。"

伍子胥就派人勘察地形，探测水文，在天地间取法，建造了大城，这座城的周长有四十七里。陆路有城门八个，代表天上八面来风，水路有城门八个，模仿地上的八方窗户。他还建造了座小的城池，周长有十里，陆路的城门三个。小城东面没有设立城门，想要断绝越国的光明。设了阊门，用这个代表天门，使八风中的西风能过。设了蛇门，象征地之门户。阖闾想要朝西攻破楚国，楚国位于吴国的西北方向，所以设立阊门让天气流通，因此阊门也叫破楚门。阖闾想向东把越国吞并，越国处在吴国的东南方向，所以设了蛇门来克制越国。吴国位于辰时，这个位置属龙，因此小城的南门城楼上面的鸱吻做成了两条小龙相互盘绕的样子，用来代表龙角。越国位于巳位，这个位置属蛇，因此在大城的南门上有一条木头做的蛇做装饰，蛇身朝向北边，蛇头朝向城里面，表示越国将会归属吴国。

城池修建完，仓库也齐备了，阖闾又派遣伍子胥、屈盖馀、烛庸训练军队，加强了士兵们的战术、骑马、射箭和防御等军事技能。由于没有更好的武器能用，阖闾就让干将铸造两把名剑。干将是吴国人，和欧冶子出于同一个师傅门下，都对铸剑十分擅长。越国原先进贡过三把宝剑，阖闾得到后就把这三把剑当成宝贝，因此让干将再铸造两把剑：一把剑叫作干将，一把剑叫作莫耶。莫耶是剑匠干将的妻子。干将造剑，用的是五大名山中出产的精品铁石以及天地四方的优质金属，等待、观察天地的变化，在日月同时照射的时候，众位神灵都亲自前来观看，天地之气已经流通，但炉子里金铁的精粹并没有完全融化成液体。这时干将不知道其中的缘由了。莫耶说："你是由于擅长造剑才被吴王所知，他让你造剑，三个月了都没有成功，难道你这样做是故意的吗？"干将说："我不清楚里面的原因啊。"莫耶说："神物发生的变化，必须要人去催化才能够成功。如今你造剑也需要人的催化，随后才能成功呢？"干将说："过去我师傅冶炼的时候，由于炉子中的金铁没熔化，他们夫妻两个就共同跳到了炉子中，之后宝物才铸成。因此，时至今天他的后代们到山上冶炼，也要穿着孝服，一副服丧的样子，才敢在山上冶炼。如今我造剑，但是金铁没有熔化，难道也是因为这个？"莫耶说："先师为了铸成宝物而把自己熔化，我们为难什么呢？"因此干将之妻把头发、指甲剪下，扔到炉子里，派三百个童男童女装上炭，鼓风吹火，这样金铁终于熔化，铸成了宝剑。阳剑叫作干将，阴剑叫作莫耶。阳剑上有龟甲的花纹，阴剑上的花纹散乱没有规则。干将藏起了阳剑，拿出阴剑献给吴王，阖闾特别喜欢它。得到了宝剑后，刚好遇到鲁国的使者季孙来吴国访问，阖闾让管理宝剑的大夫把莫耶拿出来献给季孙。季孙拔出宝剑，剑刃上有个缺口，像米粒一般大小，他叹息着说："这剑真是美啊！就算是中原各诸侯国的工匠师傅，也没有办法超越了。如果这把剑造好了，吴国就能称霸天下。有缺口，则要灭亡了。虽然我很喜欢这剑，可怎能接受呢？"他没有接受就离开了。

　　阖闾把阴剑莫耶视为宝贝后，又命令人们在国内造金钩。下令说：
"能够造出好的金钩的人，奖赏百金。"吴国能够造钩的人十分多，有
人贪图吴王的重金奖赏，把自己的两个儿子杀了，用鲜血涂抹金属，造
出了两把钩，献给阖闾，到宫门口去求取赏金。吴王说："铸造钩的人
很多，只有你来求赏金，你的钩和其他人的有什么不同之处呢？"铸造
金钩的人说："我铸造金钩的时候，因为贪婪把两个儿子杀了，涂抹鲜
血才铸就了这两把金钩。"吴王就把众多的金钩举起来让他看："哪把
是你的呢？"吴王的金钩很多，外形差不多，这人不知道自己的钩在哪
儿。所以造钩的工匠朝着钩呼喊两个儿子的名字："吴鸿、扈稽，我在
这里，吴王不知道你们的神奇之处。"声音刚停，两把钩就飞来附在了
父亲的胸前。吴王大惊，说："啊，我确实辜负了你。"于是赏了他百
两黄金，就佩戴这两把金钩，时刻不离身。

　　六月的时候，阖闾想要兴兵打仗，刚好楚国的白喜投奔。吴王向伍
子胥问："白喜是个什么样的人？"伍子胥说："白喜是楚国白州犁的
孙子。楚平王把白州犁杀了。因此，白喜逃离了楚国，听闻我在吴国
所以前来。"阖闾说："白州犁有什么罪过？"伍子胥说："白州犁
是楚国左尹，号郤宛，侍奉平王。楚平王十分喜欢他，经常整日和他交
谈，到了第二天早上一起就餐。费无忌见此情形很是嫉妒，因此对平王
说：'大王您宠爱郤宛，全国都清楚。为何不去他家设下酒宴，向群臣
表示您对他的深厚感情呢？'平王说：'这主意很好。'就决定在郤宛
家中摆酒席。费无忌又教导郤宛说：'平王十分刚毅勇猛，爱好兵器，
你一定要提前在厅堂下方到大门口的空地上将兵器陈列好。'郤宛相信
了他，就这么做了。平王去郤宛家中看到这种布置十分吃惊，说：'郤
宛这是要干什么？'费无忌说：'怕有篡位谋杀君王的忧患啊，大王赶

紧离开，事情还不知道会怎么样。'平王十分生气，就把郤宛处死了。各诸侯听闻这事，没有一个不叹息的。白喜听闻我在吴国，就过来了，请您接见他。"阖闾接见了白喜，问道："我的国家荒僻偏远，东面临海，听闻您的祖父被杀是由于楚王暴怒和费无忌的谗言。您不嫌我的国家偏远来到这儿，要用什么指教我呢？"白喜说："我是楚国流亡的囚犯，我的祖父并没有过错，却惨遭杀害。我听闻您收留了困境中的伍子胥，所以不远千里，特来归顺，只求大王赐死我。"阖闾可怜他，任命他为大夫，和他一起谋划国事。

吴国大夫被离乘着闲时问伍子胥："为什么你看到白喜就相信他呢？"伍子胥说："我的仇和白喜一样，您没听过《河上歌》吗？'得同样病的人将互相可怜，有一样忧患的人会相互帮忙，受到惊吓而飞起的群鸟相随着停到了一起。从石上急流而下的水，还会汇集在一起流去。'胡马迎着北风站立，越地的燕子总是向着太阳玩耍。谁会不喜欢和自己命运类似的人，悲伤同情自己思念的人呢？"被离说："您说的是面上的理由，难道您心里没有别的想法解释我内心的疑惑吗？"伍子胥说："我并没想到其他的理由。"被离说："我观察白喜这人，目光像老鹰一样锐利，走路像老虎一样威猛，有一心追求功名、残忍嗜杀的本性，不能够亲近啊。"但伍子胥并没有把他的话放在心上，依旧和白喜一起侍奉吴王。

二年，吴王阖闾虽然杀了王僚，但担忧在邻国的庆忌，害怕他会联合诸侯讨伐自己。阖闾问伍子胥："过去专诸的事，你对我的情意格外深厚。现在听闻公子庆忌和诸侯正在谋划，我吃东西都不香甜，睡觉也不安稳，我想把这件事委托给你。"伍子胥说："我不忠诚，品行也不好，所以和您在私室里谋划刺杀王僚，如今又要去进攻他的儿子，这么做恐怕不合上天的旨意啊！"阖闾说："当初周武王讨伐商纣王，后来又把武庚杀了，周国的百姓并没有什么怨言。如今这样谋划怎么会违背上天的旨意呢？"伍子胥说："我侍奉您，那么就需要维护吴国国统，又怕什么呢？我看重能做此事的人，是个身体单薄力气小的人，望您和他一起图谋此事。"吴王说："我担心我们的对手有抵挡万人之力，怎么会是一个身单体弱之人所能图谋的呢？"伍子胥说："这个人虽然身单力薄，但他出谋划策却有万人之力。"吴王说："是谁呢？你把他说出来吧。"伍子胥说："这个人姓要，名叫离。我从前曾看到他使壮士椒丘诉受辱。"吴王说："如何受辱的呢？"伍子胥说："椒丘诉是东海那边的人，他为齐王出使吴国，经过淮河渡口的时候，想要在渡口饮马。渡口的官吏说：'水中有神灵，看见马就出现，会害死马。请您不要在这儿饮马。'椒丘诉说：'壮士做的事情，哪个神灵敢干扰呢？'就派随从到渡口饮马，结果水中神灵真的抢走了马，马沉到了水里。椒丘诉十分生气，把上衣脱了，拿着宝剑，到水里和水中的神灵决战，连续激战了几天才出来，眼睛被弄瞎了一只。然后到了吴国，刚好碰到朋友的丧事，椒丘诉倚仗与水中神灵战斗的勇猛，在为朋友丧事所举办的酒宴上，对士大夫十分轻慢，说话无礼，盛气凌人。要离坐在椒丘诉对面，在座的人都不能忍受椒丘诉过分夸耀他自己的勇猛。这时候要离故意挫其锐气，说：'我听闻勇士和太阳作战不会等到日影移动，和鬼神作战不用等到脚跟旋转，和人作战不用等到话音落下，哪怕活着去而死了回，也一定不会受屈辱。如今，你在水里和神灵打斗，把马丢了，把车夫也弄丢了，还瞎了一只眼，身体残疾了，你还敢称自己勇猛，这是勇士该觉得羞耻的事。你没有和敌人战斗到死，却顾惜性命，还在我面前一脸骄傲。'在这个时候突然被责问，椒丘诉又恨又恼，准备晚上就去打要离。于是要离离开酒席到家里后，告诫妻子说：'我在大户人家的丧事上羞辱了椒丘䜣，他心中恼恨没有消散，天黑的时候一定会过来，一定不要把我的门关了。'到晚上，椒丘䜣果然来了，看到要离家的门没有关。椒丘䜣走到前堂，发现前堂的门没有关，便走到要离的房间，发现里面也没有防守。椒丘䜣看见要离披着头发，直挺挺地躺着，毫无害怕的神色。椒丘䜣就手拿剑，把要离揪起来说：'你犯了三个死罪，你清楚吗？'要离说：'不清楚。'椒丘䜣说：'你在大家面前羞辱我，这是第一个死罪。回到家里，却没有把门关好，这是第二个死罪。睡觉却没有布置防护，这是第三个死罪。你有三个死罪，要死就不能怨恨我了。'要离说：'我并没有三个死罪，但是你做了三件没出息的事情，你清楚吗？'椒丘䜣说：'不清楚。'要离说：'我在大家面前羞辱你，你不敢当场报复我，这是你做的第一件没出息的事。你进了门不敢发出声音，到了前堂也没有发出声音，这是你做的第二件没出息的事。你先把剑拔了出来，用手把我的头揪起来，才有胆量大声说话，这是你做的第三件没出息的事。你做了三件没出息的事，却恐吓我，这不卑鄙吗？'于是椒丘䜣把剑扔了，叹息道：'从来没有人敢蔑视我的勇猛，但是要离比我更加勇猛，这才是世界上真正的壮士啊。'我听说要离就是这个样子的，就诚实地把我所听到的事告诉您了。"吴王说："我希望有空时能够接待他。"

伍子胥去见要离，对他说："吴王听闻你高尚且讲义气，想和你见一面。"要离就和伍子胥一起去拜见吴王。吴王问道："你是干什么的？"要离说："我是位于国都东边千里之外的人。我身体瘦小，没有什么力气，迎着风就会倒下，背着风就会被刮得趴下。但假如您有命令，我怎敢不全力以赴？"吴王心中并不满意伍子胥推荐的这个人，久久地沉默着不说一句话。要离上前说："您是担心庆忌吗？我能把他杀了。"吴王说："庆忌的勇猛，世上的人都知道。他筋骨刚强有力，就算一万个人也无法抵挡，跑的时候能追上飞奔的野兽，举起手能把飞翔的禽鸟射中，身体健壮能跳跃腾飞，拍拍膝盖就能跑几百里那么远。我曾追他到了江边，四匹马飞奔着驾车都没有追上他。暗中朝他射箭，他接住了箭支没有被射伤。如今你的力量比不过他呀。"要离说："只要您愿意，我就能把他杀了。"吴王说："庆忌聪明机智，因为走投无路去投奔了诸侯，但他的地位并不比诸侯的士人低。"要离说："我听闻，沉醉于妻儿家小的欢乐，没有尽到侍奉国君的义务，不忠；心中挂念家庭的幸福，而不为君王除忧，不义。我装作犯了罪而逃亡，请您把我的妻子和孩子都杀了，在吴国的集市上把他们的尸体烧了，把骨灰扬了，悬赏千两金子和百户之邑，用来购买我的脑袋，庆忌就必定会信任我。"吴王说："好的。"要离就装作犯了过错逃亡。吴王就把他的妻子和孩子抓来，把他们烧死了以后，扔在了街市上。

要离逃亡到诸侯国，并四处散布怨言，大家都知道他并没有任何罪过。要离来到了卫国，请求拜见庆忌。见面后他说："阖闾昏庸无道，您是知道的。如今阖闾把我的妻儿都杀了，在街市上烧死了他们，他们明明没有罪过却被杀了。吴国的事，我知道它的内情，希望凭借着您的勇猛，抓到阖闾。您为什么不和我向东回到吴国呢？"庆忌相信了他的谋划。随后三个月，庆忌挑选并训练了一批士兵，就到吴国去了。船只将要到江中的时候，由于要离的力气小，就在上风处坐着，借着风势用矛把庆忌的帽子勾住了，利用风力刺杀庆忌。庆忌回头把矛挥开了，把要离的头揪住，屡次按到水里面，才把他抓起放膝盖上说："哎呀！真是天底下的勇士，居然敢在我的头上动刀！"庆忌身旁的侍从想把要离杀了，庆忌阻止说：“这个人是天下的勇士，岂能在一天之内把两个天下的勇士都杀了！”他告诫旁边的侍从说：“让他回到吴国，去彰显他的忠心。”于是庆忌死去了。

要离渡过长江，到了江陵，一脸悲伤不愿再往前行。随从的人问：“您为什么不走了？”要离说：“杀了我的妻儿，来侍奉我的君王，这是不仁啊。为了新的君王，把上一任君王的儿子杀了，这是不义呀。人们十分看重生和死，可对不合道义的行为并不推崇，如今我贪图生却把德行抛弃，这是不讲义。如果人有这三种恶行还活在世上，有什么脸去见天下之士呢？”话刚说完就纵身跳进江里。没有淹死，随从就把他救了上来。要离说：“我难道能不死吗？”随从说：“您先别死，等着接受爵位和俸禄啊！”要离把自己的手和脚砍断，伏剑自杀了。

三年，吴国要讨伐楚国，可没实施。伍子胥和白喜商量说：“我们是被大王供养的士人，为他出谋献策，做些对国家有好处的事情。吴王要讨伐楚国，虽然已经颁布了命令，但又找理由推诿，没有马上出兵，该怎么办呢？”没过多久，吴王问伍子胥和白喜：“我想要出兵讨伐楚国，你们两个觉得怎么样？”伍子胥和白喜回答：“我们愿意遵从您的命令。”吴王心想这两个人都十分仇恨楚国，要是让他们带领军队去打楚国恐怕会全军覆没。吴王登到高台之上，对着南风长啸，没多久又叹息，众臣子不明白吴王心里在想什么。伍子胥十分明白吴王这种犹豫不定的心思，便向他推荐了孙子。

孙子名叫武，是吴国人，十分擅长兵法，在偏僻的地方隐居，天下的人不知道他的才能。伍子胥擅长鉴别他人的才能，明白孙子可以打败敌军，把敌人消灭。有一天和吴王讨论军事的时候，他七次推荐了孙子。吴王想：“伍子胥假装给我推荐贤能之士，其实是想借机推荐自己。"所以吴王召见孙子，问他兵法上的事情。孙子每说一篇兵法，吴王就不自觉地张口叫好，心里很高兴。吴王问孙子："你的兵法能不能稍微做一下试验呢？"孙子说："行。可以把后宫的女子叫来，稍微试试。"吴王说："好的。"孙子说："请把您宠爱的姬妾给我两个，让她们分别担任两军的队长，各自带领一队人。"吴王命令三百个宫女都穿上甲衣，戴好头盔，拿着剑和盾站着。孙子对她们说了军法，让她们跟随着鼓声向前或向后，向左或向右，回身转圈，让她们明白操练时候的禁令。随后他就下令说："第一次敲鼓，大家都要振作起来；第二次敲鼓，大家要喊着杀并前进；第三次敲鼓，大家要把作战的阵势摆出来。"宫女们听了这些话都掩着口笑。孙子亲自拿着鼓槌击鼓，多次下令、告诫，可是宫女们还是和过去一样嘻嘻哈哈地笑着。孙子环视后，众宫女还是笑个不停。孙子十分生气，突然两只眼睛瞪得圆圆的，声音像惊骇的老虎一样，怒发冲冠，脖子旁边的帽子带都绷断了。他转过头对执法官说："把斧头和铁砧拿来。"孙子说："没有明确纪律约束，没有把指挥的号令申明，这是将领的过错。我已经把禁令说清楚了，还三令五申，但是士兵依旧没有行动，这是队长的过错。按照军法要怎么办？"执法官说："应该斩首！"孙子下达命令要斩了两个队长，就是吴王的那两个宠姬。吴王登台观看，正好看到要把自己的爱姬斩杀，马上派人下去传令说："我已经知道您的用兵方法了。我要是没有这两个姬妾，吃饭也觉得不香，请别杀了她们。"孙子说："我已经接受您的任命成了将军，而将军在军队里面执行军法，君王就算下令，我也不能接受。"随即斩杀了那两个宠姬。孙子又敲鼓指挥。这时宫女们向左向右、向前向后以及回身转圈都是规规矩矩的，连眼睛也不敢眨。两队宫女格外肃静，没有一个人敢东张西望。于是孙子向吴王报告："士兵们已经排练整齐，请您检阅。如今这支部队随您怎么用，就是让她们去赴汤蹈火，也没有什么难的了，可以用来使天下安定。"吴王忽然不开心了，说："我知道你对用兵十分擅长，虽然可凭着它称霸天下，但没有地方用啊！将军你把军队解散，回客舍休息吧，我不愿看了。"孙子说："大王只是喜欢我的言论却不愿意让我实施啊！"伍子胥劝谏说："我听闻打仗是不吉利的，不能平白地做试验。因此，管理军队的人假如不能诛杀征战，那治理军队的办法就无法明确。如今，大王是真诚地想要寻找贤能之士，想要发动战争讨伐暴楚，凭借这个称霸天下，震慑诸侯。如果没有孙武这样的将领，何人能横渡淮河，越过泗水，跨越千里打仗呢？"于是吴王十分高兴，敲响战鼓，集合起来军队，一起去讨伐楚国。孙子被任命为将军，很快把舒城攻下，把吴国在外逃亡的盖馀、烛庸两人杀了。吴王谋划着想进攻郢城，孙武说："民众太辛劳了，还不到作战的时候。"

楚国听闻吴国将孙子、伍子胥和白喜任命为将军，都为此感到苦恼。众大臣都感到怨恨，都说费无忌进谗言，导致伍奢、白州犁被杀，所以吴国才会侵略楚国的边境，不断骚扰楚国，楚国的大臣们担心有一天祸患总会降临。于是司马成对子常说："太傅伍奢和左尹白州犁，百姓不知道他们犯了什么罪，您却和大王一起谋杀了他们，使国内一直有流言在传，直到如今这些言论也没有消失，实在是令我疑惑呀。听闻仁德之人，让他杀人来把他人的非议堵住，他是不会做的。现在您却因为杀人导致他人议论纷纷，不令人感到奇怪吗？费无忌是楚国最会进谗言的人，没有一个人不知道他的罪过。如今没有缘由地把三个贤能之士杀了，导致和吴国结仇。对内伤了忠心耿耿的大臣的心，对外也会被邻近的国家所嘲笑。而且郤、伍两家人逃亡到了吴国，吴国新添了伍员和白喜这两个能人。他们俩手上有权，而且志向坚定，和楚国结了仇，要是这强大的敌人发动战争只会一天天越加可怕。楚国要是发生战事，您就危险了。智者知道把说谗言的小人除掉，让自己平安，只有愚蠢的人才会听信谗言导致死亡。如今您被谗言迷惑的话，国家就会危险了。"子常说："这是我过去的罪过呀，哪里敢不去思考这件事情呢？"九月，子常和楚昭王一起把费无忌杀了，同时诛杀了他的所有族人，国内百姓才停止了非议。

吴王有个女儿，名叫滕玉，因为吴王谋划着要讨伐楚国，就和夫人及女儿相会，共同吃蒸鱼。吴王先把鱼吃了一半，随后再给女儿吃。他女儿生气地说："您吃了鱼，才把剩下的给我，是羞辱我，我不忍活下去了。"就自杀了。阖闾十分心痛，把女儿埋葬在了国都西郊阊门外面。挖下深池，积土成山，把有纹理的石头做成外棺，在她的墓室里面堆放了很多方木为题凑，把金鼎、玉杯、银樽、珍珠做的袄子都用来给女儿陪葬。送葬的时候，吴王让白鹤在吴国国都的街市上起舞，令成千上万的百姓随着观看，还让这些男女和白鹤都进了墓门，随后把机关触发，把人都关在了里面。吴王杀生者来给死者陪葬，遭到百姓的非议。

湛卢宝剑对吴王的暴虐无道十分厌恶，就离开阖闾逃走了，沿着水路前行到了楚国。楚昭王睡觉醒来后，在床上得到了吴王的湛卢剑。楚昭王不明白其中的缘由，就召来风湖子询问："我在这睡觉，醒了以后就得到了这把宝剑，不知道它的名字，是什么剑呢？"风湖子说："这把剑叫湛卢。"昭王说："你凭什么这么说呢？"风湖子说："我听闻吴王得到了越国进贡的三把宝剑，一把宝剑叫鱼肠，第二把叫磐郢，第三把叫湛卢。鱼肠剑已经被用来杀害吴王僚，磐郢剑已经被吴王送给他死去的女儿了，如今湛卢剑到楚国来了。"昭王说："湛卢剑为什么离开吴王呢？"风湖子说："我听闻越王元常让欧冶子造了五把剑，拿给薛烛看，薛烛说：'鱼肠剑纹理反了且不顺畅，是不能用来佩戴的，臣子将会用它来谋杀国君，儿子会用它来杀害父亲。'因此阖闾拿它把王僚杀害了。'一把剑叫磐郢，也叫豪曹，是不合常法的东西，对人没有什么好处。'因此拿它送葬。'还有一把叫湛卢，含有各种金属的精华、太阳的精华、神灵的气息，一拔出来就有神光，一佩带在身上就有威武之气，能够击退敌人，抵抗敌军。但假如君王有阴谋，违反了情理，这剑就会离开他。'因此它离开无道的人，来归附有道的君王。如今吴王无道，把自己的国君杀了而登上君位，又想要攻打楚国，因此湛卢就来楚国了。"楚昭王问："这把剑价值多少？"风湖子说："我听说这剑在越国时，曾有买主出价格：三十个有集市的乡，一千匹骏马，两个有万户人口的都市，这只是其中一个购买的人。薛烛那时候回答：'赤堇山已合拢没有云彩，若耶之溪的水深到无法探测，众神都已经上天，欧冶子也去世了。就算用整个城池的黄金，整条河流的珠宝玉石来换，尚且不能得到这件宝物，更何况只是有集市的乡、一千匹骏马和万户人口的城市，怎么说得出口呢？'"楚王十分高兴，于是把这剑视作宝贝。

　　阖闾听闻楚昭王得到了湛卢剑，因此大怒，于是派孙武、伍子胥、白喜一起讨伐楚国。伍子胥偷偷派人在楚国传播流言说："假如楚国把子期任命为将军，我们抓住他然后杀掉。假如把子常派来指挥，我们就从楚国离开。"楚国听了这个消息，就把子常任命为将军，替换了子期。吴国的军队把楚国的六和潜两个城邑都占领了。

　　五年，吴王由于越国不派兵和吴国一起攻打楚国，向南边进攻越国。越王元常说："吴王不守过去的盟约，放弃了向他进贡的国家，要消灭和自己亲近的邻国。"阖闾并不在意他的话，继续进攻，攻占了越国的檇里。

六年，楚昭王派公子囊瓦讨伐吴国，报吴国占领了自己潜、六两邑的仇恨。吴国派伍子胥和孙武反击，把楚军困在了豫章这个地方。吴王说："我想要趁这个楚国危难的时机进入到楚国的国都，把楚国的郢都拿下，假如不能进到郢都，你们两个有何功劳呢？"于是吴军在豫章把楚国的军队团团包围，大败楚军。之后把巢包围起来，把楚国的公子繁抓回来，做了人质。

九年，吴王对伍子胥、孙武说："原先你们说还不能攻打郢都，现在怎么样？"两个将军说："打仗，要依靠胜利来成就自己的威势，这不是常胜之道。"吴王说："为何这么说呢？"两位将军说："楚国的军队是天底下的强大敌手呀，如今我们和他们针锋相对，有十成会灭亡，只有一成的希望能活下来。而您能进入郢都的事情，就要看天意了。我们不敢肯定。"吴王说："我想要再次攻打楚国，要如何做才有效果？"伍子胥和孙武说："囊瓦这个人十分贪婪，而且屡次得罪了诸侯，所以唐、蔡两个国家都很痛恨他。您如果一定要讨伐楚国，必须得到唐国和蔡国的帮助。"吴王说："有什么仇恨呢？"两位将军说："从前蔡昭公去楚国拜见，带了两件好看的裘衣和两块极好的玉佩，各把一样献给了楚昭王。楚王穿戴着去上朝，蔡昭公穿戴着另一套。子常想要，蔡昭公不愿意给。子常就扣留了蔡昭公三年，不让他回国。唐成公去楚国朝见，带了两匹马，马身上有花纹。子常想得到这马，唐成公不给，子常也把他扣了三年不让回。唐国的人商议后，准备从唐成公的随从那儿把马匹拿到手，把唐成公赎回来。因此请唐成公的随从喝酒，灌醉他们后，把马偷来献给子常，子常这才让唐成公回国。唐国的众位大臣非议唐成公说：'君王为了马，让自己被关了三年，希望奖赏偷马者的功劳。'所以，唐成公经常想要报复楚国，唐国的君臣一直不停说要报仇雪恨。蔡国人听说这事，坚决请求把裘衣和玉佩献给子常。蔡侯回国后，就去晋国把遭遇诉说了一番，把自己的儿子元和一个大夫的儿子当作人质，请晋国出兵，讨伐楚国。因此，我们说得到唐、蔡两国的支援就能讨伐楚国。"

吴王因此派遣使者对唐国和蔡国的国君说："楚国国君无道，将忠良之士残忍地杀害，还扣留过二位国君，侮辱了你们。我想举兵攻打楚国，希望你们一起来谋划。"唐侯派遣自己的儿子乾做人质去了吴国。三个国家一起谋划讨伐楚国的事情，军队就在淮河水湾那儿驻扎，隔着汉水从豫章和楚国军队摆开阵势。子常带领军队从汉水渡过去，把阵势摆好，从小别山一路安排部署到大别山，楚军打了三个败仗，子常就明白没办法赢了，所以想逃。史皇说："子常你没有缘由地和大王共同杀了三个忠臣，现在祸从天降，是大王自己导致的啊。"子常没有回应。

十月的时候，楚军和吴军双方在柏举这个地方摆开了阵仗。阖闾的弟弟夫概早晨起来就请求阖闾道："子常不讲仁义，贪婪而且缺少德性，他的部下没有一个愿意为他献身。追击他们，一定能大败他们。"阖闾不允许。夫概说："所谓臣下按照自己的意愿做事情而不等待命令，就是这样的吧。"于是他带着部下五千人去追击子常。子常大败，逃到了郑国，楚国的军队一片混乱，吴国军队趁机打败了楚军。楚国的军队还没有渡过汉水，士兵正吃着饭，吴军就追上了逃亡的楚军，在雍澨这地方彻底打垮了他们，吴军又打了五仗，一路径直到了郢都。

楚王被吴军追赶着，离开郢都逃亡，和妹妹季芈取道河水、濉水之间离开，楚大夫尹固和楚王乘坐同一条船离开。吴军就进到郢都，寻找楚昭王。楚昭王渡过濉水和长江，到了云梦泽中。晚上睡觉的时候，一群强盗袭击了他们，用戈砍昭王的脑袋。大夫尹固掩护着昭王，用背去挡戈，被击中了肩膀。昭王心里惶恐，又逃到郧地，大夫钟建背着季芈在后面跟着。郧公斗辛得到了昭王，十分开心，想把他护送回国。他的弟弟斗怀生气地说："昭王是我们的仇人啊。"斗怀要把昭王杀了，同哥哥斗辛说："先前楚平王把我们的父亲杀了，如今我把他儿子杀了，不行吗？"斗辛说："国君讨伐臣下，有谁敢恨他？趁他危难的时候害他，不仁义；因为杀了君王而灭了宗族，废了宗庙祭祀，不孝顺；我们的行动没有正当的名目，这不明智。"斗怀的怒气还没消下去。斗辛就和小弟斗巢偷偷保护楚昭王逃到随国。吴军在后面紧紧地追着，对随国的国君说："周天子的子孙被封于汉水的，楚国把他们都灭了。现在称得上是上苍为他们承受的灾难实行报复，惩罚楚国，为什么您把楚王看作宝物一样呢？周王室有什么罪，您要把他的贼臣藏起来？如果您能把楚王交出来，那便是大恩德了啊。"随国国君占卜，显示把昭王交给吴王并不吉利，所以婉拒吴王说："现在随国如此偏僻狭小，还紧紧挨着楚国，楚国确实令我们得以保全，随国和楚国两国的盟约一直到现在也没有更改。假若如今楚国有难，我们就把他们抛弃，那凭什么来侍奉您呢？如今暂且让楚国安定，楚国难道敢不听从您吗？"吴军对随国国君的回答很满意，就撤离了。这个时候楚大夫子期虽然和楚昭王一起逃亡，私底下却和吴军做了交易，准备把昭王交出去。昭王提前探听到风声，幸免于难，就割了子期心口的皮肤，把鲜血取出来和随国国君结盟，然后从随国离开了。

吴王进了郢都后停留下来。伍子胥由于没有抓到楚昭王，就把楚平王的坟挖开，把他尸体挖出，鞭打了三百下。他用左脚踩着平王的肚子，用右手把他的眼睛挖出，责怪他说："谁让你听信谗言，把我父亲和哥哥都杀死了，难道他们不冤枉吗！"于是让阖闾把楚昭王的夫人霸占了，伍子胥、孙武、白喜三人也各自霸占了子常、司马成的妻子，以此来羞辱楚国的君臣。

后来，伍子胥带兵讨伐郑国。郑定公从前把楚国的太子建杀了，还让伍子胥处于窘境，伍子胥从这以后就怨恨上了郑国。吴军将要攻进郑国国境的时候，郑献公特别害怕，就在国内发令说："谁能够让吴军退兵，我就和他平分郑国一起统治。"有个渔翁的儿子前来应招，说："我能让他们回去。我不用动一尺兵器、一斗粮食，只需要拿一把小船桨，在路上一边走一边歌唱，吴军就会撤离。"郑献公就交给了渔翁的儿子一把小船桨。伍子胥的军队快到的时候，渔翁的儿子拦在路中，边敲船桨边唱道："芦中人！"如此唱了两次。伍子胥听了以后，十分吃惊，说："这是在唱什么？"就把他请来说话，"您是哪位啊？"对方回答："我是渔翁的儿子。我国的国君很害怕，在国内发令说：谁能让吴国军队撤离，就愿意和他平分郑国一起统治。'我想到先父曾经和您在途中相遇，因此如今乞求您让郑国得以保全。"伍子胥叹息道："多悲伤啊！我受你先父的恩惠，才能有如今。上天苍苍，哪里敢忘记呢？"所以就把进攻郑国的事放弃了，带着军队回去把守楚国，一天比一天更急切地寻找楚昭王。

申包胥逃亡到了山上，听说这事后，就派人对伍子胥说："你的报仇，有些过分了啊！你原先是平王的臣子，曾朝见君王，侍奉过他，如今却对他的尸体百般折磨、羞辱，这做法太过分了吧？"伍子胥说："替我向申包胥致歉说：'我的境况就像天已晚但路还很远，所以我做事违反常理，不择手段了。'"申包胥明白无法说服伍子胥，就去了秦国，请求他们帮助楚国。申包胥不分日夜地奔跑，脚后跟和脚掌都开裂了，他撕开衣服裹住膝盖，如同鹤一般靠在秦国朝廷的墙上哭泣，七天七夜哭声不止。秦哀公平日一向沉溺于美酒和美色之中，对国家政事并不关心。申包胥停止哭泣后，又吟唱道："吴王暴虐无道，如同大猪和长蛇，一再吞食中原各国，想把天下占为己有，征伐从楚国开始。我们的国君在草林丛泽中逃亡，派遣我前来告急。"申包胥这样哭泣了七天，秦哀公十分惊讶："楚国竟然有如此贤臣，吴国还想把楚国消灭。我没有这般贤臣，大概离被灭不远了。"于是为申包胥朗诵了《无衣》这首诗："难不成说无衣可穿？我欲和你同穿一件战袍。大王将要发兵，和您一起到战场上去。"申包胥说："我听说吴国暴戾的本性是没有满足的时候的，大王您不担心邻国，就会有边境被吴国侵犯的灾祸。趁如今吴国还没完全平定楚国，大王赶快去夺一部分吧。假如楚国被灭，对秦国有什么益处？那样也会让您的国土沦丧啊。希望您用神威出兵，使楚国得以保全，楚国会世代侍奉您。"秦伯派人辞谢申包胥，说："我已得到了您的指点，您先去宾馆休息，我们要谋划一下再给您答复。"申包胥说："如今我们国君在荒郊野外流亡，还没找到安身的地方，我哪里敢去休息呢？"他还是站在秦国的庭堂，靠着墙哭泣，一天到晚哭声不曾停止，连水都不喝，秦伯为他流泪，马上派出军队送他回国。

十年，秦国的军队还没出动，越王元常恨阖闾把越国的樏里攻占了，所以发兵攻打吴国。这个时候吴国的大军还在楚国，越国就悄悄突袭了吴国。六月，申包胥带着秦国的军队回了楚国，秦国派公子子蒲、子虎两人带领五百辆战车帮助楚国攻打吴国的军队。两位公子说："我们对吴军的战术并不清楚。"因此让楚军先前去和吴国大战，随后立即和楚军会合，把吴将夫概狠狠地打败了。七月，楚国的司马子成、秦公子子蒲和吴王相互对峙的时候，楚国悄悄派了支秘密队伍去攻打唐国，灭了唐国。伍子胥带领军队长时间滞留在楚国，寻找楚王，迟迟不肯离开楚国。夫概的军队被打败后，撤退逃跑。九月，夫概悄悄潜回吴国，自立为王。阖闾知道消息以后，把楚军甩开，准备回去把夫概杀死。夫概逃到了楚国，楚昭王把夫概封赏到棠溪这个地方。阖闾于是回了国。伍子胥、孙武和白喜停留在楚国，在雍澨这个地方和楚国的军队打了一仗，秦军再次打败了吴军。楚将子期准备放火把吴军烧死，子西说：“我国的父老兄弟奋不顾身地作战，但尸骨却在荒郊野外暴露着，我们不仅不收敛他们的尸骨埋葬起来，还要把他们烧了，这怎么行？”子期说：“国家灭亡而丧失兵众，在生死关头，何必让生者死去来爱惜死去之人的尸骨呢？假如死去的人能知道，也必定会乘着烧吴军的烟雾来帮我们。假如死者不知道，只要能把吴国灭了，又可惜什么草中的尸骨呢？”因此，放火攻打吴军，吴国的军队大败。伍子胥等人讨论说：“虽然楚国把我们留下的军队打败了，但并没有损害我们什么。”孙武说：“我们用吴国的精兵向西征伐，把楚国攻破，赶走了楚昭王，还把楚平王的墓挖开，割戮他的尸体，也足够了。”伍子胥说：“自从诸侯称霸为王以来，从没一个臣子能如此报仇。我们撤退吧。”

吴军撤兵后，楚昭王回到了国都。乐师扈子不满楚王听信谗佞臣子的话，把伍奢和白州犁杀了，从而导致外敌入侵，甚至吴人还把平王的坟墓挖开鞭尸，把昭王等君臣的妻子奸污了，以此来羞辱楚国的君臣。但他又怜悯昭王被赶离国都，遭受困厄而无路可走，几乎成为全天下的大耻辱，如今昭王已觉得愧疚了。所以扈子拿起琴，为楚王作了首《穷劫之曲》，来尽情表达国君遭受困厄的悲伤。那歌唱道：“君王啊君王多乖戾，不顾及宗庙和社稷，反而对谗佞和妖孽加以信任。任用奸臣费无忌，没有止境地胡乱杀害忠臣，屠杀白氏使他们几乎灭族。伍子胥和白喜向东投奔吴国，吴王悲痛之下帮助了二人。流着眼泪发动兵力向西讨伐楚国，子胥、白喜和孙武一起出谋划策。吴军三战破了郢都，楚王慌忙之下逃亡外地，吴军停留在楚国不肯离开，驻兵横行把官殿毁了。挖出了平王尸骨，朽骨也难逃厄运，被鞭打羞辱，这样的耻辱难以洗雪。宗庙危急国将倾覆，庄王到底有什么罪过，他的祭祀几乎要断绝。卿士大夫为他感到悲伤，普通百姓为他感到悲痛。吴军虽然已离开，楚人之心仍惊恐。希望大王多加改正，对忠臣和节士多安抚，不要让小人再次诋毁说谗言。"楚昭王忍不住流下眼泪，深切地感受到了琴曲里的感情，扈子于是不再弹了。

伍子胥等人路过溧阳境内的濑水岸边的时候，长叹一声说："我曾在这儿挨饿，向一位女子乞讨饭食。她把饭给我吃了后，就投入水中自杀了。"伍子胥想用一百两黄金来报答女子，却不知她家在哪儿，就把黄金投入水中，然后离开了。没多久，一个老妇人哭泣着过来。有人问她："您怎么哭得如此伤心？"老妇人说："我有个女儿，守在家中，三十岁了还没有嫁人。前几年曾经在这儿捶洗绵絮，碰到一个处于困境中的男子，就把饭拿给他吃，却担心事情泄漏，投到濑水中自杀了。如今我听闻姓伍的先生来了，却没拿到他的报酬，可怜我女儿白死了，因此这样伤心啊。"人们说："伍子胥想用一百两黄金报答她，可不知她的家，就把黄金投入到水中走了。"老妇人就捞起黄金离开了。

伍子胥把军队带回吴国，吴王听说三军马上要抵达国都，亲自把鱼切成细丝美味。在大军将要到国都的那天，过了原定时间还没到达，鱼肉就臭了。没多久，伍子胥到了，阖闾把鱼肉细丝端出来请伍子胥他们吃，不知鱼肉已发臭。于是吴王重新为他们做了一份，鱼肉的味道和原先一样。吴地的人做鱼丝，是从阖闾开始的啊。

众位将领从楚国撤军后，吴国把阊门改名，叫作破楚门。吴国又筹谋着进攻齐国。齐国国君把女儿送到吴国当作人质，吴王因此为太子波聘了这位齐女当妻子。这个齐女还年幼，想念齐国，日夜哭个不停，因此生了病。阖闾就筑造了一座北门，叫作望齐门，让齐女去上面游玩。可是齐女还是不能停止思念家乡，病得越来越严重，最后居然死去了。齐女死前说："假如死者地下有知，必定要把我葬在虞山顶上，让我能够远远地望着齐国。"阖闾十分伤心，就照她说的，把她葬在了虞山山顶。

这时，太子也得了病死去。阖闾想着在各位公子里面挑选一个能立为太子的人，可还没决定。太子波的儿子夫差日夜不停地请求伍子胥说："国君想立太子，除我以外还有谁适合呢？这计策就看您了。"伍子胥说："太子的人选还没有决定，等我入宫商议，君王就会下定决心了。"没多久阖闾召见伍子胥，商讨立太子的事情。伍子胥说："我听闻宗庙祭祀，没继承人就会被废，有继承人就会旺盛。现在太子死了，大王早早地没有了能侍奉您的人，现在大王要立太子，谁也不会比波的儿子夫差更合适了。"阖闾说："夫差又蠢又笨，还不讲仁义，怕是不能把吴国的君统传承下去。"伍子胥说："夫差诚实守信且爱民，品行端正，严守礼义，且父死儿代，这是经典上的明文规定啊。"阖闾说："我听您的。"他就立了夫差为太子，派遣他在楚国驻军守卫。阖闾自己则建造宫室，在安里造了射台，在平昌挖了华池，在长乐造了南城宫。阖闾进出这些地方，有时游玩，有时休息，秋冬时在城内处理国家政事，春夏时就转移到城外，还造了姑苏台。早上在鲲山吃饭，白天在姑苏台游玩，在鸥陂射猎，去游台跑马，在石城赏歌乐，去长洲驱狗打猎。这段时间正是阖闾称霸的时候。这时确定了太子后，就又派兵讨伐楚国，将楚军打败并且攻占了楚国的鄱阳。楚王害怕吴军会再次侵犯，就从郢都离开了，将国都搬迁到了鄀若。这段时间，吴国靠着伍子胥、白喜、孙武的谋划，向西把强大的楚国打败了，向北把齐、晋两国震慑住了，向南去攻打越国。

智慧解析

本篇主要讲述了吴王阖闾在位期间的历史。阖闾成为吴国国君后，为了收拢民心，大施仁政，和伍子胥共同商讨国家大事。同时，他派伍子胥修建城池，训练军队，还命令工匠干将铸剑。干将于是铸成了后来天下闻名的两把剑——干将剑和莫耶剑，但干将只把莫耶剑献给吴王阖闾。因为担心公子庆忌会联合诸侯来杀害自己，阖闾先派人把庆忌杀了。吴国变得越来越强大，楚昭王害怕起来，把费无忌和他的家人都诛杀了。可是吴国还是攻破了楚国，赶走了楚昭王，伍子胥还把楚平王的墓挖开，侮辱他的尸体，以此泄愤。楚平王前面做的错事，终于还是受到了报应，如果他有所感知，必定会为自己听信谗言感到后悔。

夫差内传第五

　　十一年，夫差北伐齐。齐使大夫高氏谢吴师曰："齐孤立于国，仓库空虚，民人离散。齐以吴为强辅，今未往告急，而吴见伐。请伏国人于郊，不敢陈战争之辞。惟吴哀齐之不滥①也。"吴师即还。

　　十二年，夫差复北伐齐。越王闻之，率众以朝于吴，而以重宝厚献太宰嚭。嚭喜，受越之赂，爱信越殊甚，日夜为言于吴王。王信用嚭之计，伍胥大惧，曰："是弃吾也。"乃进谏曰："越在心腹之病，不前除其疾，今信浮辞伪诈而贪齐。破齐，譬由②磐石之田，无立其苗也。愿王释齐而前越。不然，悔之无及。"吴王不听，使子胥使于齐，通期战之会。子胥谓其子曰："我数谏王，王不我用。今见吴之亡矣。汝与吾俱亡，亡无为也。"乃属其子于齐鲍氏而还。太宰嚭既与子胥有隙，因谗之曰："子胥为强暴力谏，愿王

---

① 滥：逾矩，超过了规矩、制度。

② 由：通"犹"，好像，犹如。

少厚焉。"王曰："寡人知之。"未兴师，会鲁使子贡聘于吴。

十三年，齐大夫陈成恒欲弑简公，阴惮高、国、鲍、晏，故前兴兵伐鲁。鲁君忧之。孔子患之，召门人而谓之曰："诸侯有相伐者，丘常耻之。夫鲁，父母之国也，丘墓在焉。今齐将伐之，子无意一出耶？"子路辞出，孔子止之。子张、子石请行，孔子弗许。子贡辞出，孔子遣之。

子贡北之齐，见成恒，因谓曰："夫鲁者，难伐之国，而君伐，过矣。"成恒曰："鲁何难伐也？"子贡曰："其城薄以卑，其池狭以浅，其君愚而不仁，大臣无用，士恶甲兵，不可与战。君不若伐吴。夫吴，城厚而崇，池广以深，甲坚士选，器饱弩劲，又使明大夫守之，此易邦也。"成恒忿然作色，曰："子之所难，人之所易；子之所易，人之所难。而以教恒，何也？"子贡曰："臣闻君三封而三不成者，大臣有所不听者也。今君又欲破鲁以广齐，隳①鲁以自尊，而君功不与焉。是君上骄主心，下恣群臣，而求以成大事，难矣！且夫上骄则犯，臣骄则争，此君上于王有遽，而下与大臣交争。如此，则君立于齐，危于累卵。故曰不如伐吴。且吴王刚猛而毅，能行其令，百姓习于战守，明于法

————————

① 隳（huī）：毁坏。

禁，齐遇为擒，必矣。今君悉四境之中，出大臣以环之，人民外死，大臣内空，是君上无强敌之臣，下无黔首之士，孤主制齐者，君也。"陈恒曰："善。虽然，吾兵已在鲁之城下矣，吾去之吴，大臣将有疑我之心。为之奈何？"子贡曰："君按兵无伐，请为君南见吴王，请之救鲁而伐齐，君因以兵迎之。"陈恒许诺。

子贡南见吴王，谓吴王曰："臣闻之，王者不绝世，而霸者无强敌。千钧①之重，加铢而移。今万乘之齐，而私千乘之鲁，而与吴争强，臣窃为君恐焉。且夫救鲁，显名也；伐齐，大利也。义存亡鲁，害暴齐而威强晋，则王不疑也。"吴王曰："善。虽然，吾尝与越战，栖之会稽，入臣于吴，不即诛之，三年使归。夫越君，贤主，苦身劳力，夜以接日，内饰兵政，外事诸侯，必将有报我之心。子待我伐越而听子。"子贡曰："不可。夫越之强，不过于鲁；吴之强，不过于齐。主以伐越而不听臣，齐亦已私鲁矣。且畏小越而恶强齐，不勇也。见小利而忘大害，不智也。臣闻仁人不因居，以广其德；智者不弃时，以举其功；王者不绝世，以立其义。且夫畏越如此，臣诚东见越王，使出师以从下吏。"吴王大悦。

---

① 千钧：三万斤，常用来形容器物之重或力量之大。一钧等于三十斤。

　　子贡东见越王，王闻之，除道郊迎，身御至舍，问曰："此僻狭之国，蛮夷之民，大夫何索然若不辱乃至于此？"子贡曰："君处，故来。"越王勾践再拜稽首，曰："孤闻祸与福为邻，今大夫之吊，孤之福矣。孤敢不问其说？"子贡曰："臣今者见吴王，告以救鲁而伐齐，其心畏越。且夫无报人之志，而使人疑之，拙也。有报人之意，而使人知之，殆也。事未发而闻之者，危也。三者，举事之大忌也。"越王再拜，曰："孤少失前人，内不自量，与吴人战，军败，身辱遁逃，上栖会稽，下守海滨，唯鱼鳖见矣。今大夫辱吊而身见之，又发玉声①以教孤，孤赖天之赐也，敢不承教？"子贡曰："臣闻明主任人不失其能，直士举贤不容于世。故临财分利，则使仁；涉患犯难，则使勇；用智图国，则使贤；正天下，定诸侯，则使圣。兵强而不能行其威势，在上位而不能施其政令于下者，其君几乎难矣！臣窃自择可与成功而至王者，惟几乎？今吴王有伐齐、晋之志，君无爱重器以喜其心，无恶卑辞以尽其礼。而伐齐，齐必战。不胜，君之福也。彼战而胜，必以其兵临晋。骑士锐兵弊乎齐，重宝、车骑、羽毛尽乎晋，则君制其余矣。"越王再拜，曰："昔者，吴王分其民之众以残吾国，杀败吾民，

---

① 玉声：宝贵的语言。

鄙吾百姓，夷吾宗庙，国为墟棘，身为鱼鳖。孤之怨吴，深于骨髓。而孤之事吴，如子之畏父，弟之敬兄。此孤之死言也。今大夫有赐，故孤敢以报情。孤身不安重席[①]，口不尝厚味，目不视美色，耳不听雅音，既已三年矣。焦唇干舌，苦身劳力，上事群臣，下养百姓，愿一与吴交战于天下平原之野，正身臂而奋吴、越之士，继踵连死，肝脑涂地者，孤之愿也。思之三年，不可得也。今内量吾国，不足以伤吴；外事诸侯，而不能也。愿空国，弃群臣，变容貌，易姓名，执箕帚，养牛马以事之。孤虽知要领不属，手足异处，四支布陈，为乡邑笑，孤之意出焉。今大夫有赐，存亡国，举死人，孤赖天赐，敢不待令乎？"子贡曰："夫吴王为人，贪功名而不知利害。"越王愯然[②]避位。子贡曰："臣观吴王为数战伐，士卒不恩，大臣内引，谗人益众。夫子胥为人精诚，中廉外明而知时，不以身死隐君之过，正言以忠君，直行以为国，其身死而不听。太宰嚭为人智而愚，强而弱，巧言利辞以内其身，善为诡诈以事其君，知其前而不知其后，顺君之过以安其私，是残国伤君之佞臣也。"越王大悦。子贡去，越王送之金百镒、宝剑一、良马二，子贡不受。

　　至吴，谓吴王曰："臣以下吏之言告于越王，越王大

---

① 重席：重叠的席子，即两层席。中国古代坐席以层数多少来区分地位的尊卑。
② 愯然：慌张匆忙的样子。

恐，曰：'昔者，孤身不幸，少失前人，内不自量，抵罪于吴，军败身辱，遁逃出走，栖于会稽，国为墟莽，身为鱼鳖。赖大王之赐，使得奉俎豆①，修祭祀。死且不敢忘，何谋之敢？'其志甚恐，将使使者来谢于王。"子贡馆五日，越使果来，曰："东海役臣勾践之使者臣种，敢修下吏，少闻于左右②：'昔孤不幸，少失前人，内不自量，抵罪上国，军败身辱，遁逃会稽。赖王赐，得奉祭祀，死且不忘。今窃闻大王兴大义，诛强救弱，困暴齐而抚周室，故使贱臣以奉前王所藏甲二十领、屈卢之矛、步光之剑，以贺军吏。若将遂大义，弊邑虽小，请悉四方之内士卒三千人以从下吏，请躬被坚执锐以前受矢石，君臣死无所恨矣。'"吴王大悦，乃召子贡，曰："越使果来，请出士卒三千，其君从之，与寡人伐齐，可乎？"子贡曰："不可。夫空人之国，悉人之众，又从其君，不仁也。受币，许其师，辞其君，即可。"吴王许诺。

子贡去晋，见定公，曰："臣闻虑不预定，不可以应卒；兵不预办，不可以胜敌。今吴、齐将战，战而不胜，越乱之必矣；与战而胜，必以其兵临晋。君为之奈何？"定公

①俎豆：中国古代祭祀、宴会时盛肉类等食品的两种器皿，后指祭祀。

②左右：本指国君身边的侍从，文中表示对吴王的尊敬，意思是不敢直接指称吴王，以示敬意。

曰："何以待之？"子贡曰："修兵伏卒以待之。"晋君许之。子贡返鲁。

吴王果兴九郡之兵，将与齐战。道出胥门，因过姑胥之台，忽昼假寐于姑胥之台而得梦。及寤而起，其心惕然怅焉[1]。乃命太宰嚭，告曰："寡人昼卧有梦，觉而惕然怅焉。请占之，得无所忧哉？梦入章明宫，见两鬵蒸而不炊，两黑犬嗥以南、嗥以北，两鋘殖吾宫墙，流水汤汤越吾宫堂，后房鼓震箧箧有锻工，前园横生梧桐。子为寡人占之。"太宰嚭曰："美哉！王之兴师伐齐也。臣闻章者，德锵锵也。明者，破敌声闻，功朗明也。两鬵蒸而不炊者，大王圣德，气有余也。两黑犬嗥以南、嗥以北者，四夷已服，朝诸侯也。两鋘殖宫墙者，农夫就成，田夫耕也。汤汤[2]越宫堂者，邻国贡献，财有余也。后房箧箧鼓震有锻工者，宫女悦乐，琴瑟和也。前园横生梧桐者，乐府鼓声也。"吴王大悦，而其心不已，召王孙骆问曰："寡人忽昼梦，为予陈之。"王孙骆曰："臣鄙浅于道，不能博大。今王所梦，臣不能占。其有所知者，东掖门亭长长城公弟公孙圣。圣为人少[3]而好游，长而好学，多见博观；知鬼神之情状。愿王

---

① 怅焉：失意不乐的样子。
② 汤汤：水流湍急的样子。
③ 少：年少的时候。

问之。"

王乃遣王孙骆往请公孙圣，曰："吴王昼卧姑胥之台，忽然感梦，觉而怅然，使子占之，急诣姑胥之台。"公孙圣伏地而泣，有顷而起，其妻从旁谓圣曰："子何性鄙！希睹人主，卒得急召，涕泣如雨。"公孙圣仰天叹曰："悲哉！非子所知也。今日壬午，时加南方，命属上天，不得逃亡，非但自哀，诚伤吴王。"妻曰："子以道自达于主。有道当行，上以谏王，下以约身。今闻急召，忧惑溃乱，非贤人所宜。"公孙圣曰："愚哉！女子之言也。吾受道十年，隐身避害，欲绍寿命。不意卒得急召，中世自弃，故悲与子相离耳。"遂去，诣姑胥台。

吴王曰："寡人将北伐齐鲁，道出胥门，过姑胥之台，忽然昼梦。子为占之，其言吉凶。"公孙圣曰："臣不言，身名全，言之，必死百段于王前。然忠臣不顾其躯。"乃仰天叹曰："臣闻好船者必溺，好战者必亡。臣好直言，不顾于命，愿王图之。臣闻章者，战不胜，败走偟偟[①]也。明者，去昭昭，就冥冥也。入门见鑯蒸而不炊者，大王不得火食也。两黑犬嗥以南、嗥以北者，黑者，阴也，北者，匿也。两鋘殖宫墙者，越军入吴国，伐宗庙，掘社稷也。流水

———————

① 偟偟：神色慌张。

汤汤越宫堂者，宫空虚也。后房鼓震箧箧者，坐太息也。前园横生梧桐者，梧桐心空，不为用器，但为盲僮与死人俱葬也。愿大王按兵修德，无伐于齐，则可销也。遣下吏太宰嚭、王孙骆解冠帻，肉袒①徒跣，稽首谢于勾践，国可安存也，身可不死矣。"吴王闻之，索然作怒，乃曰："吾天之所生，神之所使。"顾力士石番，以铁锤击杀之。圣乃仰头向天而言曰："吁嗟！天知吾之冤乎？忠而获罪，身死无辜。以葬我，以为直者不如相随？为柱，提我至深山，后世相属为声响。"于是吴王乃使门人提之蒸丘："豺狼食汝肉，野火烧汝骨，东风数至，飞扬汝骸，骨肉糜烂，何能为声响哉？"太宰嚭趋进曰："贺大王喜，灾已灭矣。因举行觞②，兵可以行。"

吴王乃使太宰嚭为右校司马，王孙骆为左校，及从勾践之师伐齐。伍子胥闻之，谏曰："臣闻兴十万之众，奉师千里，百姓之费，国家之出，日数千金。不念士民之死，而争一日之胜，臣以为危国亡身之甚。且与贼居，不知其祸，外复求怨，徼幸他国，犹治救瘑疥③而弃心腹之疾，发当死矣。瘑疥，皮肤之疾，不足患也。今齐陵迟千里之外，更历

---

① 肉袒：裸露着上半身。

② 行觞：按着顺序行酒。

③ 瘑（guō）疥：疥疮。

楚、赵之界，齐为疾，其疥耳。越之为病，乃心腹也，不发则伤，动则有死。愿大王定越而后图齐。臣之言决矣，敢不尽忠？臣今年老，耳目不聪，以狂惑之心，无能益^①国。窃观《金匮》第八，其可伤也。"吴王曰："何谓也？"子胥曰："今年七月辛亥平旦，大王以首事。辛，岁位也；亥，阴前之辰也。合壬子，岁前合也，利以行武，武决胜矣。然德在合，斗击丑。丑，辛之本也，大吉，为白虎而临。辛，功曹，为太常所临。亥，大吉，得辛为九丑，又与白虎并重。有人若以此首事，前虽小胜，后必大败。天地行殃，祸不久矣。"

吴王不听，遂九月使太宰嚭伐齐。军临北郊，吴王谓嚭曰："行矣！无忘有功，无赦有罪。爱民养士，视如赤子。与智者谋，与仁者友。"太宰嚭受命，遂行。

吴王召大夫被离，问曰："汝常与子胥同心合志，并虑一谋。寡人兴师伐齐，子胥独何言焉？"被离曰："子胥欲尽诚于前王，自谓老狂，耳目不聪，不知当世之所行，无益吴国。"

王遂伐齐，齐与吴战于艾陵^②之上，齐师败绩。吴王既胜，乃使行人成好于齐，曰："吴王闻齐有没水之虑，帅军

①　益：利于，使……有益。

②　艾陵：古地名，春秋齐地。一说在今山东莱芜东北，一说在今山东泰安东南。

来观。而齐兴师蒲草，吴不知所安集，设阵为备，不意颇伤齐师。愿结和亲而去。"齐王曰："寡人处此北边，无出境之谋。今吴乃济江、淮，逾千里而来我壤土，戮我众庶。赖上帝哀存，国犹不至颠陨。王今让以和亲，敢不如命？"吴、齐遂盟而去。

吴王还，乃让子胥曰："吾前王履德，明达于上帝，垂功用力，为子西结强仇于楚。今前王譬若农夫之艾杀四方蓬蒿，以立名于荆蛮，斯亦大夫之力。今大夫昏耄而不自安，生变起诈，怨恶而出。出则罪吾士众，乱吾法度，欲以妖孽挫衄吾师。赖天降哀，齐师受服。寡人岂敢自归其功？乃前王之遗德，神灵之祐福也。若子于吴，则何力焉？"伍子胥攘臂①大怒，释剑而对曰："昔吾前王有不庭之臣，以能遂疑计，不陷于大难。今王播弃，所患外不忧，此孤僮之谋，非霸王之事。天所未弃，必趋其小喜而近其大忧。王若觉寤，吴国世世存焉。若不觉寤，吴国之命斯促矣。员不忍称疾辟易，乃见王之为擒。员诚前死，挂吾目于门，以观吴国之丧。"

吴王不听，坐于殿上，独见四人向庭相背而倚。王怪②而视之，群臣问曰："王何所见？"王曰："吾见四人相背

① 攘臂：撸起（衣袖）把手臂露出，表示愤怒。
② 怪：觉得奇怪。

而倚，闻人言则四分走矣。”子胥曰：“如王言，将失众矣。”吴王怒曰：“子言不祥。”子胥曰：“非惟不祥，王亦亡矣。”后五日，吴王复坐殿上，望见两人相对，北向人杀南向人。王问群臣：“见乎？”曰：“无所见。”子胥曰：“王何见？”王曰：“前日所见四人，今日又见二人相对，北向人杀南向人。”子胥曰：“臣闻四人走，叛也。北向杀南向，臣杀君也。”王不应。

吴王置酒文台之上，群臣悉在，太宰嚭执政，越王侍坐，子胥在焉。王曰：“寡人闻之，君不贱有功之臣，父不憎有力之子。今太宰嚭为寡人有功，吾将爵之上赏。越王慈仁忠信，以孝事于寡人，吾将复增其国，以还助伐之功。于众大夫如何？”群臣贺曰：“大王躬行至德，虚心养士，群臣并进，见难争死，名号显著，威震四海，有功蒙赏，亡国复存，霸功王事，咸被群臣。”于是子胥据地垂涕曰：“於乎哀哉！遭此默默。忠臣掩口，谗夫在侧。政败道坏，诤谀无极。邪说伪辞，以曲为直。舍谗攻忠，将灭吴国。宗庙既夷，社稷不食。城郭丘墟，殿生荆棘。”吴王大怒曰：“老臣多诈，为吴妖孽。乃欲专权擅威，独倾吾国。寡人以前王之故，未忍行法。今退自计，无沮吴谋。”子胥曰：“今臣不忠不信，不得为前王之臣。臣不敢爱身，恐吴国之亡矣。

昔者桀杀关龙逄，纣杀王子比干，今大王诛臣，参于桀、纣。大王勉之，臣请辞矣。"

子胥归，谓被离曰："吾贯弓接矢于郑、楚之界，越渡江、淮，自致于斯。前王听从吾计，破楚见凌之仇。欲报前王之恩，而至于此。吾非自惜，祸将及汝。"被离曰："未谏不听，自杀何益？何如亡乎？"子胥曰："亡，臣安往？"

吴王闻子胥之怨恨也，乃使人赐属镂之剑。子胥受剑，徒跣褰①裳下堂，中庭仰天呼怨，曰："吾始为汝父忠臣，立吴，设谋破楚，南服劲越，威加诸侯，有霸王之功。今汝不用吾言，反赐我剑。吾今日死，吴宫为墟，庭生蔓草，越人掘汝社稷。安忘我乎？昔前王不欲立汝，我以死争之，卒得汝之愿，公子多怨于我。我徒有功于吴，今乃忘我定国之恩，反赐我死，岂不谬哉！"吴王闻之，大怒曰："汝不忠信，为寡人使齐，托汝子于齐鲍氏，有我外之心。"急令自裁。"孤不使汝得有所见。"子胥把剑，仰天叹曰："自我死后，后世必以我为忠。上配夏、殷之世，亦得与龙逄、比干为友。"遂伏剑而死。

吴王乃取子胥尸，盛以鸱夷之器，投之于江中，言曰：

---

① 褰：撩起，掀起。

"胥，汝一死之后，何能有知？"即断其头，置高楼上，谓之曰："日月炙汝肉，飘风飘汝眼，炎光烧汝骨，鱼鳖食汝肉。汝骨变形灰，有何所见？"乃弃其躯，投之江中。子胥因随流扬波，依潮来往，荡激崩岸。

于是吴王谓被离曰："汝尝与子胥论寡人之短。"乃髡①被离而刑之。王孙骆闻之，不朝。王召而问曰："子何非寡人而不朝乎？"骆曰："臣恐耳。"曰："子以我杀子胥为重乎？"骆曰："大王气高，子胥位下，王诛之。臣命何异于子胥？臣以是恐也。"王曰："非听宰嚭以杀子胥，胥图寡人也。"骆曰："臣闻人君者必有敢谏之臣，在上位者必有敢言之交。夫子胥，先王之老臣也，不忠不信，不得为前王臣。"吴王中心恨然②，悔杀子胥："岂非宰嚭之谗子胥？"而欲杀之。骆曰："不可。王若杀嚭，此为二子胥也。"于是不诛。

十四年，夫差既杀子胥，连年不熟，民多怨恨。吴王复伐齐，阙为阑沟于商、鲁之间，北属蕲，西属济，欲与鲁、晋合攻于黄池之上。恐群臣复谏，乃令国中，曰："寡人伐齐，有敢谏者死。"太子友知子胥忠而不用，太宰嚭佞而

———————

① 髡（kūn）：古代一种剃去头发的刑罚。

② 恨（lì）然：悲伤的样子。

专政，欲切言之，恐罹①尤也，乃以讽谏激于王。清旦怀丸持弹，从后园而来，衣袷履濡，王怪而问之，曰："子何为袷衣濡履，体如斯也？"太子友曰："适游后园，闻秋蜩之声，往而观之。夫秋蝉登高树，饮清露，随风扰挠，长吟悲鸣，自以为安，不知螳螂超枝缘条，曳腰耸距，而稷其形。夫螳螂翕心②而进，志在有利，不知黄雀缘茂林，徘徊枝阴，蹼蹐微进，欲啄螳螂。夫黄雀但知伺螳螂之有味，不知臣挟弹危掷，蹭蹬③飞丸而集其背。今臣但虚心，志在黄雀，不知空坎其旁，暗忽坎中，陷于深井。臣故袷体濡履，几为大王取笑。"王曰："天下之愚，莫过于斯。但贪前利，不睹后患。"太子曰："天下之愚，复有甚者。鲁承周公之末，有孔子之教，守仁抱德，无欲于邻国，而齐举兵伐之，不爱民命，惟有所获。夫齐徒举而伐鲁，不知吴悉境内之士，尽府库之财，暴师千里而攻之。夫吴徒知逾境征伐非吾之国，不知越王将选死士，出三江之口，入五湖之中，屠我吴国，灭我吴宫。天下之危，莫过于斯也。"吴王不听太子之谏，遂北伐齐。

越王闻吴王伐齐，使范蠡、洩庸率师屯海通江，以绝吴

---

① 罹：遇到，遭遇。

② 翕心：一心一意。

③ 蹭蹬：速度很快。

路。败太子友于始熊夷，通江淮转袭吴，遂入吴国，烧姑胥台，徙其大舟。

吴败齐师于艾陵之上，还师临晋，与定公争长。未合，边候乃至，以越乱告，吴王夫差大惧，合诸侯谋曰："吾道辽远，无会、前进，孰利？"王孙骆曰："不如前进，则执诸侯之柄，以求其志。请王属士，以明其令，劝之以高位，辱之以不从，令各尽其死。"夫差昏秣马食士，服兵被甲，勒马衔枚①，出火于造，暗行而进。吴师皆文犀长盾、扁诸之剑，方阵而行。中校之军皆白裳、白旄、素甲、素羽之矰，望之若荼。王亲秉钺，戴旗以阵而立。左军皆赤裳、赤旄、丹甲、朱羽之矰，望之若火。右军皆玄裳、玄舆、黑甲、乌羽之矰，望之如墨。带甲三万六千，鸡鸣而定阵，去晋军一里。天尚未明，王乃亲鸣金鼓，三军哗吟以振其旅，其声动天徙地。晋大惊，不出，反距②坚垒。乃令童褐请军，曰："两军边兵接好，日中为期。今大国越次而造弊邑之军垒，敢请辞故。"吴王亲对曰："天子有命，周室卑弱，约诸侯贡献，莫入王府，上帝鬼神而不可以告。无姬姓之所振，惧，遣使来告，冠盖不绝于道。始周依负于晋，故忽于夷狄。会晋今反叛如斯，吾是以蒲服就君。不肯长弟，

---

① 枚：一种木片，行军的时候士兵把它放在嘴里防止喧闹。

② 距：防御，抵御。

徒以争强。孤进，不敢去。君不命长，为诸侯笑。孤之事君，决在今日；不得事君，命在今日矣。敢烦使者往来，孤躬亲听命于藩篱①之外。"童褐将还，吴王蹙左足，与褐决矣。及报，与诸侯、大夫列坐于晋定公前。既以通命，乃告赵鞅曰："臣观吴王之色，类有大忧。小则嬖妾、嫡子死，否则吴国有难，大则越人入，不得还也。其意有愁毒之忧，进退轻难，不可与战。主君宜许之以前期，无以争行而危国也。然不可徒许，必明其信。"赵鞅许诺，入谒定公曰："姬姓于周，吴为先老，可长，以尽国礼。"定公许诺，命童褐复命。于是吴王愧晋之义，乃退幕而会。二国君臣并在，吴王称公，前，晋侯次之，群臣毕盟。

吴既长晋而还，未逾于黄池，越闻吴王久留未归，乃悉士众，将逾章山，济三江而欲伐之。吴又恐齐、宋之为害，乃命王孙骆告劳于周，曰："昔楚不承供贡，辟远兄弟之国。吾前君阖闾不忍其恶，带剑挺铍，与楚昭王相逐于中原。天舍其忠，楚师败绩。今齐不贤于楚，又不恭王命，以远辟兄弟之国。夫差不忍其恶，被甲带剑，径至艾陵。天福于吴，齐师还锋而退。夫差岂敢自多其功？是文、武之德所祐助。时归吴不熟于岁，遂缘江溯淮，开沟深水，出于商、

---

① 藩篱：文中表示军垒。

鲁之间，而归告于天子执事。"周王答曰："伯父令子来乎！盟国一人则依矣，余实嘉之。伯父若能辅余一人，则兼受永福，周室何忧焉？"乃赐弓弩王胙^①，以增号谥。吴王还归自池，息民散兵。

二十年，越王兴师伐吴，吴与越战于携李。吴师大败，军散，死者不可胜计。越追破吴，吴王困急，使王孙骆稽首请成，如越之来也。越王对曰："昔天以越赐吴，吴不受也。今天以吴赐越，其可逆乎？吾请献勾、甬东之地，吾与君为二君乎！"吴王曰："吾之在周，礼前王一饭。如越王不忘周室之义，而使为附邑，亦寡人之愿也。行人请成列国之义，惟君王有意焉。"大夫种曰："吴为无道，今幸擒之，愿王制其命。"越王曰："吾将残汝社稷，夷汝宗庙。"吴王默然。请成七反，越王不听。

二十三年十月，越王复伐吴。吴国困不战，士卒分散，城门不守，遂屠吴。吴王率群臣遁去，昼驰夜走，三日三夕，达于秦余杭山。胸中愁忧，目视茫茫，行步猖狂，腹馁口饥，顾得生稻而食之，伏地而饮水。顾左右曰："此何名也？"对曰："是生稻也。"吴王曰："是公孙圣所言不得火食，走偟偟也。"王孙骆曰："饱食而去，前有胥山，西

---

① 胙：通"胙"，宗庙祭祀用的肉。

坂中可以匿止。"王行，有顷，因得自生之瓜，已熟，吴王掇而食之。谓左右曰："何冬而生瓜，近道人不食，何也？"左右曰："谓粪种之物，人不食也。"吴王曰："何谓粪种？"左右曰："盛夏之时，人食生瓜，起居道傍，子复生，秋霜恶之，故不食。"吴王叹曰："子胥所谓旦食者也。"谓太宰嚭曰："吾戮公孙圣，投胥山之巅。吾以畏责天下之惭，吾足不能进，心不能往。"太宰嚭曰："死与生，败与成，故有避乎？"王曰："然。曾无所知乎？子试前呼之，圣在，当即有应。"吴王止秦余杭山，呼曰："公孙圣！"三反呼，圣从山中应曰："公孙圣！"三呼三应。吴王仰天呼曰："寡人岂可返乎？寡人世世得圣也。"

　　须臾，越兵至，三围吴。范蠡在中行，左手提鼓，右手操枹而鼓之。吴王书其矢而射种、蠡之军，辞曰："吾闻狡兔以死，良犬就烹。敌国如灭，谋臣必亡。今吴病矣，大夫何虑乎？"大夫种、相国蠡急而攻。大夫种书矢射之，曰："上天苍苍，若存若亡。越君勾践下臣种敢言之：昔天以越赐吴，吴不肯受，是天所反。勾践敬天而功，既得返国，今上天报越之功，敬而受之，不敢忘也。且吴有大过六，以至于亡，王知之乎？有忠臣伍子胥，忠谏而身死，大过一也。公孙圣直说而无功，大过二也。太宰嚭愚而佞，言轻而谗谀，妄语恣口，听而用之，大过三也。夫齐、晋无返逆行，无僭侈之过，而吴伐二国，辱君臣，毁社稷，大过四也。且吴与越同音共律，上合星宿，下共一理，而吴侵伐，大过五也。昔越亲戕吴之前王，罪莫大焉，而幸伐之，不从天命，而弃其仇，后为大患，大过六也。越王谨上刻青天，敢不如命？"

大夫种谓越君曰："中冬气定，天将杀戮。不行天杀，反受其殃。"越王敬拜，曰："诺。今图吴王，将为何如？"大夫种曰："君被五胜之衣，带步光之剑，仗屈卢之矛，瞋目大言以执之。"越王曰："诺。"乃如大夫种辞吴王曰："诚以今日闻命。"言有顷，吴王不自杀。越王复使谓曰："何王之忍辱厚耻也！世无万岁之君，死生一也。今子尚有遗荣，何必使吾师众加刃于王？"吴王仍未肯自杀。勾践谓种、蠡曰："二子何不诛之？"种、蠡曰："臣，人臣之位，不敢加诛于人主。愿主急而命之，天诛当行，不可久留。"越王复瞋目怒曰："死者，人之所恶。恶者，无罪于天，不负于人。今君抱六过之罪，不知愧辱，而欲求生，岂不鄙哉？"吴王乃太息，四顾而望，言曰："诺！"乃引剑而伏之死。越王谓太宰嚭曰："子为臣不忠无信，亡国灭君。"乃诛嚭并妻子。

吴王临欲伏剑，顾谓左右曰："吾生既惭，死亦愧矣。使死者有知，吾羞前君地下，不忍睹忠臣伍子胥及公孙圣。使其无知，吾负于生。死必连繁组以罩吾目。恐其不蔽，愿复重罗绣三幅，以为掩明。生不昭我，死勿见我形。吾何可哉！"越王乃葬吴王以礼于秦余杭山卑犹。越王使军士集于我戎之功，人一隔土以葬之。宰嚭亦葬卑犹之旁。

精彩解说

十一年，夫差向北进攻齐国。齐国派大夫高氏去劝吴军撤退，说："齐国孤立，粮仓和府库都空虚，百姓流离，无法安居。齐国视吴国为强大的盟友，如今我们还没前去请求帮助，吴国却来攻打我们。请准许齐国百姓跪在郊外迎接你们，不敢陈述与你们打仗这类话。只求吴国可怜齐国并没做什么不合规矩的事。"于是吴国撤兵了。

十二年，夫差再次向北进攻齐国。越王听说后，就带着众人拜见吴王，并献给太宰嚭很多贵重的宝物。太宰嚭十分开心，收下了越国贿赂他的财宝，更喜欢和相信越国，每天在吴王跟前说越国的好话。吴王相信并且采用了太宰嚭的计策，伍子胥非常惊恐，说："这是要把吴国毁掉啊。"于是伍子胥劝谏吴王："越国是我们的心腹大患，不把这大病先消除掉，如今却相信花言巧语，想要攻占齐国。就算把齐国占领，不过如同得到了一块到处是石头的耕地一般，没有地方能种禾苗。希望大王放弃攻打齐国而先把越国攻破。不然后悔莫及。"吴王没听取伍子胥的意见，派伍子胥出使齐国，通告了两边交战的时间。伍子胥对自己的儿子说："我多次劝告大王，但大王听不进我的话。如今我已预料到吴国要被灭。你和我都死了，没有丝毫意义。"于是他就将儿子托付给齐国的鲍氏，随后回国。太宰嚭已和伍子胥有了嫌隙，所以向吴王说伍子胥的坏话："伍子胥总做竭力劝谏的事，态度强硬且粗暴，希望您少听。"吴王说："我明白。"吴王还没发兵，刚好鲁国派遣子贡到吴国访问。

十三年，齐国大夫陈成恒想把齐简公杀了，可私下又忌惮高氏、国氏、鲍氏、晏氏四大家族，因此先起兵进攻鲁国。鲁国国君因为这事十分忧愁。孔子担心这事，就把弟子们召集过来，对他们说："诸侯间有互相攻打的举动，我经常觉得这是耻辱的事情。鲁国是我的祖国，我家的坟墓也在这。如今齐国马上要攻打鲁国，你们不想出使一次，为国尽点儿力吗？"子路辞别孔子要出国去，孔子把他制止了。子张、子石也请求出行，孔子没有答应。子贡请求出使去，孔子就派他前去了。

子贡向北前行到了齐国，拜见了陈成恒，就对他说："鲁国是个难攻的国家，您却要讨伐它，这是错的。"成恒说："鲁国哪里难攻呢？"子贡说："鲁国的城墙单薄且矮小，护城河也是狭小的，里面的水也浅，鲁国国君愚昧不仁，大臣不顶用，士兵对战争十分讨厌，因此您不能和他们打仗。您不如进攻吴国。吴国的城墙厚实还高，护城河宽且深，铠甲坚固，士兵是精挑细选出来的，武器充足，弓弩强劲，还派遣了贤明的大夫守卫城池，这是易攻打的国家。"成恒气得变了脸色，说："你觉得难以攻打的，却是他人觉得容易攻打的；你觉得容易攻打的，反而是他人觉得难以攻打的。你如此诱导我，是什么用意呢？"子贡说："我听闻您三次要受封却三次都没成，那是由于大臣里面有人不听从您。如今您想把鲁国攻破以使齐国的领土更大，把鲁国毁掉让自己尊贵，其实您的功劳却和这事一点儿关系没有。由于这事您上使国君变得更加傲慢，下使大臣们变得更为放肆，这样还想成大事就难了。而且国君傲慢了就会任意妄为，大臣们放肆了就会争来争去，这样使您上与齐王有了间隙，下与大臣们争来抢去。如果这样，那您在齐国的处境比堆起来的蛋还危险。因此我说您不如讨伐吴国。吴王刚毅勇猛，可以实行自己的命令，吴国百姓都对攻击和防守十分了解，对法律禁令十分清楚，齐国的军队和他们交手，就一定会被他们抓住。如今您若发动齐国的全部军队，并派遣大臣们去统领他们，那么齐国民众在外效死，大臣们都去了前线，朝廷就空虚了，这样您上面没有可以称为强敌的大臣，下面没有平民士人和您对抗，那么只要您能使国君孤立，然后就把控齐国了。"陈恒说："好主意！尽管如此，我的军队已经到鲁国城下，假若我从鲁国离开朝吴国而去，大臣就会怀疑我。对此该怎么做呢？"子贡说："您先按兵不动，请让我为您去南方朝见吴王，请他帮助鲁国来进攻齐国，您就趁这个机会发动兵力迎击吴军。"陈恒答应了。

　　子贡去南方拜见吴王，对吴王说："我听闻，称王天下的人不会断了别国的世系，而称霸天下之人无强敌。千钧之重，加一铢就会移动。如今齐国有万辆兵车，想要将有千辆兵车的鲁国独吞，然后和吴国抗争，我私底下为您担心啊。何况救了鲁国，会彰显您的名声；攻打齐国，能得到巨大的利益。名义上把快被灭国的鲁国保了下来，又把暴齐的利益损害，还能使强大的晋国被您震慑住，这样大王就该不再担忧了。"吴王说："不错。尽管如此，我曾和越国打仗，越王失败后在会稽山上居住，还到吴国当了奴隶，我没有马上把他杀了，三年后我让他回去了。越王是个贤主，身心都吃了很多苦，夜以继日，对内修明军政，对外和各诸侯结交，他一定想报仇。你等我把越国攻破后再听你的谋略吧。"子贡说："不行啊！越国再强，不会比鲁国更强；吴国再强，不会比齐国更强。大王为了攻打越国而没有听我的建议，那么齐国就会早早吞并鲁国。何况害怕小小的越国而不敢与强大的齐国作战，谈不上勇猛。看见小利而把大害忘记，不明智。我听闻仁者不因循处世，而能把他的美德逐渐扩大；智者不会错过时机，来把自己的功业建成；称王之人不会让他国世系断绝，以便显示他的道义。再说，您若真这么畏惧越国，请派我向东去访问越王，让他将军队派出来跟在您后面。"吴王很开心。

　　子贡向东前去越国，拜见越王。越王听说后，就把道路清理干净，在郊外迎接他，还亲自驾车把子贡送到客舍。越王对子贡说："这里是偏僻狭小的国家，民众落后野蛮，您怎么这样不怕屈辱来这呢？"子贡说："您在这里，所以来了。"越王勾践对着他拜了两拜，随后用头触地，说："我听闻福祸相依，现在大夫过来慰问，是我的福啊。我怎么敢不问问您的想法呢？"子贡说："我不久前拜见了吴王，劝他帮助鲁国共同讨伐齐国，但他心中畏惧越国。如果您没有找人报仇的想法而令人怀疑，这是愚笨的。假若您有报复人的意图却让人得知了，这是有害的。还没开始做事情，别人就听闻了风声，这是危险的。这三点是成事的大忌讳。"越王拜了两拜，说："我小时候就没了父亲，由于对自己的力量没有正确估量，和吴国打仗后战败，自己也受辱逃走了，在会稽山上栖居，困守于海边，能看到的只有鱼和鳖。如今大夫您委屈自己亲自来慰问、看望我，还用宝贵的意见指导我，这是我仰赖苍天的恩赐，哪里敢不接受您的指教呢？"子贡说："我听闻贤君任用人才不会把他们的才干埋没了，正直的人推荐贤良之才则不被社会容忍。因此，面对财富，分配利益，就需要用仁德的人；碰到祸难，就要用英勇的人；凭借聪明才智讨论谋划国事，要用贤能的人；想要纠正天下乱势，将各诸侯平定，要用圣明的人。兵力强盛但没办法把威势发挥出来，身处国君之位却不能施行政令让下面贯彻执行，这样的国君将会遭受灾难。我私底下选出能够成就功业并称雄天下的国君，有几个呢？如今吴王想要讨伐齐国和晋国，请您别对重宝感到不舍，努力去讨吴王欢心，别厌恶对他说谦卑的话，这是对吴的礼数。吴国去讨伐齐国，齐国肯定会迎战。如果吴国战败，那是您的福气。如果吴国赢了，就必定会派他的军队去晋国。如此一来，吴国的骑兵和精锐部队就会在齐国被弄得疲乏，宝物、车骑、羽旗会在晋国耗完，那么您就能把吴国剩下的军力制服了。"越王再次拜了两拜，说："过去吴王派遣他的一部分百姓残害我国，杀害摧残我国人民，对我的臣子蔑视、羞辱，还把我的宗庙铲平了，使我的国都变成废墟，长满荆棘，我也只能混迹于鱼鳖之中。我对吴王的恨已经达到了骨髓里面。而我对待吴国就如同儿子害怕父亲、弟弟敬畏哥哥一般。这些话我死了才敢说。如今您不吝赐教，我才敢告诉您我的真情。我不在两层席上休息，嘴巴不吃美食，眼睛不看美女，耳朵不听高雅之乐，如此过了三年。我的唇枯焦，舌头干燥，身体受苦，对上侍奉群臣，对下使百姓得到休养，盼望有一天能和吴国在广阔的原野上好好打上一仗，我立身挥动臂膀令吴、越两国的战士奋勇战斗，哪怕我和将士们一个接一个地战死，肝脑涂地，这也是我的心愿啊。想这事想了三年，无法实现。如今衡量我国的实力，还不能够令吴国受损；对外也没能力去服侍诸侯。我情愿空出王位，把群臣抛弃，把容貌更改，改名换姓，手里拿着簸箕扫帚，喂养牛和马来侍奉吴王。我虽明白这么做会被腰斩、斩首，手脚分离，四肢抛散，被乡里嘲笑鄙夷，可我下定决心了。现在您有所指教，要令即将被灭的国家保住，要拯救我这快死的人，我是受了上苍的恩赐啊，哪里敢不听您的指教呢？"子贡说："吴王为人贪图功名却不懂得分析利弊和得失。"越王惊惶不安地离开了座位。子贡说："我看吴王多次征伐，士兵没有休息好，国家中的贤臣引退，进谗言的小人越发多了。伍子胥为人诚实正直，言行光明磊落而又明白时局，不会因为怕被杀死就把国君的罪过掩饰掉，用正直的言辞来效忠国君，用正直的行为来为国家出力，但吴王把他处死了，还不听他的劝告。太宰嚭看起来聪明其实十分愚蠢，看起来强干却软弱，靠花言巧语让吴王重用他，擅长以狡诈的手段来侍奉国君。他只顾眼前的利益而不考虑以后，顺从国君的过错，以此保住他的利益。这是个奸臣，会对国家和国君有损害。"越王听了很开心。子贡从越国走的时候，越王把百镒黄金、一把宝剑、两匹骏马送给他，子贡没接受。

到了吴国，子贡对吴王说："我把您的一位官员的话和越王说了，越王怕极了并且说：'过去我不幸得很，小时候就没了父亲，又自不量力，把吴国得罪了，打了败仗，自己也受辱，赶紧逃走，栖居于会稽山上，国都成了废墟和荒野，自己也变成了鱼和鳖。靠着大王的恩赐，我才能手捧礼器来祭祀。我死了也不敢忘记这恩德，怎敢有什么谋逆呢？'他心里很害怕，将要派使者来给您谢罪。"子贡在宾馆住了五日，越国使者果真到吴国来了，说："我是东海边上供您驱使的仆臣勾践的使者文种，冒昧求见您的下官，向您的左右稍稍报告：'过去我不幸得很，小时候就没了父亲，又自不量力，把吴国得罪了，打了败仗，自己也受辱，赶紧逃走，栖居于会稽山上。多亏了大王的恩赐，让我还能继续祭祀祖先，我死了也不敢忘记这恩德。如今私下听闻您要兴正义之师，诛杀强国，帮助弱小的国家，把暴齐围困住，从而安抚周王室。因此，我派遣下臣把先王珍藏的二十套铠甲、屈卢良矛、步光利剑都献给您，以此向将士们表示祝贺。假如您要成就大义，我的国家虽然弱小，也请让我们把国内全部士兵三千人派出来，跟随您，请准许我勾践亲自将坚固的铠甲穿戴好，手拿锋利的武器为您打先锋，将敌人的箭和飞石都挡住，我们君臣哪怕在战场上死去也无遗憾了。'"吴王特别开心，就把子贡召来问："越国的使者果真来了，请求派三千个士兵跟随我，他们的国君也跟着我，和我一同去攻打齐国，你看这么做行吗？"子贡说："不行。把别人的国家掏空，把别人的士兵都调离，还让他们的国君跟着出征，这是不仁德的。把礼物收下，恩准他们将士兵派出，辞谢他们的国君，这样就可以了。"吴王答应了。

子贡去了晋国，看到晋定公说："我听闻不提前考虑好就做事，那就不能应付突发的情况；不提前把军队整治好，就不能打赢敌军。如今，吴国和齐国将要打仗，假如吴国没有赢，越国就一定会趁机干扰吴国；假如吴国胜利了，肯定会借这个机会带兵攻打晋国。您怎么应对这事？"晋定公说："您觉得要如何对待这件事情呢？"子贡说："把兵器整治好，让士兵休息好，然后等着他们。"晋定公答应了。子贡就回到了鲁国。

吴王果真发动了九个郡的兵力，要和齐国作战。军队从胥门出发，路过姑胥台，吴王白天突然在姑胥台上睡着了，还做了梦。等他醒过来的时候，心里平静却又怅然若失。他就把太宰嚭叫来，对他说："我白日睡觉，做了梦，觉醒以后内心平静但又怅然若失。请你占卜解释一下这梦，莫非有什么忧患？我在梦里到了章明宫，看到两口锅里冒着热气但是并没烧火，有两条黑狗分别向南和北叫唤，还有两把铁锹笔直地插在我的宫墙上，流水浩荡地淹没了我的宫殿大堂，后房有呼呼的声音传来，像拉动风箱之声，似乎有匠人打铁，前面的园中有梧桐树横着长。你来为我占梦吧。"

太宰嚭说："好事啊，大王起兵攻打齐国一定顺利！我听闻'章'表示品德高尚，'明'说明能击败敌人，名声彰显，功劳巨大。两口锅里面有热气冒出，但没有烧火，说明大王您有足够的圣德之气。两条黑狗分别向南方和北方吠叫，说明四方蛮夷都诚服了，各国诸侯都来朝见您。两把铁锹笔直地插在宫墙上面，说明农民下地，田中的人都在耕种。流水浩荡把殿堂都淹没了，说明周边的国家都来上供，钱财充足。后房打铁的工匠在拉风箱，说明宫女很开心，琴瑟声音和谐。前面的园子里有横着长的梧桐，是音乐官署里敲鼓的声音。"吴王听后格外开心，可是还有些不放心，就又把王孙骆召见过来说："我在白天突然做了个梦，请你解说一下。"王孙骆说："我对这上面并不了解，无法通达。如今您做的梦我不能预测吉凶。对解梦这事很了解的人，是东掖门亭长长城公的弟弟公孙圣。公孙圣这个人小时候就喜欢游历，长大以后喜欢学习，知识渊博，对鬼神的事情十分了解。请您去询问他。"

吴王就派王孙骆把公孙圣请过来，说："吴王白天在姑胥台上睡觉的时候突然做了个梦，醒了以后怅然若失，请你去占一下梦，赶紧到姑胥台上去吧。"公孙圣趴在地上哭泣，过了会儿起来。他的妻子在旁边对公孙圣说："你的性格怎么如此粗鄙！你一直盼望能够看到国君，如今忽然有了紧急的诏令，却哭得眼泪像下雨一样。"公孙圣仰天长叹："悲哀呀！这不是你所能知道的事情啊。今日是壬午日，刚好是午时，我的命属于上苍，无法逃脱了。我不单是为自己悲伤，其实也是为吴王悲伤。"妻子说："你以道术被国君赏识。你了解道术就应该去实行，对上劝告国君，对下把自己约束好。如今听到急召就如此忧伤，疑神疑鬼，乱了分寸，不是贤人应该做的。"公孙圣说："蠢笨啊！妇人说的话。我得正道已十年，隐居起来避祸，想要延长自己的寿命。没有预料到，突然被急召，活到中年就要自毁了，因此悲伤要和你永远分离了。"于是他离开了家，到了姑胥台。

吴王说："我要向北讨伐齐国和鲁国，从胥门出发，经过姑胥台的时候，突然做了个白日梦。你为我占卜一下，说说它的凶吉。"公孙圣说："我不言语的话，能保全我的性命和名声，说出来就肯定会死在大王跟前，被碎尸万段。可是忠诚正直的臣子是不会顾惜自己的。"于是他仰天长叹说："我听说喜欢划船的人肯定会溺水，爱好打仗的人肯定会身亡。我喜欢直言不讳，对自己的生命无所顾及，希望大王好好考虑我说的。我听说'章'表示打仗赢不了还会惊慌失措地撤离；'明'表示离开光明，到了黑暗中。您进门看到锅里冒热气却没烧火，说明大王吃不到煮熟的饭食。有两条黑色的狗，各自朝着南边和北边吠叫，黑色代表阴暗，北边代表躲藏。两把铁锹笔直地插在宫墙上，暗示越国会进攻吴国，把宗庙破坏掉，把神位挖掉。流水浩荡地淹过宫殿，预示着王宫里面已经空了。后房有鼓动风箱的声音，是有人坐在那儿发出长叹。前园的梧桐树横着生长，梧桐树的中间是空的，不能用来做真正有用的器物，只能用来做成小木偶殉葬，和死人埋在一起。我希望您按兵不动，然后推行德政，别进攻齐国，这样才能避免灾难。再派您的臣子太宰嚭和王孙骆把帽子脱掉，头巾也摘了，袒胸露臂，光着两脚，向勾践磕头请罪，这样国家就能保存下来，您也不会死了。"吴王听了这番话后，十分扫兴，顿时发怒，就说："我是上天生的，神灵派来的。"他转过头示意武士石番，让他用铁锤把公孙圣打死。公孙圣仰头对着天空说："唉！上天知道我的冤屈吗？一片忠心却受到惩处，没有犯错却要被杀。为此把我埋起来，难道正直的劝告比不上违背心思的讨好？做个木柱子，把我的尸体带到深山里去，等到以后我会接连地发出声音。"

于是吴王派守门人把他的尸首带去蒸丘，说："豺狼会把你的肉吃了，野火会把你的骨头烧没，当东风无数次刮过，你的残骸就会散掉，你的骨头和肉就会烂掉，看你如何发出声音来？"太宰嚭快步走上来说："向大王贺喜，灾祸已经被消除了。举行传杯敬酒的仪式后，军队就能开拔了。"

于是吴王让太宰嚭担任右校司马，让王孙骆担任左校司马，让勾践派来的军队跟随讨伐齐国。伍子胥听说后，就劝吴王："我听闻兴师十万，去千里之外打仗，百姓的耗费、国家的支出，每天都要花几千黄金。对士兵和百姓的死活不管不顾，反而去抢那一时之间的胜利，我认为对国家和自己十分有害。何况和贼人待在一起，没察觉他将造成的灾祸，却去外面招惹仇敌，想靠着侥幸赢过别国，这就像治病的时候只医治了疥疮却放过了那会致命的心腹疾病，等心腹疾病发作时我们就会被害死。疥疮不过是小小的皮肤病，不值得担忧。如今，齐国绵延在千里之外，要过了楚、赵两国的边境，才能到我国。假如齐国是我们的病患，也只能称得上疥疮而已。越国如果是我们的病患，那才称得上是心腹大患啊，就算没有发作也会对我们有损害，如果发作就会让我们被害死。我希望您能先把越国平定了，随后再想攻打齐国的事情。我的话实实在在的，哪里敢不尽心效忠您呢？如今我已经年迈，耳朵和眼睛都不行了，靠着我这迷糊混乱的心思，不能对国家有利了。我私底下看了《金匮》第八章的内容，这情形令人忧伤啊！"吴王说："此话怎讲？"伍子胥说："今年七月辛亥日的早上，您在这个时候起事。辛是今年年岁所在次位，亥表地支，说明太阴还没到。合日是壬子，这个合日太阴还没到。这对军事行动是有利的，打仗一定能赢。虽说是合日，可斗宿却到了丑的位置，丑是辛之根，十分吉利，却被白虎逼迫。辛是功曹，却被太常逼迫。亥本来吉利，可是把辛加上就变成了九丑，和白虎并重。如果有人在这个时候起事，前面虽然会取得一些小的胜利，后面一定会被狠狠打败。天地降下灾祸，祸患就在眼前了。”

吴王并不听从伍子胥的劝告，在九月的时候派太宰嚭讨伐齐国。吴国的军队到北郊的时候，吴王对太宰嚭说："去吧！别把有功之人忘记，也别让有罪之人免罪。爱护百姓，教养士兵，对待他们要像珍爱婴儿一般。要和有才智的人一起谋划事，和有仁义高德的人相交。"太宰嚭领命，然后出发了。

吴王召见了大夫被离，问他："你经常和伍子胥心意相合，想法、谋略一致。我起兵讨伐齐国，伍子胥一个人的时候说什么了？"被离说："伍子胥想对您全力尽忠，但他说自己已经年纪大了，糊涂了，耳朵和眼睛都不好使了，对当今的事不了解，因此对吴国也没有什么帮助了。"

吴王就去讨伐齐国，齐国和吴国的军队在艾陵附近交战，齐国的军队被打败了。吴王胜利以后，就让使者去齐国谈和，说："听说齐国有被水淹的忧虑，我就带着军队来看望。可是齐国却在蒲草丛中发动攻击，吴国不知道怎么办，只好摆开阵势防备，却没料到让齐国受了不小的损伤。我们希望和齐国缔结友好的盟约然后撤退。"齐王说："我在北方住着，并没有侵略他国的想法，如今吴国却渡过长江和淮河，不惜跨过千里到我国的土地上，杀害我的百姓。多亏了上天的怜悯，我们才存活下来，国家才不至于被颠覆。吴王现在要同我们友好和睦，我难道敢不从命吗？"吴国和齐国于是结盟，然后吴军离开。

吴王回来后，就怪伍子胥说："我的先王实施仁德之政，上天都了解，费尽心思创立下功业，为了你与西面强大的楚国结了仇怨。现在先王就如同农夫把那四处的蓬蒿割了一般，因此在荆楚有了名声，这固然有您出的力。如今，您年纪老迈已经糊涂，但不能够安分守己，而是滋生变故，到处挑拨弄诈，怨恨诋毁的话从您嘴里出来。话说出来就怪我的士兵和百姓，干扰我的制度法规，想要用妖孽奇异的事物使我的军队受挫失败。多亏上天降福，齐国的军队被制服了。我怎么敢把这功劳算作自己的？这是先王遗留下来的德行，神灵庇佑之福。像你这样，对吴国又做了什么呢？"伍子胥撸起袖子，露出手臂，生气极了，他把佩剑解下，回答："过去先王有不上朝廷的大臣，因而能把疑难问题解决，还能出谋划策，没有掉到大的灾祸里。如今您却要把这些大臣扔掉，对外面那些应该提防的灾祸不担心，这只能说是孩童之间的计谋，不是能够称王称霸的事。上天还没抛弃的人必定会让他遇到小的好事，进而让他靠近大的灾祸。您如果能及时醒悟，吴国就能世代相传下去。假若您不能醒悟，吴国的寿命就很短了。我不忍称自己病了然后发狂，从而隐居，看着您被抓。我先死了的话，请您把我的眼睛在城门上挂着，看吴国被灭。"

吴王不听伍子胥的话，在大殿上坐着，独自看到四个人面向庭院，背对背倚在一起。吴王看着他们，觉得很奇怪，大臣们问："您看到什么了？"吴王说："我看到四个人背对背倚在一起，听到人的声音就向四周散开跑了。"伍子胥说："像您说的这样，那将失去百姓。"吴王气愤地说："你的话不吉利。"伍子胥说："不光不吉利，您也要灭亡了。"五天后，吴王又在大殿上坐着，看到两个人面对面，面向北方的人把面向南方的人杀了。吴王问大臣们："你们看到没？"大臣们说："没看到什么。"伍子胥说："您看到什么了？"吴王说："前几日看到四个人，今日又看到两个人面对面，面向北方的人把面向南方的人杀了。"伍子胥说："我听闻，四个人逃跑是背叛的意思，面向北边的人把面向南边的人杀了是臣子要把君王杀了的意思。"吴王没有回应。

吴王在文台上设下酒宴，大臣们都在，太宰嚭主管酒宴，越王在一边陪坐，伍子胥也在。吴王说："我听闻，国君不会轻视有功之臣，父亲不会对得力的儿子有恨意。如今太宰嚭对我有功劳，我要赐他上等的爵位和俸禄。越王慈爱仁德，忠诚且讲信用，用孝道服侍我，我将再增大他的国土，回报他派遣兵力帮我一起攻打齐国的功绩。各位大夫觉得如何？"大臣们祝贺说："您亲自实施最高尚的德行，虚心养士，臣子们都能被任用得当，遇到危难都舍弃生命抢在前面，您名声显赫震慑天下，有功劳的人被您赏赐，被灭的国家又能存活下去，您所建立的丰功伟业，让臣等都受了恩泽。"这时候伍子胥趴在地上落泪说："多么悲哀啊！遇到这样的事情却只能沉默。忠臣闭了嘴，那些进谗言的小人却在国君身旁。国家政事已经败坏，道德已经沦丧，奉承的话语没有极限。邪恶虚假的话竟然把歪曲说成直的。放纵那些奸臣小人，却迫害忠臣，这将会毁掉吴国，宗庙会变成平地，社稷也无法得到祭祀。城市会变成荒废的山丘和废墟，殿堂上会长出荆棘。"吴王勃然大怒说："你这个老臣多奸诈，是吴国的妖孽。你想要一个人独得大权，耀武扬威，一个人左右我的国家。由于先王的关系，我不忍心用刑罚对你。如今你退下好好想想吧，别把吴国的计划破坏了。"伍子胥说："假如我现在不忠诚不讲信用，就无法做先王的臣子。我不敢对自己有所怜爱，是害怕吴国被灭啊。先前夏桀把关龙逢杀了，商纣王把王子比干杀了，如今大王要把我杀了，就加入桀王和纣王一列中了。大王自我勉励吧，我请求退下。"

伍子胥回去后，对被离说："我曾在郑、楚两国的边境上拉弓搭箭，横渡长江和淮河，自己到了这儿。先王听从了我的计谋，攻破楚国，凌辱了我的仇敌。我想回报先王之恩，但沦落到这种地步。我并非怜惜自己，但这灾难怕是也将要殃及你。"被离说："劝谏没被听从，自杀有什么益处呢？不如逃跑？"伍子胥说："假若要逃跑，我能去哪儿呢？"

吴王听说了伍子胥的怨恨，就让人把属镂剑赏赐给伍子胥，示意他自杀。伍子胥把宝剑接过后，光着脚，撩起下衣，走下厅堂，在庭院中抬起头向天喊怨，说："我最初是你父亲的忠心耿耿的臣子，建了吴国的都城，又用计谋打败楚国，征服了南边强劲的越国，用威势震慑了各诸侯国，有使吴国称霸之功。如今你非但不听取我的建议，反而赐剑给我。我如今一死，吴国的宫殿就会变成废墟，庭院中会到处长出野草，越国的人会把你的社稷神坛都挖掉。你怎能把我忘了啊？从前先王不想把你立为太子，我用死来争取，最后让你得偿所愿，公子们大部分都对我产生了怨恨之情。我真是白白地有功于吴国，如今你居然把我安定国家的大恩忘记，反而赐死我，这难道不荒唐可笑吗？"吴王听说后，特别生气地说："你不忠不信，为我去齐国出使的时候，将儿子托付给齐国的鲍氏，对我有了外心。"吴王急切地赐他自杀，说："我不会让你再看见什么了。"伍子胥握剑，抬头对天长长地叹息说："我死后，后世的人必定会视我为忠臣。上与夏、商两朝相比，我也能和关龙逢、比干交友了。"于是他拔剑自尽了。

吴王就把伍子胥的尸体取来，用皮袋子把他装好，说："伍子胥，你死后怎么能有知觉？"还把他的头割下，在高楼上悬挂着，对他说："日和月炙烤着你的肉，旋风吹你的眼睛，火光烧你的骨头，鱼和鳖吃了你的肉。你的骨头化成灰，还能看到什么呢？"于是将伍子胥的尸体扔到了江中。伍子胥的尸体随着流水扬起的波浪移动，顺着潮水来回飘荡，动荡冲击竟使江岸塌了。

这之后吴王又跟被离说："你曾和伍子胥议论我的短处。"就剃了被离的头发来惩罚他。王孙骆听闻这件事后，不上朝了。吴王把他召来询问："你因为什么事责怪我而不上朝呢？"王孙骆说："我是害怕啊。"吴王说："你觉得我对伍子胥过于严厉了吗？"王孙骆说："大王正在怒气冲冲的时候，伍子胥处在下位，大王就把他杀了。我的命和伍子胥有什么区别呢？我因为这而感到害怕啊。"吴王说："我并非听信太宰嚭的话才把伍子胥杀了，是由于伍子胥对我有所图谋啊。"王孙骆说："我听闻当国君的必须要有敢劝谏的臣子，处于上位的人必定要有敢直言不讳的友人。伍子胥是先王的老臣，假若不忠不信，那就不能够成为先王的臣子了。"吴王心里很悲痛，悔恨自己把伍子胥杀害了，说："难道不是因为太宰嚭说伍子胥的坏话吗？"所以想把嚭杀了。王孙骆说："不行啊。您如果把嚭杀了，嚭就是第二个伍子胥了啊。"所以吴王没杀太宰嚭。

十四年，夫差把伍子胥杀了后，庄稼好几年收成都不好，百姓们多有怨言。吴王又要讨伐齐国，在宋、鲁两国间挖掘运河阊沟，北边和沂水相接，西边和济水相连，想要和鲁国、晋国在黄池周围交战。他害怕大臣们又来劝谏自己，就在国内发布命令说："我准备讨伐齐国，谁敢劝谏，一律处死。"太子友知道伍子胥一片忠心却没被重用，太宰嚭只会奉承却独揽大权，他本来想直接劝谏吴王，又怕获罪，就想用婉转的劝谏方式让吴王有所领悟。一个清晨，他怀里揣着弹丸，手里拿着弹弓，从后花园走过来，衣服和鞋子都湿了。吴王觉得奇怪，问他："你为什么湿了衣服和鞋子，身上弄成这样？"太子友说："刚刚我在后花园玩，听到秋蝉的声音，就过去看看。那秋蝉爬到了高树之上，喝着清露，随风舞动，长久地鸣叫，发出悲吟，自以为很安全，却不知道螳螂已经从树枝那跨了过来，沿着枝条，伸展腰肢，高高抬起前腿，正离它的身体越来越近。那螳螂专心地爬向前方，一门心思地想获得眼前的好处，却不知道黄雀已沿着茂密的树林，在树荫间徘徊，轻轻地挪动腿脚，悄悄向前走，想啄食螳螂。那黄雀光知道等着抓螳螂，去品尝美味，不知道我手里的弹弓要射向它，拉好弹弓马上要飞出弹丸把它的背脊射中。而我这时候心里什么也没想，一心都在黄雀上，却没留心身边有小坑，踩到坑里突然摔倒，掉进了深井之中。因此我湿了鞋子和身子，差点被您嘲笑。"吴王说："天下最愚蠢的事情，也不过如此了。只贪图眼前的好处，没有看到后面的灾祸。"太子友说："世界上还有比这更蠢的事啊。鲁国是从周公那延续下来的，又有孔子的教化，守仁义，施行德教，不贪图邻国，可是齐国却兴兵讨伐它，对百姓的生命不爱惜，只想得到好处。但齐国光想着举兵讨伐鲁国，不知吴国把全部将士都发动起来，把国库里一切钱财都拿出来，不远千里，哪怕让士兵们承受风霜雨露也要去讨伐它。而吴国光知道越过国境去讨伐不属于我们的国家，不知越王会选死士，从三江口出来，进到五湖之中，屠杀吴国的百姓，摧毁我们的宫殿。世上危险的事情，没有比这更加危险的了。"吴王没有听从太子友的劝谏，于是继续向北讨伐齐国。

越王听说吴王去讨伐齐国，派遣范蠡和洩庸带着军队在东海边通向江的地方驻扎，想用这方法把吴军的退路断绝。越军在姑熊夷打败了吴国太子友的军队后，打通了松江，然后开始向吴国国内攻打，打到了吴国的国都，把姑胥台烧毁，把吴国的大船抢走了。

吴军在艾陵附近把齐国的军队打败以后，回师向晋国逼近，吴王和晋定公争着要当盟主。两边还没有讨论好，边境上的侦察官员就来了，将越国进攻了吴国的事情说了，吴王夫差十分恐惧，就把大臣们召集起来商量："我们回国的道路十分遥远，是放弃会盟回去，还是带着军队前进和晋国打仗，哪一个更有利呢？"王孙骆说："不如继续向前行进，当了盟主就能执掌统领诸侯的权柄，从而实现愿望。请您把将士们召集起来，申明命令，如果立下功劳就可获得高官厚禄，如果不服从就要受罚，让每个人都拼死战斗。"夫差在黄昏时命令把战马喂好，让将士们吃得饱饱的，带好兵器，穿上铠甲，把马络头套好，嘴里叼着行枚，然后把灶里的余火掏出灭了，在一片黑暗中前进。吴国的军队都拿着有花纹的犀牛皮做的长盾牌和扁诸剑，排列成方阵向前行走。中军将士们都穿白衣服，拿白旗，披白铠甲，用白羽短箭，远远看去如同一片白色的茅草花。吴王亲自拿着大斧，头顶上打着旗帜，站立于队列之中。左军的将士们都穿红衣，拿红旗，披红铠甲，用红羽短箭，远远看去如同一片火焰。右军的将士们都穿黑衣，驾黑色战车，披黑铠甲，用黑羽短箭，远远看去如同一片黑墨。身着铠甲的将士有三万六千多人，在鸡鸣之时就已经把阵仗摆出，离晋国的军队只有一里远了。天没亮，吴王就亲自把战鼓敲响，三军将士都发出呐喊声，以振奋军威，那声音震动天地。晋国军队十分害怕，不敢迎战，只能靠坚固的城墙来防御，于是派童褐去拜见吴军。童褐说："我们双方的军队本来已经休战和好，会盟时间就在中午，如今您违背约定，提前来到我国的军营，请准许我大胆地问问其中原因。"吴王亲自回应说："天子有令，周朝王室衰微，虽约定各诸侯国向王室进贡，但并没供品进入周天子的库房，因此不能祭祀上天和鬼神。在这种情况下都没有姬姓诸侯国来救助，十分害怕，所以派遣使者告急，使臣的车辆来来往往，没有断绝的时候。最开始周王朝对晋国十分依赖，因此把我们这些蛮夷小国都疏远了。如今晋国居然背叛周王室，所以我伏地膝行来到你们的国君跟前。你们的国君不愿遵守兄弟长幼的礼节，只是用武力争强。这让我只能向前走，不能离开。你们的国君不把我当作盟主，我就要被诸侯嘲笑。我能侍奉你们的国君，就在今天决定；我不能侍奉你们的国君，也在今天了。我斗胆麻烦使臣你回去转告我的话，我将亲自在你们军营的围墙外听令。"

童褐即将返回时，吴王把童褐的脚踩了一下，和童褐告别了。等返回报告的时候，童褐和诸侯、大夫们一起按着顺序坐在晋定公前。童褐把执行使命的情况说完后，就对赵鞅说："我看吴王的神色，似乎有很大的忧患。小的忧患是宠妾或者嫡子逝世了，不然就是吴国里面乱了；大的忧患就是越国人攻进了吴国，他无法回去。他的心中有极大的忧愁，进退两难，几乎走投无路了，所以不能和他打仗，您应同意他在会盟的时候让他优先，别因争着当盟主，然后让国家陷入危难。可也不能无条件同意他，必定让他将自己的信用表现出来。"赵鞅同意了，进去对晋定公说："周王朝的姬姓诸侯里面，吴国先人是老前辈，可让他当盟主，以此尽到诸侯国的礼仪。"晋定公同意了，命童褐回去答复吴王。于是吴王因晋国的仁义而愧疚，就退到营帐里面和晋国会盟。两国的国君和大臣都在，吴王先来，改称为吴公，之后是晋定公，大臣们都参加了盟誓。

吴国赢了晋国当上盟主后，就班师回国，还没越过黄池，越王听说吴王长时间滞留国外还没回国，就派出所有将士，跨越章山，渡过三江，准备讨伐吴国。吴王又害怕齐、宋两国伤害自己，就派王孙骆去周王那儿汇报功劳，说："原来楚国没有承担起向您进贡的义务，对兄弟友邦生疏了，我们先王阖闾没法忍受他们的恶行，就带着宝剑，拿着长矛和楚昭王在原野里战斗。上苍把洪福赐给吴国，楚国被打败了。如今齐国比楚国更不贤德，不恭敬地遵从您的命令，疏远了兄弟国家。我夫差无法忍受这种恶行，就披着铠甲，带着宝剑，直接到了艾陵。苍天庇佑吴国，齐国的军队失败撤退了。我怎么敢夸这是自己的功劳？这是文王、武王的德行庇佑了我们啊！回吴国的时候收成不是很好，所以就顺着长江往下，沿着淮河逆流而上，挖沟通水，把河道挖得更深，一直连接到了宋、鲁两国。如今把这些事一起总结，向您身边的办事人员汇报。"周王回答："伯父派遣您过来的吧！你们和其他诸侯国把盟约已经签订好，我就能依赖你们了，我十分欣赏他。假如伯父能辅佐我一人，我就能加倍享受长久的福气，周王室还担心什么呢？"于是把弓弩、祭祀用的肉一起赏给了他，还提高了名称谥号。吴王从黄池回国后，就休养百姓，停止用兵。

二十年，越王发动兵力攻击吴国，吴国和越国在欈李这个地方交战，吴国的军队大败，士兵到处逃跑，死的人不计其数。越军穷追不舍，吴国被攻破，吴王被围困住了，情况危急，吴王派王孙骆向越王磕头，请求讲和，就如同当年越王向吴国做的那样。越王回应说："从前苍天把越国赏给吴国，吴国没接受。现在苍天把吴国赏给越国，这难道能违背吗？请让我献出句章和甬江以东的地方，我和你还算是两个国君啊！"吴王说："我在周王室，按礼仪比您早一点儿。假如越王您能顾及到周王室的情谊，就让吴国变成您的附属国，这也是我的心愿啊。我派人和您讲和，希望能结成邦交之国，望您好好想想啊。"大夫文种说："吴王暴虐无道，如今我们幸运地把他抓住了，希望大王把他杀了。"越王说："我将把你的社稷毁坏，把你的宗庙铲平。"吴王沉默不语。吴国的使者为求和七次往返，越王就是不同意。

　　二十三年十月，越王又讨伐吴国。吴国人困马乏无力应战，士兵四散逃跑，城门没有防守，于是越军入吴国国都屠杀吴国人。吴王带领着大臣们悄悄逃跑，白天黑夜，不停地奔跑三天三夜以后，到了秦余杭山。吴王心里面十分忧愁，两眼茫然，走起路来也踉踉跄跄，又饿又渴，看到生的稻谷就吃，又趴在地上喝水。吴王回头对身边的侍从说："这东西叫什么名字？"侍从回应说："这是生的稻谷。"吴王说："这就是公孙圣说的吃不到熟的东西，仓皇逃跑啊。"王孙骆说："吃饱以后就离开吧，前方有胥山，在西边的山坡里能躲起来稍微休息一下。"吴王继续走，没多久，看到有野生的瓜，已经成熟，吴王摘下它吃了。吴王对身边的侍从说："为什么冬天还能结瓜？靠近道路却没人吃了它，什么原因呢？"身边的侍从说："是粪种的东西，人不吃啊。"吴王说："粪种是什么？"身边的侍从说："盛夏的时候，人们把生瓜吃了，在路边大便，大便里面的瓜籽生长，过了秋霜，人们厌恶它，因此不吃。"吴王长叹说："这是伍子胥说的早上的食物啊。"吴王对太宰嚭说："我把公孙圣杀了，把他扔到胥山的顶上，我怕被天下人怪罪而产生愧疚，因此我的脚不能向前走，心里也不愿向前走。"太宰嚭说："死亡和生存，失败和成功，能刻意逃避吗？"吴王说："没错。可事先一点儿也不知道？你试试上前呼喊他，假如公孙圣在，会马上回应。"吴王在秦余杭山停住，太宰嚭喊道："公孙圣！"来回喊了三次，公孙圣在山里回应："公孙圣！"呼喊了三次就回应了三次。吴王仰天大喊："我能回到吴国吗？我要世代侍奉公孙圣啊！"

　　没多久，越国的军队到了，团团围住了吴国的君臣。范蠡在中军，左手提着鼓，右手拿着棒槌敲打大鼓。吴王把写好的书信绑到箭上，射向文种、范蠡的军中，信中说："我听说狡猾的兔子一旦死光了，好的猎狗也要被煮了。假如敌国灭亡了，出谋划策的大臣就必定会死去。如今吴国已经不行了，大夫还有什么担心的呢？"大夫文种和范蠡还是加紧攻打。大夫文种也把信绑在箭上射向吴王说："上天苍苍，要么死亡，要么生存。越王的臣子文种大胆说：过去上苍把越国赏给吴国，吴国没有接受，这是对天意的违背。勾践对上天恭敬从而立下功劳，才能够回到祖国。现在上天回报越王的功劳，我们就应恭敬接受，不敢把这机会错过。而且吴国有六大罪过，才导致了国家灭亡，您知道吗？忠心耿耿的臣子伍子胥，因向您劝谏而被赐死，这是第一大过错。公孙圣直言不讳地为您讲解却没功劳，这是第二大过错。太宰嚭愚蠢且奸诈，言行轻浮，善于奉承，满嘴胡说八道，您却信任并任用他，这是第三大过错。齐、晋两国并没有逆行倒施，也没有僭越、放纵的错，但吴国讨伐它们，对它们的君臣百般羞辱，把它们的社稷摧毁，这是第四大过错。再则吴国和越国有共同的方音历律，在天上同属一个星宿，在地上分野一致，但吴国攻打越国，这是第五大过错。先前越国的人亲手把吴国的先王阖闾杀了，没有比这更大的罪行了，但吴国有幸打败了越国后，没遵从上天的安排，把自己的敌人轻松放过，导致了大祸，这是第六大过错。越王小心地记住了上天的旨意，哪里敢不遵从？"

　　大夫文种对越王说："仲冬时节，气数已定，上天将实行杀戮。假如没按上苍的意思杀戮，反而会遭殃。"越王恭敬地下拜，说："好的。如今我对吴王有所图谋，将要怎样？"大夫文种说："您穿上缀有五行相胜图案的衣服，佩戴着步光剑，手里拿着屈卢矛，瞪大眼睛，大声地斥责来制服他。"越王说："好。"他就像大夫文种所说的那样，对吴王说："我实在想今日听到你死去的消息。"话说完有一会儿了，吴王不愿自杀。越王又派遣使者对吴王说："你怎么这么能忍受羞耻，脸皮那么厚？世上的国君没有活过一万岁的，死亡和生存都一样。如今您还剩下一点儿国君的尊严，为什么一定要让我的士兵对您动刀呢？"吴王还是不愿意自杀。勾践对文种、范蠡说："你们两个为什么不杀了他？"文种、范蠡说："我们是臣子，不敢杀害国君啊。希望您赶紧下令，苍天要的杀戮，应该马上进行，不能长时间停留了。"越王又瞪着眼睛愤怒地斥责说："人都讨厌死亡。讨厌死亡的人，必须没有得罪上天，也没辜负他人。如今你犯了六个罪大恶极的过错，还不觉得羞愧，还想活着，难道不应被鄙夷吗？"吴王于是发出长叹，望向四周，说："好！"于是他把剑拔出来自杀了。越王对太宰嚭说："你作为臣子不忠不信，导致国家被灭，国君丧命。"于是把太宰嚭及其妻子儿女都杀了。

　　吴王马上要拔剑自刎的时候，回头对身边的侍从说："我活下来惭愧，死了也内疚啊。如果死人还能有知觉，我在地下羞于见先王，也不忍心与忠心的臣子伍子胥和公孙圣相见。如果死人没有知觉，我对活着的人也有愧啊！我死后，你们定要编织丝带把我的眼睛盖住。怕是这样也不能把我的眼睛全遮了，希望你们再加三幅罗绣，遮住我的视线。我活着识人不清，死后也别把我的形体暴露了。否则我可怎么办呢？"越王按照礼仪把吴王埋在了秦余杭山的卑犹。越王把在打仗时有功劳的将士召集起来，每个人填一把湿润的泥土把吴王埋了，太宰嚭也被埋在卑犹的旁边。

智慧解析

　　本篇主要讲述了吴王夫差和越王勾践之间的事情。吴王夫差继承了王位后，要攻打齐国，越国害怕吴王会来攻打自己，派人送了金银珠宝给吴国的大臣太宰嚭。太宰嚭收下后为越国说起了好话。伍子胥劝吴王放弃攻打齐国，先去攻打吴国的心腹大患越国，但是夫差并没有听从他的意见，而伍子胥也和太宰嚭从此有了矛盾。后来，越王勾践战败，成了吴国的奴隶，夫差却一味地听信太宰嚭的奉承之语，不仅没有把越王杀了还把他放回了越国领地，甚至把多次劝谏自己的伍子胥杀害了。而他听信谗言的报应也来得很快，越王最后破了吴国，逼得吴王自杀了。这和前面楚平王因为听信谗言而导致楚国被打败的历史是多么相似啊。

越王无余外传第六

越之前君无余者，夏禹之末封也。禹父鲧者，帝颛顼之后。鲧娶于有莘氏之女，名曰女嬉。年壮未孳①，嬉于砥山，得薏苡而吞之，意若为人所感，因而妊孕，剖胁而产高密。家于西羌，地曰石纽。石纽在蜀西川也。

帝尧之时，遭洪水滔滔，天下沉渍，九州阂塞，四渎壅闭。帝乃忧中国之不康，悼黎元之罹咎，乃命四岳，乃举贤良，将任治水。自中国至于条方，莫荐人，帝靡②所任。四岳乃举③鲧，而荐之于尧。帝曰："鲧负命毁族，不可。"四岳曰："等之群臣，未有如鲧者。"尧用治水，受命九载，功不成。帝怒曰："朕知不能也。"乃更求之，得舜，使摄行天子之政，巡狩。观鲧之治水无有形状，乃殛④鲧于羽山。鲧投于水，化为黄能，因为羽渊之神。

---

① 孳：生育，生孩子。

② 靡：没有。

③ 举：举荐，推荐。

④ 殛：杀害。

舜与四岳举鲧之子高密。四岳谓禹曰："舜以治水无功，举尔嗣考①之勋。"禹曰："俞！小子敢悉考绩，以统天意，惟委而已。"禹伤父功不成，循江溯河，尽济甄②淮，乃劳身焦思以行，七年闻乐不听，过门不入，冠挂不顾，履遗不蹑，功未及成，愁然沉思。乃案《黄帝中经历》，盖圣人所记，曰："在于九山东南天柱，号曰宛委，赤帝在阙。其岩之巅，承以文玉，覆以磐石，其书金简，青玉为字，编以白银，皆瑑③其文。"禹乃东巡，登衡岳，血白马以祭，不幸所求。禹乃登山，仰天而啸，忽然而卧，因梦见赤绣衣男子，自称玄夷苍水使者，闻帝使文命于斯，故来候之。"非厥岁月，将告以期。无为戏吟，故倚歌覆釜之山。"东顾谓禹曰："欲得我山神书者，斋于黄帝岩岳之下，三月庚子，登山发石，金简之书存矣。"禹退，又斋。三月庚子，登宛委山，发金简之书，案金简玉字，得通水之理。复返归岳，乘四载以行川，始于霍山，徊集五岳。《诗》云："信彼南山，惟禹甸之。"遂巡行四渎，与益、夔共谋。行到名山大泽，召其神而问之山川脉理、金玉所有、鸟兽昆虫之类，及八方之民俗、殊国异域土地里数，使

---

① 考：逝世的父亲。

② 甄：甄别。

③ 瑑（zhuàn）：玉器上隆起的雕刻花纹，这里指雕刻瑑纹或文字。

益疏而记之，故名之曰《山海经》。

　　禹三十未娶，行到涂山，恐时之暮，失其度制，乃辞云："吾娶也，必有应矣。"乃有白狐九尾造于禹，禹曰："白者，吾之服也。其九尾者，王之证也。涂山之歌曰：'绥绥①白狐，九尾痝痝②。我家嘉夷，来宾为王。成家成室，我造彼昌。天人之际，于兹则行。'明矣哉！"禹因娶涂山，谓之女娇。取辛、壬、癸、甲，禹行。禹行十月，女娇生子启。启生，不见父，昼夕呱呱啼泣。

　　禹行，使大章步东西，竖亥度南北，畅八极之广，旋天地之数。禹济江，南省水理，黄龙负舟，舟中人怖骇，禹乃哑然而笑曰："我受命于天，竭力以劳万民。生，性也；死，命也。尔何为者？"颜色不变，谓舟人曰："此天所以为我用。"龙曳尾舍舟而去。南到计于苍梧，而见缚人，禹掫其背而哭。益曰："斯人犯法，自合如此。哭之何也？"禹曰："天下有道，民不罹辜。天下无道，罪及善人。吾闻一男不耕，有受其饥；一女不桑，有受其寒。吾为帝统治水土，调民安居，使得其所。今乃罹法如斯，此吾德薄，不能化民证也。故哭之悲耳。"于是周行宇内，东造绝迹，西延积石，南逾赤岸，北过寒谷，徇昆仑，察六扈，脉地理，

————————

① 绥绥：舒徐自得的样子。此处喻独自求偶的样子。

② 痝（máng）痝：大而蓬松的样子。

名①金石。写流沙于西隅，决弱水于北汉。青泉、赤渊分入洞穴，通江东流，至于碣石。疏九河于潜渊，开五水于东北。凿龙门，辟伊阙。平易相土，观地分州。殊方各进，有所纳贡。民去崎岖，归于中国。尧曰："俞！以固冀于此！"乃号禹曰伯禹，官曰司空②，赐姓姒氏，领统州伯，以巡十二部。

尧崩，禹服三年之丧，如丧考妣③，昼哭夜泣，气不属声。尧禅位于舜，舜荐大禹，改官司徒，内辅虞位，外行九伯。舜崩，禅位命禹。禹服三年，形体枯槁，面目黎黑，让位商均，退处阳山之南，阴阿之北。万民不附商均，追就禹之所，状若惊鸟扬天，骇鱼入渊，昼歌夜吟，登高号呼，曰："禹弃我，如何所戴？"禹三年服毕，哀民不得已，即天子之位。三载考功，五年政定。周行天下，归还大越，登茅山，以朝四方群臣，观示中州④诸侯。防风后至，斩以示众，示天下悉属禹也。乃大会计治国之道，内美釜山州慎之功，外演圣德，以应天心。遂更名茅山曰会稽之山。因传国政，休养万民，国号曰夏后。封有功，爵⑤有德，恶无细而

---

① 名：通"铭"，铭刻文字。
② 司空：掌管水利和建造的官员。
③ 妣：逝世的母亲。
④ 中州：指中原。
⑤ 爵：赐予爵位。

不诛，功无微而不赏。天下喁喁，若儿思母，子归父，而留越。恐群臣不从，言曰："吾闻食其实者，不伤其枝。饮其水者，不浊其流。吾获覆釜之书，得以除天下之灾，令民归于里闾，其德彰彰若斯，岂可忘乎？"乃纳言听谏，安民治室，居靡山，伐木为邑，画作印，横木为门。调权衡，平斗斛，造井示民，以为法度。凤凰栖于树，鸾鸟巢于侧，麒麟步于庭，百鸟佃于泽。遂已耆艾①将老，叹曰："吾晏岁年暮，寿将尽矣，止绝斯矣。"命群臣曰："吾百世之后，葬我会稽之山。苇椁桐棺，穿圹七尺，下无及泉，坟高三尺，土阶三等。葬之后，曰无改亩，以为居之者乐，为之者苦。"禹崩之后，众瑞并去。天美禹德，而劳其功，使百鸟还为民田，大小有差，进退有行，一盛一衰，往来有常。

禹崩，传位与益。益服三年，思禹，未尝不言。丧毕，益避禹之子启于箕山之阳，诸侯去益而朝启，曰："吾君帝禹子也。"启遂即天子之位，治国于夏，遵禹贡之美，悉九州之土，以种五谷，累岁不绝。启使使以岁时春秋而祭禹于越，立宗庙于南山之上。

禹以下六世而得帝少康。少康恐禹祭之绝祀，乃封其庶子于越，号曰无余。余始受封，人民山居，虽有鸟田之利，

① 耆（qí）艾：泛指老年人。

租贡才给宗庙祭祀之费。乃复随陵陆而耕种，或逐禽鹿而给食。无余质朴，不设宫室之饰，从民所居，春秋祠禹墓于会稽。

无余传世十余，末君微劣，不能自立，转从众庶为编户之民，禹祀断绝。十有余岁，有人生而言语，其语曰"鸟禽呼啸喋啸喋"。指天向禹墓曰："我是无余君之苗末。我方修前君祭祀，复我禹墓之祀，为民请福于天，以通鬼神之道。"众民悦喜，皆助奉禹祭，四时致贡。因共封立，以承越君之后。复夏王之祭，安集鸟田之瑞，以为百姓请命。自后稍有君臣之义，号曰无壬。壬生无瞫，瞫专心守国，不失上天之命。无瞫卒，或为夫谭。夫谭生元常。常立，当吴王寿梦、诸樊、阖闾之时。越之兴霸，自元常矣。

精彩解说

越国的先君无余，是夏禹的后代，被分封在这儿。夏禹之父鲧，是帝颛顼的后人。鲧娶的妻子是有莘国人，名为女嬉。女嬉到壮年的时候还没生孩子，一天她在砥山游玩之时，得到一颗薏苡神珠就吞了它，随后感到心神似乎被触动了一下，于是怀孕了，剖开胸胁生下高密。鲧家位于西羌，那个地方叫作石纽。石纽位于如今蜀地的西川。

帝尧时期，遇到洪水泛滥，天下都被洪水淹了，九州之间被阻断。长江、黄河、淮河、济水四条大河都淤塞不通。帝尧就担心中原不能安乐，为黎民百姓受难的事情而悲伤，就向四方诸侯之长下令，让他们推举有才能的贤士，以便治理洪水。从中原到四方边远地区，没人推举贤人，帝尧没人能用。四方诸侯之长就把鲧推举出来，并向尧引荐了他。帝尧说："鲧违背教命，残害善类，不能够用他。"四方诸侯之长说："其余众大臣，没有谁能比得上鲧。"尧就派鲧治洪水，但鲧受命九年了，还没有成功。帝尧生气地说："我就知道他不行啊。"因此重新挑选人才，得到了舜，派他代天子处理国家政务，并巡视察访各地。他看到鲧治理洪水没有效果，就在羽山杀了鲧。鲧跳进水里，变为三足鳖，因此成了羽渊的神。

舜和四方诸侯之长推荐鲧的儿子高密去治理洪水。四方诸侯之长对禹说："由于鲧治理洪水没有功效，因此舜把你提拔上来继承你父亲的工作。"禹说："好的！我必定全力以赴，做出成绩来，来迎合上天的旨意，就请您把任务交给我吧。"禹对父亲没有完成使命感到难过，沿着长江顺流而下，又在黄河中逆流而上，走遍了济水，考察了淮河，千辛万苦，费尽心思去巡视，到处奔波。七年里他不去欣赏音乐，路过家门口也不进，帽子歪了也没时间摆正，鞋子掉了来不及提上，但治水工作还是没看到效果，他忧愁地思考着。于是他去翻看《黄帝中经历》上圣人的记载："在九大名山中的东南天柱，号宛委山，南方之神赤帝就在这山上的宫殿之中住着，有本书就在这山的崖顶，用有花纹的玉石在下面托着，用厚重的磐石盖在上面，这书的简札是用黄金做的，简札上面的文字是用青玉刻的，编连的绳子是用白银做的，上面雕着花纹。"禹就去东方巡视，他登上衡山，把白马杀了，用白马的血祭祀，却没看到要找的神书。禹就登上山峰，抬着头望天，发出长啸，恍恍惚惚似乎睡着了，睡梦中看到一个男子穿着红色绣花衣裳，说自己是玄夷苍水的使者，听到天帝叫文命来这，于是来等候。"如今还没到时候，我将把这日期告知你。别觉得我是在开玩笑地吟唱，我原本就常在覆釜山依着曲子歌唱。"他看向东方对禹说："想拿到我山神书的人，得在黄帝峰下斋戒，到三月庚子日，再登宛委山，把磐石揭开，金简之书就有了。"禹就下了山斋戒。三月庚子日的时候，他登上宛委山，解开磐石，把金简之书拿了出来，查看了黄金简上的青玉文字，明白了疏通河道的道理。禹又回到了衡山，乘着不同的交通工具去巡视河流，从霍山出发，在五岳间来来往往。《诗经》上道："终南山舒展绵延，禹曾在这里治理洪水。"禹于是巡察了长江、黄河、济水、淮河四条入海的河流，和益、夔一起谋划。到了名山大湖，把当地的神仙召唤来，向他们询问山河的脉络条理、蕴含的金银宝玉、生活在当地的鸟兽昆虫种类，以及各地的民族习俗，不同国度、不同地区的土地里数，都让益分别记录好，于是把这记录编成了书叫作《山海经》。

禹三十岁还没娶亲，到涂山巡视的时候，怕娶亲太晚而对礼制有违，所以找个借口说："我娶妻子，必定会有预兆。"于是有只九尾白狐跑到他的面前，禹说："白色，是我衣服颜色。尾巴有九条，代表我称王九州。涂山有歌谣这么唱：'来独自求偶的白狐啊，九条尾巴又大又蓬松。我家幸福欢乐，来的客人是君王。娶妻成家，我去谁家谁家就会昌盛。天意符合人心愿的时候，你要马上行动别犹豫。'这预兆已十分明白了。"禹因此娶了涂山的女子，叫她女娇。把女娇迎娶后只过了辛、壬、癸、甲这四天，禹就又去巡视了。禹出行十月后，女娇生了儿子启。启出生后没看到父亲，日夜哇哇地哭叫。

禹出行，让太章测量东西的长度，让竖亥衡量南北的长度，把八方极远的地方的宽度都丈量了，把天地间各种数据都掌握了。禹渡过长江，去南方看洪水的情况，有条黄龙把他的船驮起，船中的人都又惊又怕，可是禹却笑着说："我从苍天那儿受命，为百姓费尽心力地操劳着。活着，是天意；死了，就是命运。你们为何如此害怕？"他神色不改，对船上的人说："这条龙是苍天派来让我用的啊。"那龙就拖着尾巴，把船一扔走了。禹往南走，来到苍梧考察，看到个绑着的人，禹摸着他的背哭泣。益说："这人犯法，自然应该这样被对待，您哭什么呢？"禹说："假若天下有道，百姓不会犯罪。假若天下无道，好人也会犯罪。我听说一个男子不耕田，就会有人受饿；一个女子不采桑养蚕，就会有人挨冻。我为帝管整理治水土，调理百姓，令他们安居，让他们各得其所。如今他们犯了法，这是我德行不足，不能教化民众的明证啊！因此，我才伤心地哭泣。"从此之后，禹跑遍各地，向东到了荒无人烟之地，向西来到了积石山，向南跨越了赤岸，向北翻越寒谷，在昆仑山中走来走去，对玄扈山水做了充分考察，把地形地势和水道的分布情况都搞清楚了，他在山石上刻下了各种文字。在偏远的西部排流沙，在北边的沙漠地区疏通弱水。青色的泉水和红色的深渊水分别被引到洞穴中，疏通江河，让它们通畅地向东流去，一直流到碣石山入海。把九河引入深渊，在东北挖了五条河。开凿、挖通龙门山，辟开伊厥山。整治土地，察看土质，通过对地形的观察将州域区分开。按不同地区各自的物产规定上贡的东西。百姓们从崎岖的山区离开，投奔中原。尧说："很好！将中原巩固成如此模样。"于是赐封号给禹，叫作伯禹，授予司空的官职，赐他姒姓，统领各地的诸侯之长，巡视十二州。

尧驾崩后，禹守了三年丧，仿佛死了父母，白天哭晚上也哭，哭得喘不上气来。尧把帝位禅让给了舜，舜又举荐了大禹，让大禹改任司徒，在内辅助虞舜执掌政事，在外考察九州的长官。舜驾崩后，死前命令把帝位禅让给禹。禹守了三年丧，人消瘦不堪，脸色又黑又黄，他把帝位禅让给商均，自己到阳山南边、阴阿的北边隐居。百姓们不愿归附商均，追到禹住的地方，那情形就如同受惊的鸟飞往空中，被吓到的鱼潜到深渊，白日悲歌，晚上哀吟，登上高的地方大喊："禹抛下了我们，叫我们如何爱戴他？"禹结束了三年的服丧，哀怜百姓们爱戴自己不肯放弃，就登了天子之位。三年过去考核功绩有了明显进步，五年过去政局稳定。禹去天下各地方巡察，然后返回大越，登上茅山，让各地的大臣们拜见，让中原各处的诸侯来会晤。防风氏迟到了，禹就把他杀了示众，表示天下都已归属禹了。于是禹大规模地总结归纳治国方法，对内赞覆釜山令天下安定的功劳，对外将圣明的道德传扬出去，从而顺应天意。于是将茅山改名为会稽山。之后把国家的政令发布出来，让百姓好好休养，国号为夏后。禹还把土地封赏给那些有功之人，赐予爵位给有德之人。不管多小的罪过都要处罚，不管多小的功绩都要奖赏。所有人都仰慕、向往，如同孩子思念母亲，儿子归顺父亲，都留在越地。禹担忧群臣不顺从，就说："我听说吃树上果实的时候，不会把它的树枝弄伤。喝河水的时候，不会把它的源流弄脏。我得到了覆釜山上的神书，才把天下的灾难除去了，让百姓有家可回。它的恩德如此昭著，怎么能忘？"于是接纳良言，听从劝说，安顿百姓，建造房屋，住在靡山，伐树建城，在木料上刻图来当作印信，搭木头做了大门。又调整秤具，将斗、斛等量器统一，向百姓展示如何挖井，把这些当作应遵循的法度。于是凤凰来树上休息，鸾鸟到周边做窝，麒麟在庭院中漫步，群鸟在草泽中耕作。很快禹已五六十岁，即将老去。他叹息道："我到了年迈之时，寿命将尽，将在这死去。"他命令群臣："我死后，把我埋葬在会稽山上。外棺用芦苇编织，内棺用桐木做成，墓穴要挖掘七尺的深度，向下面别挖到地下水，坟墓要有三尺高，泥土做的台阶要有三级。埋葬完以后，墓旁边的田地别改田埂，别为了埋在里面的人安乐而让种这个地方的田地的人劳累。"禹逝世后，众多的祥瑞都没了。天帝赞美他的品德，并嘉奖他的功绩，让鸟儿们回来继续为人们耕作，这些鸟大小不一，进退有序，一会儿兴盛一会儿衰微，来去都有规律。

禹逝世后，把帝位禅让给了益。益守了三年丧，不停述说对禹的思念。结束了守丧后，益隐退，在箕山的南边住着，躲避禹的儿子启。诸侯们都从益那里离去，拜见启，说："我们的国君应该是帝禹的儿子啊。"启于是登上了天子的位置，在夏王朝治理国家大事，遵循禹创下的美好功绩，将九州的土地都开垦了，种植五谷，连年不断。每年到了各种岁时节令，启就会派遣使者去越地祭拜禹，还在南边的会稽山上造了祭祖的庙宇。

禹往下六代是帝少康。少康担心断了禹的祭祀，就将他庶出的儿子封到越这个地方，号无余。无余最开始受封时，百姓都在山上住着，虽然有鸟儿们耕种带来的收成，但国家获得的税收刚够供应宗庙祭祀的花费。于是他让百姓沿着山坡耕种，或者追捕、狩猎禽兽和野鹿来吃。无余的生活很朴素，宫殿房屋不加装饰，和百姓们的房屋相同，一年四季他都会准时去会稽山上祭祀大禹的坟墓。

无余之后传了十多代，最后那位国君能力微薄，无法自立为君王，转而和常人一般，成了普通百姓，编入户籍，对禹的祭祀就断了。过了十多年，有个人刚生下来就能说话，他说话就像鸟语一般。他指着天上，朝着禹的墓说："我是国君无余的后代。我要重新向祖先祭祀，恢复我们对大禹坟墓的祭拜，替百姓向上苍求福，使通向鬼神的道路通畅。"百姓十分开心，都来帮助供奉、祭祀大禹，四季都进献物品过来。于是共同拥立他做了国君，从而令越君的后代延续下去。他恢复对夏王的祭祀，安抚鸟儿们耕种的祥瑞，用这个为百姓求福、保命。自这以后，才慢慢有了君臣的道义，他号称无壬。无壬生了无瞫。无瞫专心致志地管理国事，没有丧失天命。无瞫去世后，大概是夫谭继位了。夫谭生了元常。元常成为国君时，正是吴王寿梦、诸樊和阖闾在位时期。越国的兴旺和称霸，始于元常。

◆ 智慧解析 ◆

　　本篇主要讲述了越国的起源。越国的先君无余，是夏禹的后代。帝尧时期，大禹因为治水有功，且将中原巩固得很好，百姓安居，被尧赐予了封号。后来尧把帝位禅让给了舜，后来舜又把帝位禅让给了禹。禹往下又传了很多代，最后一位君王能力不够，成了普通百姓。一直到无壬时才又建国，之后又传了好几代，等到元常成了越国的国君，越国才慢慢兴旺起来。越国虽然历史悠久，但并非每一代国君都有很强的治理国家的能力。可见世事无常，谁也不能知道后面会发生什么事情。

勾践入臣外传第七

越王勾践五年五月，与大夫种、范蠡入臣于吴。群臣皆送至浙江之上，临水祖道①，军阵固陵。大夫文种前为祝，其词曰："皇天祐助，前沉后扬。祸为德根，忧为福堂。威人者灭，服从者昌。王虽牵致，其后无殃。君臣生离，感动上皇。众夫哀悲，莫不感伤。臣请荐脯，行酒二觞。"越王仰天太息，举杯垂涕，默无所言。种复前祝曰："大王德寿，无疆无极。乾坤受灵，神祗辅翼。我王厚之，祉祐在侧。德销百殃，利受其福。去彼吴庭，来归越国。觞酒既升，请称万岁。"

越王曰："孤承前王余德，守国于边，幸蒙诸大夫之谋，遂保前王丘墓。今遭辱耻，为天下笑，将孤之罪耶？诸大夫之责也？吾不知其咎，愿二三子论其意。"大夫扶同曰："何言之鄙也！昔汤系于夏台，伊尹不离其侧；文王囚

---

① 祖道：送别。

于石室，太公不弃其国。兴衰在天，存亡系于人。汤改仪而媚于桀，文王服从而幸于纣。夏、殷恃力而虐二圣，两君屈己以得天道。故汤王不以穷自伤，周文不以困为病。”

越王曰：“昔尧任舜、禹而天下治，虽有洪水之害，不为人灾。变异①不及于民，岂况于人君乎？”大夫苦成曰：“不如君王之言。天有历数，德有薄厚。黄帝不让，尧传天子。三王臣弑其君，五霸子弑其父。德有广狭，气有高下。今之世犹人之市，置货以设诈，抱谋以待敌。不幸陷厄，求伸而已。大王不览于斯，而怀喜怒。”

越王曰：“任人者不辱身，自用者危其国。大夫皆前图未然之端，倾敌破仇，坐招泰山之福。今寡人守穷若斯，而云汤、文困厄后必霸，何言之违礼仪？夫君子争寸阴②而弃珠玉。今寡人冀③得免于军旅之忧，而复反系获敌人之手，身为佣隶，妻为仆妾，往而不返，客死敌国。若魂魄有，愧于前君。其无知，体骨弃捐。何大夫之言不合于寡人之意？”于是大夫种、范蠡曰：“闻古人曰：‘居不幽，志不广；形不愁，思不远。’圣王贤主，皆遇困厄之难，蒙不救

---

① 变异：反常的事情。

② 寸阴：短暂的时光。

③ 冀：希冀，盼望。

之耻，身拘^①而名尊，躯辱而声荣，处卑而不以为恶，居危而不以为薄。五帝德厚，而穷厄之恨，然尚有泛滥之忧。三守暴困之辱，不离三狱之囚，泣涕而受冤，行哭而为隶，演《易》作卦，天道祐之。时过于期，否终则泰。诸侯并救，王命见符，朱鬣玄狐，辅臣结发，拆狱破械，反国修德，遂讨其仇。擢假海内，若覆手背，天下宗之，功垂万世。大王屈厄，臣诚尽谋。夫截骨之剑无削剟^②之利，臿铁之矛无分发之便，建策之士无暴兴之说。今臣遂天文，案坠籍，二气共萌，存亡异处。彼兴则我辱，我霸则彼亡。二国争道，未知所就。君王之危，天道之数，何必自伤哉？夫吉者，凶之门；福者，祸之根。今大王虽在危困之际，孰知其非畅达之兆哉？"大夫计硯曰："今君王国于会稽，穷于入吴，言悲辞苦，群臣泣之。虽则恨悢之心，莫不感动。而君王何为谩辞哗说，用而相欺？臣诚不取。"

越王曰："寡人将去入吴，以国累诸侯大夫。愿各自述，吾将属焉。"大夫皋如曰："臣闻大夫种忠而善虑，民亲其知，士乐为用。今委国一人，其道必守。何顺心佛命群臣？"大夫曳庸曰："大夫文种者，国之梁栋，君之爪牙。夫骥不可与匹驰，日月不可并照。君王委国于种，则万纲千

---

① 拘：拘留，关押。

② 剟（duō）：击，刺。

纪无不举者。"

越王曰："夫国者，前王之国，孤力弱势劣，不能遵守社稷，奉承宗庙。吾闻父死子代，君亡臣亲。今事弃诸大夫，客官①于吴，委国归民以付二三子，吾之由也，亦子之忧也。君臣同道，父子共气，天性自然。岂得以在者尽忠，亡者为不信乎？何诸大夫论事一合一离，令孤怀心不定也？夫推国任贤、度功绩成者，君之命也。奉教顺理，不失分者，臣之职也。吾顾诸大夫以其所能，而云委质而已。於乎，悲哉！"计碗曰："君王所陈者，固其理也。昔汤入夏，付国于文祀。西伯之殷，委国于二老。今怀夏将滞②，志在于还。夫适市之妻，教嗣粪除③。出亡之君，敕臣守御。子问以事，臣谋以能。今君王欲士之所志，各陈其情，举其能者，议其宜也。"越王曰："大夫之论是也。吾将逝矣，愿诸君之风。"

大夫种曰："夫内修封疆之役，外修耕战之备；荒无遗土，百姓亲附。臣之事也。"大夫范蠡曰："辅危主，存亡国；不耻屈厄之难，安守被辱之地，往而必反，与君复仇

---

① 客官：去别国当官，当臣仆。

② 怀夏将滞："夏"疑为"憂"（"忧"的繁体字）；"滞"疑为"遰"（dì，去、往之意）。译文按此说。

③ 粪除：打扫清理。

者。臣之事也。"大夫苦成曰："发君之令，明君之德；穷与俱厄，进与俱霸；统烦理乱，使民知分。臣之事也。"大夫曳庸曰："奉令受使，结和诸侯；通命达旨，赂往遗^①来；解忧释患，使无所疑；出不忘命，入不被尤。臣之事也。"大夫皓进曰："一心齐志，上与等之；下不违令，动从君命；修德履义，守信温故；临非决疑，君误臣谏；直心不挠，举过列平；不阿亲戚，不私于外；推身致君，终始一分。臣之事也。"大夫诸稽郢曰："望敌设阵，飞矢扬兵；履腹涉尸，血流滂滂^②；贪进不退，二师相当；破敌攻众，威凌百邦。臣之事也。"大夫皋如曰："修德行惠，抚慰百姓；身临忧劳，动辄躬亲；吊死存疾，救活民命；蓄陈储新，食不二味；国富民实，为君养器。臣之事也。"大夫计硯曰："候天察地，纪历阴阳；观变参灾，分别妖祥；日月含色，五精错行；福见知吉，妖出知凶。臣之事也。"越王曰："孤虽入于北国，为吴穷虏，有诸大夫怀德抱术，各守一分，以保社稷，孤何忧焉？"遂别于浙江之上，群臣垂泣，莫不咸哀。越王仰天叹曰："死者，人之所畏。若孤之闻死，其于心胸中曾无怵惕^③。"遂登船径去，终不返顾。

———

① 遗（wèi）：送。
② 滂滂：文中指血流成河的样子。
③ 怵惕（tì）：害怕，畏惧。

　　越王夫人乃据船哭，顾乌鹊啄江渚之虾，飞去复来，因哭而歌之，曰："仰飞鸟兮乌鸢①，凌玄虚号翩翩。集洲渚兮优恣，啄虾矫翮兮云间。任厥兮往还。妾无罪兮负地，有何辜兮谴天？飘飘②独兮西往，孰知返兮何年？心惙惙③兮若割，泪泫泫兮双悬。"又哀吟曰："彼飞鸟兮鸢乌，已回翔兮翕④苏。心在专兮素虾，何居食兮江湖？徊复翔兮游飏，去复返兮於乎！始事君兮去家，终我命兮君都。终来遇兮何幸，离我国兮去吴。妻衣褐兮为婢，夫去冕兮为奴。岁遥遥兮难极，冤悲痛兮心恻。肠千结兮服膺⑤，於乎哀兮忘食。愿我身兮如鸟，身翱翔兮矫翼。去我国兮心摇，情愤惋兮谁识？"越王闻夫人怨歌，心中内恸，乃曰："孤何忧？吾之六翮备矣。"

　　于是入吴，见夫差，稽首再拜称臣，曰："东海贱臣勾践，上愧皇天，下负后土；不裁功力，污辱王之军士，抵罪边境。大王赦其深辜，裁加役臣，使执箕帚。诚蒙厚恩，得保须臾之命，不胜仰感俯愧。臣勾践叩头顿首。"吴王夫差曰："寡人于子亦过矣。子不念先君之仇乎？"越王曰：

———————

① 乌鸢（yuān）：乌鸦与老鹰。

② 飘（fān）飘：急速前进的样子。

③ 惙（chuò）惙：忧伤悲痛。

④ 翕：合上，文中指把翅膀收起。

⑤ 服膺：牢记于心。

"臣死则死矣，惟大王原之。"伍胥在旁，目若熛火[1]，声如雷霆，乃进曰："夫飞鸟在青云之上，尚欲缴微矢以射之，岂况近卧于华池、集于庭庑[2]乎？今越王放于南山之中，游于不可存之地，幸来涉我壤土，入吾楔梱[3]，此乃厨宰之成事食也，岂可失之乎？"吴王曰："吾闻诛降杀服，祸及三世。吾非爱越而不杀也，畏皇天之咎，教而赦之。"太宰嚭谏曰："子胥明于一时之计，不通安国之道。愿大王遂其所执，无拘群小之口。"夫差遂不诛越王，令驾车养马，秘于宫室之中。

三月，吴王召越王入见。越王伏于前，范蠡立于后。吴王谓范蠡曰："寡人闻贞妇不嫁破亡之家，仁贤不官绝灭之国。今越王无道，国已将亡，社稷坏崩，身死世绝，为天下笑。而子及主俱为奴仆，来归于吴，岂不鄙乎？吾欲赦子之罪，子能改心自新，弃越归吴乎？"范蠡对曰："臣闻亡国之臣不敢语政，败军之将不敢语勇。臣在越，不忠不信，今越王不奉大王命号，用兵与大王相持，至今获罪，君臣俱降。蒙大王鸿恩，得君臣相保。愿得入备扫除、出给趋走，臣之愿也。"此时越王伏地流涕，自谓遂失范蠡矣。吴王知

---

① 熛（biāo）火：飞迸的火焰。

② 庑（wǔ）：古代正房对面和两侧的走廊、廊屋。

③ 楔（bì）梱（kǔn）：牢笼。

范蠡不可得为臣，谓曰："子既不移其志，吾复置子于石室之中。"范蠡曰："臣请如命。"吴王起，入宫中。越王、范蠡趋入石室。

越王服犊鼻[①]，着樵头[②]。夫人衣无缘之裳，施左关之襦[③]。夫斫剉[④]养马，妻给水、除粪、洒扫。三年，不愠怒，面无恨色。吴王登远台，望见越王及夫人、范蠡坐于马粪之旁，君臣之礼存，夫妇之仪具。王顾谓太宰嚭曰："彼越王者，一节之人；范蠡，一介[⑤]之士。虽在穷厄之地，不失君臣之礼，寡人伤之。"太宰嚭曰："愿大王以圣人之心，哀穷孤之士。"吴王曰："为子赦之。"

后三月，乃择吉日而欲赦之。召太宰嚭谋曰："越之与吴，同土连域。勾践愚黠[⑥]，亲欲为贼。寡人承天之神灵，前王之遗德，诛讨越寇，囚之石室。寡人心不忍见，而欲赦之，于子奈何？"太宰嚭曰："臣闻无德不复。大王垂仁恩加越，越岂敢不报哉？愿大王卒意。"越王闻之，召范蠡告

---

① 犊鼻：短裤或围裙。

② 樵头：一种包头发的头巾。

③ 左关之襦（rú）：衣襟向左扣的短袄，古代只有死者和部分少数民族才穿衣襟向左扣的衣服。左关，左衽，即衣襟向左扣合。

④ 剉（cuò）：通"莝"，铡碎草（喂马）。

⑤ 介：节操，操守。

⑥ 愚黠：阴险狡诈。

之曰："孤闻于外，心独喜之，又恐其不卒也。"范蠡曰："大王安心，事将有意，在《玉门》①第一。今年十二月戊寅之日，时加日出。戊，囚日也；寅，阴后之辰也。合庚辰，岁后会也。夫以戊寅日闻喜，不以其罪罚日也。时加卯而贼戊，功曹为腾蛇而临戊，谋利事在青龙。青龙在胜先，而临酉，死气也。而克寅，是时克其日，用又助之，所求之事，上下有忧。此岂非天网四张，万物尽伤者乎？王何喜焉？"果子胥谏吴王曰："昔桀囚汤而不诛，纣囚文王而不杀，天道还反，祸转成福。故夏为汤所诛，殷为周所灭。今大王既囚越君，而不行诛，臣谓大王惑之深也。得无夏、殷之患乎？"吴王遂召越王，久之不见。范蠡、文种忧而占之，曰："吴王见擒也。"有顷，太宰嚭出，见大夫种、范蠡，而言越王复拘于石室。伍子胥复谏吴王曰："臣闻王者攻敌国，克之则加以诛，故后无报复之忧，遂免子孙之患。今越王已入石室，宜早图之，后必为吴之患。"太宰嚭曰："昔者，齐桓割燕所至之地以赆燕公，而齐君获其美名。宋襄济河而战，《春秋》以多其义。功立而名称，军败而德存。今大王诚赦越王，则功冠于五霸，名越于前古。"吴王曰："待吾疾愈，方为太宰赦之。"

---

① 《玉门》：未详，可能是一种以五行相克测吉凶的古籍。

后一月，越王出石室，召范蠡，曰："吴王疾，三月不愈。吾闻人臣之道，主疾臣忧。且吴王遇孤，恩甚厚矣。疾之无瘳①，惟公卜焉。"范蠡曰："吴王不死明矣。到己巳日，当瘳。惟大王留意。"越王曰："孤所以穷而不死者，赖公之策耳。中复犹豫，岂孤之志哉？可与不可，惟公图之。"范蠡曰："臣窃见吴王真非人也。数②言成汤之义而不行之。愿大王请求问疾，得见，因求其粪而尝之，观其颜色，当拜贺焉。言其不死，以瘳起日期之。既言信后，则大王何忧？"

越王明日谓太宰嚭曰："囚臣欲一见问疾。"太宰嚭即入言于吴王。王召而见之，适遇吴王之便，太宰嚭奉溲、恶以出，逢户中。越王因拜："请尝大王之溲以决吉凶。"即以手取其便与恶而尝之，因入曰："下囚臣勾践贺于大王。王之疾至己巳日有瘳，至三月壬申病愈。"吴王曰："何以知之？"越王曰："下臣尝事师闻粪者，顺谷味、逆时气，死；顺时气者，生。今者臣窃尝大王之粪，其恶味苦且楚酸。是味也，应春、夏之气。臣以是知之。"吴王大悦，曰："仁人也。"乃赦越王，得离其石室，去就其宫室，执牧养之事如故。越王从尝粪恶之后，遂病口臭。范蠡乃令左

---

① 瘳（chōu）：病好了，痊愈。

② 数：多次。

右皆食岑草以乱其气。

其后，吴王如越王期日疾愈，心念其忠，临政之后，大纵酒于文台。吴王出令曰："今日为越王陈北面之坐，群臣以客礼事之。"伍子胥趋出，到舍上，不御坐。酒酣①，太宰嚭曰："异乎！今日坐者，各有其词。不仁者逃，其仁者留。臣闻同声相和，同心相求。今国相刚勇之人，意者内惭至仁之存也，而不御坐，其亦是乎？"吴王曰："然。"于是范蠡与越王俱起，为吴王寿。其辞曰："下臣勾践，从小臣范蠡，奉觞上千岁之寿。辞曰：皇在上令，昭下四时，并心察慈。仁者大王，躬亲鸿恩，立义行仁。九德四塞，威服群臣。於乎休哉！传德无极，上感太阳，降瑞翼翼②。大王延寿万岁，长保吴国。四海咸承，诸侯宾服。觞酒既升，永受万福。"于是，吴王大悦。

明日，伍子胥入谏曰："昨日大王何见乎？臣闻内怀虎狼之心，外执美词之说。但为外情，以存其身。豺不可谓廉，狼不可亲。今大王好听须臾之说，不虑万岁之患。放弃忠直之言，听用谗夫之语。不灭沥血③之仇，不绝怀毒之怨。犹纵毛炉炭之上幸其焦，投卵千钧之下望必全，岂不殆

① 酣：酣畅，畅快。

② 翼翼：繁荣昌盛的景象。

③ 沥血：滴血，指滴血为誓，发誓复仇。

哉？臣闻桀登高自知危，然不知所以自安也；前据白刃自知死，而不知所以自存也。惑者知返，迷道不远。愿大王察之。”吴王曰：“寡人有疾三月，曾不闻相国一言，是相国之不慈也。又不进口之所嗜，心不相思，是相国之不仁也。夫为人臣不仁不慈，焉能知其忠信者乎？越王迷惑，弃守边之事，亲将其臣民来归寡人，是其义也。躬亲为虏，妻亲为妾，不愠寡人。寡人有疾，亲尝寡人之溲，是其慈也。虚其府库，尽其宝币，不念旧故，是其忠信也。三者既立，以养寡人。寡人曾听相国而诛之，是寡人之不智也，而为相国快私意耶！岂不负皇天乎？”子胥曰：“何大王之言反也？夫虎之卑势，将以有击也；狸之卑身，将求所取也。雉以眩移拘于网，鱼以有悦死于饵。且大王初临政，负《玉门》之第九，诚事之败，无咎矣。今年三月甲戌，时加鸡鸣。甲戌，岁位之会将也。青龙在酉，德在土，刑在金，是日贼其德也。知父将有不顺之子，君有逆节之臣。大王以越王归吴为义，以饮溲食恶为慈，以虚府库为仁，是故为无爱于人，其不可亲，面听貌观，以存其身。今越王入臣于吴，是其谋深也。虚其府库不见恨色，是欺我王也。下饮王之溲者，是上食王之心也。下尝王之恶者，是上食王之肝也。大哉！越王之崇吴。吴将为所擒也。惟大王留意察之。臣不敢逃死以负前王。一旦社稷丘墟，宗庙荆棘，其悔可追乎？"吴王曰：

"相国置之，勿复言矣。寡人不忍复闻。"

于是遂赦越王归国，送于蛇门之外，群臣祖道。吴王曰："寡人赦君，使其返国，必念终始，王其勉之。"越王稽首曰："今大王哀臣孤穷，使得生全还国，与种、蠡之徒，愿死于毂下①。上天苍苍，臣不敢负。"吴王曰："於乎！吾闻君子一言不再。今已行矣，王勉之。"越王再拜跪伏，吴王乃引越王登车，范蠡执御，遂去。至三津之上，仰天叹曰："嗟乎！孤之屯厄，谁念复生渡此津也？"谓范蠡曰："今三月甲辰，时加日昳②。孤蒙上天之命，还归故乡。得无后患乎？"范蠡曰："大王勿疑，直视道行。越将有福，吴当有忧。"至浙江之上，望见大越山川重秀，天地再清，王与夫人叹曰："吾已绝望，永辞万民。岂料再还，重复乡国。"言竟掩面，涕泣阑干。此时万姓咸欢，群臣毕贺。

精彩解说

勾践五年五月的时候，越王勾践和大夫文种、范蠡去吴国做臣仆。大臣们一起把他们送到了浙江边上，对着江水祭拜路神，为越王饯行，

---

① 毂（gǔ）下：车轮下。毂，古代车轮中心的圆木，有圆孔，可以插轴，引申为车轮。

② 昳（dié）：太阳偏西。

军队在固陵列队送行。大夫文种上前祝福越王，祝词："上天多庇佑，虽然越国现在一落千丈了，将来必定可以扬眉吐气。灾祸是培养美好德行之源，忧虑是蓄积福气的庙堂。用武力欺压别人的人会被灭，暂且屈从的人将会兴旺。大王虽然现在被压制住了，但后面不会再有灾祸。我们君臣活着的时候却要遭受分离，这将深深令上天感动。大家都哀愁悲伤，没有一个不感到难过，请您允许我将干肉献上，向大家敬两杯酒。"越王抬头望天，发出长长的叹息，他拿着杯子落泪，沉默不语。文种又上前祝福说："大王的品德和寿命，无边无际。天地赐福，神祇庇佑。您有着深厚的德行，福气就在您的身边。您的德行会消灾解难，使您受到上苍的赐福，获得益处，最终会让您离开吴国，回到越国。我已经将杯里面的酒倒满，让我们高喊万岁。"

越王说："我继承了先王所留的德业，在边境保卫祖国，幸好得到各位大夫的谋略，才令先王的陵墓得以保全。现在我受到羞辱，被世上的人嘲笑，是我的过错吗？是众位大夫的责任吗？我不知道该向谁追究，希望大家讨论这件事情。"大夫扶同说："这话说得怎么这么直白！从前商汤被关在夏台，伊尹不离他的左右；周文王被关押在石室里面的时候，太公没把国家废弃。上天决定了国家的兴盛衰退，但人的努力决定了国家是生存还是灭亡。商汤改了他的样子讨好夏桀，周文王暂时屈服被商纣王宠爱。夏桀和商纣王靠着武力对商汤和周文王两个圣人展开凌虐，商汤和周文王两位国君委屈了自己得到天道的帮助。因此，商汤没有穷困忧愁，周文王没有觉得困窘是侮辱。"

越王说："过去尧把重任托给舜和大禹，从而治理了天下，虽然有洪水的危害，也并没有伤害到百姓。灾变或怪异的事情都不会发生在百姓身上，更何况是对于国君呢？"大夫苦成说："并不像您说的那样。上天有自己的运行规律，人的品德行为也有薄厚之分。黄帝没有禅让，尧禅让了天子的位置。三代开国的君王都是臣子将自己侍奉的先王杀害以后登上王位的，五个霸主都是儿子把父亲杀了后成就大业的。道德也分为宽广和狭隘的，气质也有高贵和低劣的。如今社会就如同人们去集市一般，把货品摆出来然后敲诈，用各种计策对待他人。假如不幸遇到困难，就应该寻找解决的办法。您如果看不到这点，就会有喜怒之情。"

　　越王说："任用他人的人不会让自己受辱，刚愎自用的人会对国家有害。大夫们都在提前设想还没形成的事情，把敌人打倒，报仇雪恨，享受封禅泰山的福气。如今像我这样已处于困境，而你们却说商汤和周文王遭受了困苦灾厄后才称王雄霸天下，怎么说得如此违反礼义法度呢？君子为了争取短暂的光阴可以抛下珠宝美玉。如今我只希望能令战争之苦免除，然而却要被敌人囚禁，将成为奴隶，妻子也要成为婢女，就要一去不回，死在敌国了。假如魂魄有知，我对先王感到愧疚；假若魂魄无知，我就在外面抛弃尸首了。你们说的话为什么不合我的心思呢？"于是文种和范蠡说："古人说过：'不身处困境，就不会有远大的志向；不忧心劳体，就不能够考虑思量得深远。'圣王和贤主都曾遭逢困苦灾厄，受到了无法回避的羞耻，身体被关押但名分尊贵，肉体受侮辱但声誉更荣耀，虽处卑贱之位却并不觉是坏事，身处险境却并不觉得自己命不好。五帝有深厚的德行，没有身处困境产生怨恨，却还担心洪水泛滥成灾。周文王屡次把处于困境的羞耻忍了下来，好几次成了监狱的囚犯，悲痛地哭泣，受了无数屈辱，一边走一边哭去当奴隶，推演《周易》作了六十四卦，上天庇佑他。困厄的时期过去以后，否极泰来。诸侯全来援助，王命开始显露出来。长着红色鬣毛的马匹和黑色的狐狸被献给纣王，辅佐周文王的臣子们就像结发之妻一样齐心合力，把牢笼打开，把枷锁打破，让周文王回到了周国，并实行德政，最终打败仇人。周文王想取代商纣王，掌管天下，轻而易举，所有的人都遵从他，功绩流传万古。大王如今虽然遇到困境和屈辱，但我们这些臣子会竭尽全力出谋划策辅佐您。能把骨头截断的剑却不擅长割削，能把铁甲穿透的长矛却不擅长把头发梳开，擅长谋划的臣子没有能让国家一下子变得兴旺的方法。如今，我们研究天文地理，看到阴阳二气一起产生，但存在和灭亡有不同之处。吴国兴旺的时候，我们越国会受屈辱；我们越国称霸天下的时候，吴国就会被灭。两国对天道相互争夺，如今还不知道上天倾向哪一边。大王如今的困境，也是天道定好的，为什么要自我悲伤呢？吉利的事，是不幸的开头；幸运的事，是灾难的根源。如今您虽然处在困境中，但说不定这是即将兴旺的预兆呢？"大夫计砚说："现在大王您在会稽山建国，没有办法只好去吴国称臣，言辞中都显露着悲伤和痛苦，为了这大臣们都在哭泣。就算是最凶残暴虐的心，也没有不感动的，但您为什么尽说些荒谬的话来欺骗自己呢？我真的不同意您的话呀。"

越王说："我马上要去吴国了，国家的事就要麻烦各位大夫。请大家各抒己见，这样我才放心托付给你们。"大夫皋如说："我听说大夫文种忠心耿耿而且擅长谋划，大家都相信他的聪明才智，贤能之人乐意被他利用。假如把国家交付给他一个人，治国之道必定可坚守。大王为什么还要随着心意命令臣子们呢？"大夫曳庸说："大夫文种是国家的栋梁之材，国君的得力帮手。好的马不能一同奔驰，太阳和月亮不能一起光照天下。假如大王把国家托付给文种，那么各种纲领和法度都能实施。"

　　越王说："国家是先王的国家，我能力薄弱，没办法守住社稷，祭祀宗庙。我听说父亲死了以后儿子会来代替，国君在外之时大臣会掌管国政。如今我把国事就托付给各位了，我要去吴国当奴隶。将国家和百姓都委托给各位，这是我担忧的事情，也是你们担忧的事情。国君和臣子坚守一样的原则，父亲和儿子有一样的气质，这是一种本能天性，自然得很。怎么会觉得在国内留着是尽忠，在国外的人就不能信任呢？为什么大家在讨论事情的时候，有一些是同意的，有一些又有其他意见，这让我不能放心。推让国家大事，任用贤能之人，衡量功劳，考核成绩，这些都是国君的使命。奉行教令，顺应天理，不失本分，这是臣子的责任。我希望各位大夫能根据自己的能力来说说怎么忠诚献身罢了。啊，真是令人悲伤！"计砚说："您说的自然有理。过去商汤去夏王朝的时候，把国家交给文祀。西伯去商王朝的时候，把国家交付给二老。如今您怀着忧虑将要去吴国，但志向是有朝一日返回越国。那要去市场的妻子会叮嘱孩子们把卫生打扫好，在外亡命的国君会命令臣子把国家守卫好，子女应当问清要做的家务，臣子也要按着自己的能力为国家献计策。如今，您想要清楚大家的志向，让每个人把自己的情况陈述一下，把自己的能力展示出来，把各自适合做的事情说说。"越王说："你的看法很正确，我马上要离开了，想要听听大家的意见。"

　　大夫文种说："在国内要管好守卫边疆的兵役之事，对外要提前做好耕战的准备；荒野中不会有被抛弃的田地，让百姓亲近依附。这是我能做的事情。"大夫范蠡说："辅佐处于困境的国君，将快被灭的国家保存下来；不因为遭受屈辱困厄而觉得羞耻，平心静气地面对羞辱的情况，到了吴国必定想办法回来，为国君报仇。这是我能做的事情。”大夫苦成说：“将国君的命令发布出去，将国君的仁德宣传出去；在困境中和国君共患难，在进取时跟着国君称霸天下；统筹处置好繁杂的政务，让百姓们安分守己。这是我能做的事情。”大夫曳庸说："奉国君之命出使国外，和诸侯交好；将国君的命令通报出去，将旨意传达，来往馈赠使者；将忧患除去，令国君无忧；出使国外不会忘记自己的使命，回到国内不会被指责。这是我能做的事情。”大夫皓进说："同心同德，在上与国君一致；在下不违背国君的命令，一切行动听从国君的命令；修身养德，履行道义，守信用，温习故训；处理好是非，判断疑虑，假若国君有失误之处敢于劝谏；正直且不屈，检举过失，治理公正；不偏袒亲戚，不徇私外人；为国君奉献我自己，始终如一。这是我能做的事。”大夫诸稽郢说："瞭望敌人的情况，设下战阵，射出箭矢，举起兵器；踩着胸腹跨过尸体，奋勇杀敌，血流成河；两军相对的时候，只前进，不后退；击退敌人的进攻，震慑诸侯和百邦。这是我能做的事。”大夫皋如说："修身养德，实施恩惠，体恤安慰百姓，亲自前去操劳慰问，做事情亲力亲为；追悼死去的人，安慰生病的人，竭力救活百姓的生命；将陈米囤积起来，将新谷储藏起来，食用要节约；国家富足，百姓殷实，为国君培养人才。这是我能做的事。”大夫计砚说："瞭望天象，观察地理，推演立法，卜算阴阳；观测变化，瞭望灾气，分辨凶吉；观察日月有没有奇异的颜色，五星是不是没有正常运行；福瑞出现知道是吉兆，怪异出现知道是凶兆。这是我能做的事情。”越王说："我虽然要到北方的吴国成为吴王手下穷困的奴隶，但各位胸怀仁德，腹藏文韬武略，各司其职，能把国家守卫好，我还担心什么呢？”越王就在浙江边上告别大家。大臣们都痛哭起来，没有一个不难过。越王抬头看着天，叹息说："人们都害怕死。可是我听到要死了，心里居然没有一点儿害怕。"于是他登上船径直离开了，始终不曾回头看。

可是越王的夫人靠在船旁哭，她见到乌鸦在啄着江中小洲岸边上的虾，一下子飞去，一下子飞来，于是她一边哭一边吟唱。她唱道："抬头望见飞鸟啊，是乌鸦和老鹰，向虚无缥缈的天空冲去啊，轻快地回旋。在小洲上停着休息啊悠闲自在，啄食小虾后展翅飞啊，上了白云间。任由它啊，一下飞来一下飞去。我没有罪啊，没辜负天地，多么无辜啊，为何要受到天谴？孤独的船只快速地前进啊，载我去往西边，谁知回来啊，是哪年？我心中一片忧伤啊，仿佛有刀割，泪水流啊流，挂到腮边。"随后她又悲痛地吟唱道："那翱翔的鸟啊，是乌鸦和老鹰，飞回来后啊，收起了翅膀歇息。心里就光想着啊白虾，在哪吃和住啊是在江湖。回旋往来，在空中飞翔啊，顺着风飞，离去后又回来啊，呜呼哀哉！当初我为侍奉国君啊离开家乡，度过一生啊在国君之都。最终遇到这些啊多么不幸，忽然从越国离开啊去往吴国。作妻子的我将粗布衣穿上啊变成婢女，夫君他将王冠摘下啊成了奴隶。时光遥远啊难以看到尽头，委屈悲伤啊内心悱恻。愁肠千结啊牢记于心，呜呼哀哉啊忘却吃饭。希望我的身体啊如同那鸟一般，身体飞翔于空中啊展开矫健的翅膀。从越国离开啊内心摇荡，心中充满愤恨和悲伤啊谁又知道？"越王听闻妻子那充满怨恨的歌，内心格外悲痛，于是安慰自己："我有什么好担心呢？我翅膀上的羽毛都齐全了。"

于是越王进入了吴国，看到夫差，磕头拜了两拜，并称自己为臣下："东海边上的贱臣勾践，上对皇天有愧，下对后土有负；没有正确地估量自己，令大王您的将士被辱，在边界犯下过错。大王将我的大罪赦免，决定给我差役小臣的身份，让我拿着畚箕扫帚打扫卫生。实在是蒙受您的厚恩，我才能够保全短暂的生命，抬头对您感激万分，低头愧疚无比。勾践向您叩头再叩头。"吴王夫差说："我对你十分过分。可你没想过把我先王杀害的仇吗？"越王说："我死就死了吧，只求大王能将我原谅啊。"伍子胥在一旁，目光就像迸飞的火焰，声音如同雷霆一般，他听后走上前进谏道："那飞鸟在青云上，人们还想用拴了生丝线的箭射下它，更不用说是在眼前的华池休息，在堂前庭院和走廊停着的鸟呢？越王在南边的山野间肆意，在难以发现之处游荡，如今幸运地来了我们的国土里，进了我们的囚笼，这如同厨师烹饪好的现成的吃食，难道可以放过他吗？"吴王说："我听闻将归降的人杀害，灾祸会殃及三代。我不杀他不是因为可怜越王，是怕上天追究，因此训斥他而赦免了他。"太宰嚭劝说道："伍子胥对短期的计策很明白，但对安邦定国之道不了解。望大王按您自己的决定做事，别因为小人的胡说八道而受约束。"夫差于是不杀越王，让他负责驾车养马，悄悄把他关在宫室里。

三个月后，吴王召见了越王。越王伏在吴王面前，范蠡在越王后面站着。吴王对范蠡说："我听闻坚守贞操的妇女不会嫁给破败人家，仁人贤士不会在灭亡的国家做官。如今越王无道，国家快被灭，社稷即将崩坏，他死后，世系就断了，被天下人嘲笑。而你和你的主人都成了奴隶，来归从吴国，难道不觉得难堪吗？我想赦免你的过错，你能自新改过，重新做人，抛弃越国归附吴国吗？"范蠡回应说："我听说亡国的臣子不敢谈论政治，败军的将领不敢提勇猛。我在越国时，不忠诚不守信，使越王没接受您的号令，出兵和您相抗衡，直到现在犯下罪错君臣共同投降了。蒙您鸿恩，我们君臣才活了下来。我希望能在您入宫时为您打扫除尘，在您外出时供您差遣，这是我的心愿啊。"这时候越王伏在地上流泪，觉得自己要失去范蠡了。吴王明白不能让范蠡成为自己的臣子，就说："你既然不改志向，那我就再把你放在石室里面。"范蠡说："臣愿意听从您的命令。"于是吴王站起来，回宫了。越王、范蠡快步走入石室里面。

越王将围裙系着，头巾扎上。他的夫人穿着没镶边的衣服和衣襟向左扣着的短袄。丈夫把草砍碎喂马，妻子喂水、清理马的粪便、打扫马圈。如此三年，他们没有恼怒，脸上也没有怨恨。吴王登上了远处高台，望见越王和夫人、范蠡在马粪旁坐着，还是保持着君臣间的礼节和夫妻之间的礼仪。吴王转过头对太宰嚭说："那越王是一个有气节的人啊，范蠡是一个有节操的贤士啊。虽然他们身处困境，却没有把君臣间的礼节丢了，我为他们伤心。"太宰嚭说："愿大王用圣人之心，同情下这几个孤苦无依的人。"吴王说："我为了你，把他们赦免了吧。"

三个月后，吴王就挑选了吉日想把他们赦免。他召见了太宰嚭，商量说："越国和吴国，位于同块土地，疆域连着。勾践善于欺诈，十分狡猾，他原本想亲自干掉吴国。我受上天神灵的庇佑，倚仗了先王留下的恩德，所以诛杀、讨伐了越寇，把他囚在石室里面。我不忍看到他如今这么困窘，所以想将他赦免，你觉得怎么样？"太宰嚭说："我听说没有恩德会得不到回报。大王将仁慈和恩德赐予越王，难道越王敢不回报您吗？希望大王将您的想法实行。"越王听说后，将范蠡叫来，对他说："我在外面听说这事，心里暗暗高兴，却又担心实现不了。"范蠡说："请您放心，这事还有些迟疑，因为它和《玉门》第一类相对应。今日是十二月戊寅日，时辰为日出卯时。戊是被关押的日子，寅是岁阴后的辰次。合日是庚辰，是岁阴后面的合日。大王您在戊寅日这日听到好消息，所以不会由于戌的过错被罚。可是时辰正当卯时，这就会有害于戌日，而寅时是腾蛇，又逼近戌，所以太岁对谋取有利的事起决定作用。太岁已过午，又靠近酉，这气数表示死亡，还克制了寅时。这是时辰胜过了日期，且太岁的运行对它有所帮助。大王您所希求的事，上下都有令人担忧的地方。这难道不是张开四处的天网，万物都要受害的时刻吗？大王有什么好高兴呢？"果然伍子胥劝谏吴王说："过去夏桀把商汤关起来却没有杀，商纣王把周文王关押却没有杀，结果天道循环，灾难转为了福气。所以夏桀被商汤杀了，商被周灭了。现在大王已把越君关了起来，可是没有杀他，我觉得大王受迷惑过深了。怎能没有夏桀、商纣那般灾祸？"于是吴王就召见越王，可过了很长时间也不接见。范蠡和文种十分担心就占卜看看情况，卦象说："吴王来抓越王了。"没多久，太宰嚭出来，接见了大夫文种和范蠡，并告诉他们越王要再一次被关在石室里面。伍子胥又劝吴王说："我听说称王的人攻打敌国，攻克后就要实施诛杀。因此，后面就没有被报复的祸患，便替子孙后代省去了灾难。如今越王已被关到石室里面，应当尽早把他杀了，否则他以后一定会变成吴国的祸患。"太宰嚭说："从前齐桓公把燕庄公送别他时所走过的地方赏赐给燕国，因而齐桓公拥有了好名声。宋襄公等敌人的军队过了河才交战，《春秋》因此褒奖了他的道义。齐桓公成就伟业且拥有美名，宋襄公虽然战败可是美好的品德永远流传。如今大王若能把越王赦免，那功德大过五霸，名声超越古人。"吴王说："等我病好了，就为太宰嚭将越王赦免。"

一个月后，越王从石室里出来，召见了范蠡，说："吴王生病了，三个月了还没好。我听说为臣之道，国君病了臣下担心。何况吴王对我颇有恩德。他的病久久没好，望您为他占卜。"范蠡说："很明显吴王是不会死的。到己巳日，病就会好。我想请您留意。"越王说：
"我之所以遭逢困厄还没有死，都是倚仗了您的计策啊。中途犹豫动
摇，这怎么会是我的志向呢？事情可行不可行，还是请您筹谋吧。"范
蠡说："我私底下觉得吴王真不是个好人。他多次谈论商汤的道义可
是都没有实施。希望大王前去请求询问病情的时候，假如能见到他，
就要求尝尝他的粪便，观察他的面色，随后下拜和他道贺。说他不会
死，并预言他病好的日子。等您的话被证实是真的后，那您还担心什
么呢？"

　　第二天越王对太宰嚭说："我想拜见吴王，问候他的病情。"太
宰嚭马上进去向吴王报告。吴王召见了他，刚好碰到吴王排便，太宰
嚭端着吴王的屎尿出来，在门口和越王相遇。越王就下拜行礼，说：
"请让我尝尝大王的粪便来看看是凶是吉。"随即他用手拿了屎和尿来
尝，随后进去就对吴王说："臣仆勾践恭喜您，您的病情到己巳日会
慢慢变好，到了三月壬申日就会彻底好。"吴王问："你从哪里知道
的呢？"越王说："我曾向闻粪的医师学习过，假如人的粪便没有消
化，而和四季之气相背，就会死；假如粪和四季之气相顺，就能活。如
今我偷偷尝了您的粪便，那味是苦的，且苦里带着点儿酸。这种味道和
春、夏之气相符。因此我知道您的病会好。"吴王很开心，说："你真
是仁义之人。"于是吴王赦免了越王，准许他从石室离开，住到了宫室
里面，还和原来一样做着放牧养马的活。自从越王尝过粪便后，就得了
口臭的毛病。范蠡就下令让越王身边的侍从都嚼鱼腥草来扰乱他口臭的
气味。

　　后来，吴王像越王所说的那样，病在预言的那天好了。吴王心中
念着越王的忠心，上朝把政事处理好后，就在文台设下酒宴好好畅饮一

番。吴王下令："今日安排越王坐在朝北的座位上，大臣们要以对贵宾的礼节对待他。"伍子胥听后快步跑出门，回了家，不在宴席中陪着。

喝酒正畅快的时候，太宰嚭说："奇怪了啊！今日在座的，每个人都有要说的话语。不仁德的人逃跑了，仁德之人都留了下来。我听说声音相同就会彼此应和，思维相同就会互相寻求。相国是个刚强勇敢的人，他心里因为看到仁慈的人都在而觉得羞耻，所以不在这儿陪坐，是不是这样？"吴王说："没错。"因此范蠡和越王一同站起，为吴王贺寿。他们说："下臣勾践及随从小臣范蠡，将酒杯端起，恭敬地祝贺大王您能寿极千岁。祝词说：苍天在上发布命令，光明降临，四季都如同春天一般，用心去观察慈爱的人。大王正是那最仁德的人，亲自布下鸿恩，树立道义，将仁政践行。大王的美德无边无际充满了四境，大王的威仪令各位大臣顺服。呜呼，多么美好，多么善良啊！传播美好的德行无边无尽，使天上的太阳神都被感动了，将众多的祥瑞降下。祝福大王延年益寿活至万岁，久远地庇佑吴国的江山。四海之内都向您归顺，各国诸侯都向您臣服。杯中美酒已经满上，祝您永远受到万种福气的庇佑。"于是吴王十分高兴。

第二天，伍子胥进宫中劝谏："昨日大王见到什么了呢？我听说有着虎狼之心的人，表面上说些赞美的话语，只不过是表面功夫，为了把他的性命保住而已。不能认为豺是廉洁的，不能和狼亲近。如今大王光喜欢那些听着让自己开心一会儿的话语，却不考虑影响深远的灾祸。将忠心正直的谏言抛弃，对谗佞小人的花言巧语却十分相信。不把那滴血立誓要报仇的敌人消灭了，不把心有仇恨的冤家根除了，这就犹如把毛发放在炉中的炭火上而希望它不烧焦，把蛋扔到坚硬的石头上还希望它完好，这不危险吗？我听说夏桀登高后，明白自己处于危险之地，却不知如何让自己安全；眼前有锋利的刀刃横着，明白自己会死，却不知如何才能保住自己的命。迷惑之人若能知返，那迷失的路还不算远。愿您明察啊。"吴王说："我生了三个月的病，从来没听到相国一句安慰的话语，是相国不慈啊。不进献我爱吃的食物，心中也不想着我，是相国不仁义啊。身为臣子不慈不仁，如何知道他忠心耿耿，讲究信义呢？越王迷惑昏乱，将守卫边疆的大事情弃之不顾，亲自带着他的臣民向我依顺，是他仗义啊。他亲自来吴国当奴仆，他的妻子亲自做婢女，心里面对我也没有怨恨之情。我得病，他亲自尝了尝我的粪便，是他仁慈啊。把他国库掏空了，把全部财宝献出，不思念自己的祖国，是他忠诚和有信义啊。越王同时有这三种美德，并用这些品德侍奉我。假如我听了你的意见杀了他，这是我不明智，只是为了相国你个人心里痛快而已。难道这不是有负上天吗？"伍子胥说："大王的话语为什么刚好反了？那老虎露出卑微怯弱的样子，是将要攻击；那野猫低下身子，是将要求得自己猎取的东西。野鸡由于眼光迷乱而被罩在网里，鱼因为贪图一时之痛快而死在诱饵上。再说大王您病刚好，就临朝听政，和《玉门》第九有违，它告诉人们要对失败的事情引以为戒，这样就不会有过错。今日是三月甲戌日，时辰为丑时。岁星刚好运行到甲戌这个位次。东方青龙到了西方的酉位，利在土，害在金，这是日干伤害了他的德行啊。通过这个能知道父亲将有不孝之子，国君会有变节的臣子。大王把越王归附吴国看作是道义，觉得他喝尿吃粪是慈爱的表现，觉得他把国库掏空是仁爱的缘故，越王这是特意伪装成有大爱的人，事实上不能和他亲近啊；而听他表面上说的话语，看他表面上的所作所为，就以此为依据，留下了越王他的性命。现在越王到吴国当奴仆，是他有更深远的谋划啊。把他的国库都掏空了却没有表现出怨恨的神色，这是欺骗我王。他在下边将大王的尿喝了，是为了向上把大王的心吃掉啊。他在下边品尝大王的粪便，是为了向上把大王的肝吃掉啊。越王对吴国这么尊崇，意义重大啊！吴国将被他灭亡。希望您仔细观察他。我不敢为了逃避死亡而对先王有负啊。一旦社稷变成荒山废墟，宗庙遍布荆棘，那后悔还来得及吗？"吴王说："相国把这些事放放吧，别再说了。我不耐烦再听到这些了。"

于是吴王将越王赦免，让他回国，并把他送到了蛇门之外，大臣们都来送行。吴王说："我将你赦免，使你回国，你一定要一直记得这情意，以此自勉吧。"越王伏地磕头说："今日大王怜悯我孤苦贫穷，让我能活着回国，我和文种、范蠡之辈愿意为您死在车轮下面。苍天在上，我不敢辜负您的恩情。"吴王说："呜呼！我听说君子一言既出，不会再后悔。如今已经要离开了，君王自我勉励吧。"越王再次拜了两拜，跪倒在地。吴王把越王拉起来，让他登上马车。范蠡手里拿着马鞭驾驶车辆，离开了。到了三津渡口的边上，越王仰天长叹道："唉！我遭逢困厄时，怎想到我还能活着再次渡过这渡口呢？"他又对范蠡说："今日是三月甲辰日，时辰正好是太阳偏西的未时。我蒙受上苍的旨意，返回故乡。该不会有什么后患吧？"范蠡说："大王别担心，看着前方一直走。越国将会有福，吴国将有忧患。"到了浙江边上，看到大越山河重新呈现出秀美之景，天地再现清朗之色，越王和他的夫人感慨道："我本来都绝望了，觉得会永远和越国百姓分离了。怎么料到还能返回，重归故国。"说完，他就把脸遮住，泪流满面。这时候，百姓们都欢喜极了，大臣们都前来祝贺。

智慧解析

　　本篇主要讲述了勾践去吴国当奴仆的事情。勾践五年的时候，越王勾践因为战败去了吴国当仆臣，他的妻子也成了婢女。这段时间格外艰难，勾践不仅身体受辱，心灵更是受到了重大的打击，可是他坚持了下来。他不断讨好太宰嚭和吴王夫差，不敢露出一丝不满的神色。终于，他慢慢赢得了吴王的信任，吴王出于同情放他回到故国。这段历史值得我们许多人深思和学习：勾践在这样的困境下还能够活下来，并且回到故国，这实在难得。每当我们遇到困难时应当想起他的事迹，并学习他那执着的精神。

勾践归国外传第八

越王勾践臣吴，至归越，勾践七年也。百姓拜之于道，曰："君王独无苦矣。今王受天之福，复于越国，霸王之迹自斯而起。"王曰："寡人不慎天教，无德于民。今劳万姓拥于岐路，将何德化以报国人？"顾谓范蠡曰："今十有二月己巳之日，时加禺中^①，孤欲以此到国，何如？"蠡曰："大王且留，以臣卜日。"于是范蠡进曰："异哉！大王之择日也。王当疾趋，车驰人走。"越王策马飞舆，遂复宫阙。吴封地百里于越，东至炭渎，西止周宗，南造于山，北薄于海。

越王谓范蠡曰："孤获辱连年，势足以死，得相国之策，再返南乡。今欲定国立城，人民不足，其功不可以兴，为之奈何？"范蠡对曰："唐、虞卜地，夏、殷封^②国，古公营城周洛，威折万里，德致八极，岂直欲破强敌，收邻国

① 禺中：接近中午的时候。
② 封：边界。

乎？"越王曰："孤不能承前君之制，修德自守，亡众栖于会稽之山，请命乞恩，受辱被耻，囚结吴宫。幸来归国，追以百里之封。将遵前君之意，复于会稽之上，而宜释吴之地。"范蠡曰："昔公刘去邰而德彰于夏，亶父让地而名发于岐。今大王欲国树都，并敌国之境，不处平易之都，据①四达之地，将焉立霸王之业？"越王曰："寡人之计未有决定，欲筑城立郭，分设里闾。欲委属于相国。"

于是范蠡乃观天文，拟法于紫宫，筑作小城。周千一百二十二步，一圆三方。西北立龙飞翼之楼，以象天门。东南伏漏石窦，以象地户。陵门四达，以象八风。外郭筑城而缺西北，示服事吴也，不敢壅塞。内以取吴，故缺西北，而吴不知也。北向称臣，委命吴国。左右易处，不得其位，明臣属也。城既成，而怪山自至。怪山者，琅琊东武海中山也，一夕自来，百姓怪之，故名怪山。范蠡曰："臣之筑城也，其应天矣。昆仑之象存焉。"越王曰："寡人闻昆仑之山乃地之柱，上承皇天，气吐宇内，下处后土，禀受无外，滋圣生神，呕养②帝会。故五帝处其阳陆，三王居其正地。吾之国也，扁③天地之壤，乘东南之维，斗去极北，

① 据：占据。

② 呕（xū）养：抚养。呕，通"煦"，抚育。

③ 扁：疑当作"偏"，译文本此。

非粪土之城，何能与王者比隆盛哉？”范蠡曰：“君徒^①见外，未见于内。臣乃承天门制城，合气于后土，岳象已设，昆仑故出，越之霸也。”越王曰：“苟如相国之言，孤之命也。”范蠡曰：“天地卒号，以著其实。”名东武，起游台其上，东南为司马门，立增楼冠其山巅，以为灵台。起离宫于淮阳，中宿台在于高平，驾台在于成丘，立苑于乐野，燕台在于石室，斋台在于襟山。勾践之出游也，休息石台，食于冰厨。

越王乃召相国范蠡、大夫种、大夫郢，问曰：“孤欲以今日上明堂，临国政，布恩致令，以抚百姓。何日可矣？惟三圣纪纲维持。”范蠡曰：“今日丙午日也。丙，阳将也，是日吉矣。又因良时，臣愚以为可。无始有终，得天下之中。”大夫种曰：“前车已覆，后车必戒。愿王深察。”范蠡曰：“夫子故不一二见也。吾王今以丙午复初临政，解救其本，是一宜。夫金制始，而火救其终，是二宜。蓄金之忧，转而及水，是三宜。君臣有差，不失其理，是四宜。王相俱起，天下立矣，是五宜。臣愿急升明堂临政。”越王是日立政，翼翼小心，出不敢奢，入不敢侈。

越王念复吴仇，非一旦也。苦身劳心，夜以接日。目卧

---

① 徒：只，光。

则攻之以蓼①，足寒则渍之以水。冬常抱冰，夏还握火。愁心苦志，悬胆于户，出入尝之，不绝于口。中夜潜泣，泣而复啸。

越王曰："吴王好服之离②体，吾欲采葛，使女工织细布，献之以求吴王之心，于子何如？"群臣曰："善！"乃使国中男女入山采葛，以作黄丝之布。欲献之，未及③遣使，吴王闻越王尽心自守，食不重味，衣不重彩，虽有五台之游，未尝一日登玩。"吾欲因而赐之以书，增之以封。东至于勾甬，西至于檇李，南至于姑末，北至于平原，纵横八百余里。"越王乃使大夫种索葛布十万、甘蜜九欓、文笥七枚、狐皮五双、晋竹十廋，以复封礼。吴王得之，曰："以越僻狄之国无珍，今举其贡货而以复礼，此越小心念功，不忘吴之效也。夫越本兴国千里，吾虽封之，未尽其国。"子胥闻之，退卧于舍，谓侍者曰："吾君失其石室之囚，纵于南林之中，今但因虎豹之野而与荒外之草，于吾之心，其无损也。"吴王得葛布之献，乃复增越之封，赐羽毛之饰、机杖、诸侯之服。越国大悦。采葛之妇伤越王用心之苦，乃作《苦之诗》，曰："葛不连蔓棻台台，我君心苦

---

① 蓼：一种能当调味料的植物，叶味辛。

② 离：据薛耀天《吴越春秋译注》，通"丽"，装饰、美化的意思。

③ 未及：没来得及。

命更之。尝胆不苦甘如饴，令我采葛以作丝。女工织兮不敢迟。弱于罗兮轻霏霏①，号绤素兮将献之。越王悦兮忘罪除，吴王欢兮飞尺书。增封益地赐羽奇，机杖茵褥诸侯仪。君臣拜舞天颜舒，我王何忧能不移！"

于是越王内修其德，外布其道。君不名教，臣不名谋，民不名使，官不名事。国中荡荡，无有政令。越王内实府库，垦其田畴，民富国强，众安道泰。越王遂师八臣与其四友，时问政焉。大夫种曰："爱民而已。"越王曰："奈何？"种曰："利之无害，成之无败，生之无杀，与之无夺。"越王曰："愿闻。"种曰："无夺民所好，则利之；民不失其时，则成之；省刑去罚，则生之；薄其赋敛，则与之；无多台游，则乐之；静而无苛，则喜之。民失所好，则害之；农失其时，则败之；有罪不赦，则杀之；重赋厚敛，则夺之；多作台游以罢②民，则苦之；劳扰民力，则怒之。臣闻善为国者，遇民如父母之爱其子，如兄之爱其弟，闻有饥寒为之哀，见其劳苦为之悲。"越王乃缓刑薄罚，省其赋敛。于是人民殷富，皆有带甲③之勇。

九年正月，越王召五大夫而告之曰："昔者越国遁弃宗

---

① 霏霏：轻飘飘的样子。

② 罢：同"疲"，疲惫，疲累。

③ 带甲：穿着铠甲，指打仗。

庙，身为穷虏，耻闻天下，辱流诸侯。今寡人念吴，犹蹙者不忘走，盲者不忘视。孤未知策谋，惟大夫诲之。”

扶同曰：“昔者亡国流民，天下莫不闻知。今欲有计，不宜前露其辞。臣闻击鸟之动，故前俯伏；猛兽将击，必饵毛帖伏；鸷鸟将搏，必卑飞戢翼；圣人将动，必顺辞和众。圣人之谋，不可见其象，不可知其情。临事而伐，故前无剽过之兵，后无伏袭之患。今大王临敌破吴，宜损少辞，无令泄也。臣闻吴王兵强于齐、晋，而怨结于楚。大王宜亲于齐，深结于晋，阴固于楚，而厚事于吴。夫吴之志，猛骄而自矜，必轻诸侯而凌邻国。三国决权，还为敌国，必角势交争。越承其弊，因而伐之，可克也。虽五帝之兵，无以过此。”

范蠡曰：“臣闻谋国破敌，动观其符。孟津之会，诸侯曰可，武王辞之。方今吴、楚结仇，构怨不解。齐虽不亲，外为其救。晋虽不附，犹效其义。夫内臣谋而决犫其策，邻国通而不绝其援，斯正吴之兴霸、诸侯之上尊。臣闻峻高者隤，叶茂者摧。日中则移，月满则亏。四时不并盛，五行不俱驰。阴阳更唱①，气有盛衰。故溢堤之水，不淹其量。燋干之火，不复其炽。水静则无沤瀯之怒，火消则无熹②毛之

---

① 更唱：交替主导。

② 熹：炙热，火热。

热。今吴乘诸侯之威，以号令于天下，不知德薄而恩浅，道狭而怨广，权悬而智衰，力竭而威折，兵挫而军退，士散而众解。臣请按师整兵，待其坏败，随而袭之。兵不血刃，士不旋踵，吴之君臣为虏矣。臣愿大王匿声，无见其动，以观其静。"

大夫苦成曰："夫水能浮草木，亦能沉之。地能生万物，亦能杀之。江海能下溪谷，亦能朝①之。圣人能从众，亦能使之。今吴承阖闾之军制、子胥之典教，政平未亏，战胜未败。大夫嚭者，狂佞之人，达于策虑，轻于朝事。子胥力于战伐，死于谏议。二人权，必有坏败。愿王虚心自匿，无示谋计，则吴可灭矣。"

大夫浩曰："今吴君骄臣奢，民饱军勇，外有侵境之敌，内有争臣之震，其可攻也。"

大夫句如曰："天有四时，人有五胜。昔汤、武乘四时之利而制夏、殷，桓、缪据五胜之便而列六国。此乘其时而胜者也。"

王曰："未有四时之利，五胜之便，愿各就职也。"

精彩解说

　　从越王勾践在吴国当臣仆，到他回到越国的时候，已是勾践七年。

---

① 朝：使流向自己。

百姓们在道路上跪拜迎接他，说："大王您终于不再受苦了。现在大王得到了上天的赐福，回到越国，称霸称王的事业就要从这里开始了。"越王说："我对苍天的教令不够小心，对百姓也没有恩德。今日又麻烦大家在小路上相聚迎接，我将用什么德行来回报百姓呢？"越王转头对范蠡说："今日为十二月己巳日，时辰接近中午，我想在这个时刻到国都，您觉得怎么样？"范蠡说："大王暂时停一下，让我占卜一下这个日子。"算好这个日子后，范蠡就上前说："多奇特的日子啊！大王应该快点前进，催车马快速奔驰，跟随者快速奔跑。"越王快马加鞭，车辆奔驰就像飞行一样，于是回到了宫里。吴国封赏给越国的土地有上百里，东到炭渎，西到周宗，南到山边，北临近东海。

越王对范蠡说："我连着几年受羞辱，那情形足够让我死去，幸亏有相国的谋划，我才能再回到南边的故乡。如今我准备将国都建立起来，把城墙重新修筑，可百姓的力量不够，这事就没办法实施，要怎么做呢？"范蠡回答："唐尧、虞舜通过占卜选择要地建立国都，夏禹、商汤在国都的边界上垒土筑城，古公在周原建立城郭，他们的威势令远在万里的人们折服，美好的品德一直传到了八方极远的地方，哪里只想打败强敌、将邻国夺取过来呢？"越王说："由于我不能将先王的制度继承下来，不能修养德行克制自己，结果使百姓逃亡，自己也在会稽山上躲着，祈求他人保住了自己的命，乞求别人开恩，受到了莫大的耻辱，被关在吴国的石屋里。如今侥幸回国，吴王还追补了我方圆百里的土地作为封赏。我将遵从先王的遗志，再利用会稽这个地方复兴我国，应当把吴国的土地放弃掉。"范蠡说："从前公刘从邰这个地方离开，但他美好的德行在夏朝格外有名，古公让地避走而美好的名声从岐山脚下逐渐扩散。如今大王想把国都建立起来，把敌国的土地也兼并过来，不住在平坦开阔的都市里，也不占四通八达的地方，要如何让称霸称王的事业实现呢？"越王说："我的计策还未定下来，只希望把内城筑起来，把外城建起来，分别设置里巷。我想把这事交给相国你处理。"

于是范蠡观察天象，模仿紫微宫的布局，修建了一座小城。小城周长一千一百二十二步，其中一个边是圆形的，其他三个边是方形的。在小城的西北建了城楼，上面的檐角翘起，就像小鸟展开翅膀一样，用它来表示天门。在小城东南角下砌了一个石洞用来排水，用它代表地户。陆地上的城门四通八达，用它们来表示从八个方向来的风。把外城城墙修筑好，但在西北角的地方留了个缺口，意思是对吴国臣服，不敢把通道堵住。实际上隐藏的真正意思是想把吴国攻破。因此，才把这西北角空缺下来，可是吴国人并不清楚。越王面朝北方，对着吴国自称臣子，把生命委托给吴国来支配。因此城内的布局都更改了，左右布局变化了位置，不能保持原来的位置，以表明越国归属吴国。城郭已修建好，有怪山自己来了。怪山原本是琅琊东武地方海里的一座山，一个夜晚它自己飞了过来，人们都觉得奇异，就把它叫作怪山。范蠡说："我把都城修建好，大概是顺从天意了。因此昆仑山的景象在这儿出现了。"越王说："我听说昆仑山是地上的主柱，上面顶着苍天，吐出的精气充斥整个世界，下面立于大地之上，承受的力量没有穷尽。它培植圣人，产生神仙，抚养帝王。因此，五帝在它南边的陆地上住着，三王在它正中的位置住着。我国在世上偏僻的地方，位于东南这边远的角落，北斗七星北边，距离特别遥远，这难道不是个卑微之城吗？又怎么和成就王业的国都去比谁更加兴盛呢？"范蠡说："您只看到表面，没见到内在。我将城郭修建好是顺从了天门之象，又和大地的元气相迎合，已具有了山岳的气象。因此，昆仑山的景象会显现出来，越国要称霸了啊。"越王说："假如真的和相国说的一样，那便是我的命了。"范蠡说："应当给予天地之物称号，来表明它的实际内容。"于是把怪山取名东武，在上方建游台，在它的东南方建造了司马门，还在它的山顶建了楼房，当作灵台来观测天象。在淮阳修筑了离宫，在高平修建了中宿台，在成丘修建了驾台，在乐野修建了猎场，在石室修建了燕台，在襟山修建了斋台。勾践去外面游玩时，在石台休息，在冰厨就餐。

越王于是召见了相国范蠡、大夫文种和大夫诸稽郢，问："我想要在近日登上明堂，治理国家大事，实施恩惠，颁布政令，以安抚百姓。什么日子可以呢？希望三位大夫帮我管控把握。"范蠡说："今日为丙午日。丙是阳将，这是个吉利的日子。又有好时辰，我认为这日子行。它没有地支首位子日，但有地支末位子日，这是得了天下的最中间的位置。"大夫文种说："前面的车已经倾覆，后面的车子必须要以此为戒。望大王深入考察一下。"范蠡说："先生原本并不是只有些许见识啊。我们的大王如今在丙午日重新开始掌管政事，来解救他的元气，这是第一个适宜之处。初始的时候被金所克制，最后被火救了，这是第二个适宜之处。积累被金克制的忧患，又转变成水，这是第三个适宜之处。国君和臣子间有着等级差别，不丢失这原则，这是第四个适宜之处。国君和辅佐大臣一起振作，就能建立天下的统治秩序，这是第五个适宜之处。我希望大王马上登上明堂，执掌政务。"越王就在这日登上明堂，亲自掌管政事，小心谨慎，外出不敢奢侈，入内不敢过分享受。

越王想着找吴国报仇，已不是一天的事了。他经常辛劳自己的身心，不舍昼夜地工作。眼睛要闭上，就用蓼草刺激，脚冷了就用水泡着。冬天经常抱着冰，夏天却还握着火。整日里心中忧愁，刻苦磨炼意志，还在房门上挂了苦胆，进出之时都要尝尝，从未停止。半夜的时候他常常偷偷哭泣，哭完又仰天长啸。

越王说："吴王喜欢用美丽的服饰来装点他自己，我想采些葛麻，让女工织成细布，献给吴王来取得他的欢心，你们觉得如何？"大臣们说："很好！"于是让国内的男女进入山中采葛来制作黄色的细葛布。正想献给吴王，还没来得及派使者前去，吴王就听闻越王十分尽心地安分守己，吃东西不超过两种以上食物，穿的衣服颜色不超过两样，虽有了五台可以用来游览，也没去登临游玩过一天。于是派人送来书信说："我想因此把这封信送给你，将你的封地增多。东到勾甬，西到檇李，南到姑末，北到平原，方圆八百多里。"越王就派遣大夫文种搜集了十万匹葛布、九大桶甜蜂蜜、七个带着花纹的方形竹器、五对狐狸皮、十船箭竹，用这些回报吴王，当作他增加了自己封地的礼物。吴王收到礼物后，说："像越国这样处于偏远之地的国家没什么珍奇宝贝，如今把这些进贡之物拿出来作为礼物回报我，是越王把我的功德牢记于心，没有忘了吴国的表现啊。那越国兴盛时国土有上千里，虽然我封赏了他一些土地，但没有完全恢复他的国土。"伍子胥听闻后，就退出朝堂回到家里躺着，对服侍他的人说："我们国君把那石室里的犯人放走了，把他放到了南边的山林里，如今他靠着那虎豹横行的山野和边远地方的野草来活动，在我心里，他也不会造成什么危害了。"吴王拿到进献的葛布后，就又增加给越王的封地，还把羽毛装饰的仪仗、几案、手杖和诸侯用的服饰等都赏给了越王。越国人十分高兴。采收葛麻的妇女伤感于越王的良苦用心，就作了《苦之诗》，道："葛草蔓蔓没有连接，枝叶茂盛让人喜欢。我君心里面真是苦，命更是苦。口尝苦胆不觉得苦，反而觉得和糖一样甘甜。下令让我去山里采葛麻，用来制成丝和纱。纺葛女工把布织，谁也不敢延迟。织出的葛布又细又软，轻飘飘啊好像云烟。把它称作素葛布，将它奉献给吴王。越王心中格外开心，只盼除去罪过；吴王心里真开心，书信飞递到越王跟前。将土地封赏增加，赏赐的羽旗多奇妙。几案、手杖和马车，诸侯之服多么威严。群臣朝拜又起舞，越王眉展颜开心舒畅。我王还有什么担忧，千万忧愁终会消除！"

于是越王在朝廷内修德养性，在朝廷外实行教化。国君不说自己的工作是教化，臣子不说自己的工作是谋划，百姓也不觉得自己是在被奴役，官吏没有觉得自己的工作是侍奉国君。国内空荡，没有政策和法令。越王在国内使国库充盈起来，开垦田地，百姓的生活富足，国家变得兴盛，百姓安居乐业，政道太平。越王就将八位大臣和他的四个朋友视为老师，经常向他们咨询国家的政事。大夫文种说："治国之策不过就是对百姓爱护有加而已。"越王说："那要如何呢？"文种说："让他们得到利益，别损害他们；让他们成功，别败坏他们；让他们能够生存，别杀害他们；把东西赐予他们，别掠夺他们的东西。"越王说："愿意听您详细说说。"文种说："不把百姓喜爱的东西抢走，就是让他们得到利益；不让百姓错失了耕作的时间，就是让他们成功；将刑罚减免，就是让他们能够生存；将赋税减少，就是对他们的赏赐；不要过多地造高台去游玩，就是让他们开心；安静无为但是不苛刻，就是让他们欢喜。反过来说，让百姓失去他们喜欢的东西，就是损害他们；让农民错失了耕作的时间，就是败坏他们；有罪刑不宽赦，就是杀死他们；赋税繁重，就是掠夺他们；大量地修建高台去游玩，让百姓劳累，就是让他们痛苦；用繁重的劳役骚扰百姓，就是让他们发怒。我听说擅长治国之道的人，对待百姓就如同父母爱护自己的孩子，仿佛哥哥爱护自己的弟弟，听到有人又饿又冷就替他们悲痛，看到有人疲惫辛劳就替他们哀伤。"越王就把刑法放宽，把处罚减轻，还减少了税收。于是人民殷实富有，都有了穿着铠甲杀敌的勇气。

九年正月，越王把五位大夫召集过来，对他们说："过去越国战败后逃跑，把宗庙丢弃了，我自己也成了囚犯，我的耻辱天下的人都知道，我的屈辱之名流播到了各诸侯那儿。现在我想着要向吴国报仇，就如同瘸腿的人想要奔跑，瞎子想要看东西一般。可我如今还没想好计策，希望几位大夫能指导我一番。"

扶同说："从前我国被灭，百姓流离失所，天下无人不知。如今想要有谋划，不应把这些话泄露出去。我听说搏击的鸟儿要行动，会先俯身趴着；猛兽要发起攻击，一定先顺毛趴在地上；凶猛的禽鸟即将搏斗，一定先低空飞翔，把翅膀收起来；圣人要实施行动，一定先言语温和，令百姓团结。圣人的筹谋，他人无法看到迹象，无法清楚他的内情。等战争开始，才按预先的谋划去攻战，因此前方没有来掠夺的敌人，后面也没有忧患，不用担心有埋伏。现在大王面临攻打仇敌吴国的事，应该减少言论，别泄露了这些话。我听说吴王的军队在和齐、晋两国相争，看谁更强，而且和楚国也结了仇。大王最好亲近齐国，深入交好晋国，悄悄和楚国结盟，变成牢固的盟友，同时恭敬地侍奉吴国。那吴王的心性，凶猛骄横且自负，他必定会轻视各诸侯国，欺负邻国。齐国、晋国和楚国三个国家权衡利弊后，在争夺权力的时候都会变成吴国的敌人，它们必定相互争斗。越国趁着吴国疲累之时进攻，就能攻克吴国。就算是五帝来用兵，也不过就是如此计谋了。"

范蠡说："我听说筹谋国家大事，攻破敌国，开始行动前要仔细观察吉兆。孟津会盟的时候，诸侯都说能讨伐殷商了，可武王却拒绝了他们。现在吴国和楚国结仇，怨恨不容易消除。齐国对吴国虽不亲近，可面子上还是会成为吴国的助力。晋国虽然没有归顺吴国，可他们的道义还是要履行的。吴国大臣来谋划事务而吴王能回应和执行这些计谋，邻国和吴国互相来往，没把他的救援断了，这正是吴国处于兴盛称霸、各诸侯国都对吴国敬重的时候啊。我听说高山峻岭易崩，枝繁叶茂的树易折。太阳到正午的时候就会偏移，月亮到满月的时候就会亏损。四个季节不会一起兴旺，五行不会一块运行。阴阳相互更替来主导世界，自然界的元气有的时候兴盛有的时候微弱。因此从堤岸满出的水，不会长时间保持水势。消耗完热力的火，不会重新变得炽热。水流变得平静后就不会变成汹涌的浪涛淹没远方，火焰灭了就不会有能把皮毛烧毁的热度。如今吴王凭借着各诸侯国的威势，来号令天下，却不知他自己德行浅，恩德弱，能走的路很窄，恨他的人却十分多，虽掌握大权可是心智已经衰退，力量都用完了，神威也即将被摧毁，士兵遭受挫折，军队即将被打败，士大夫不团结，民心也要散了。请让我巡视军队，把武器修整一番，等吴国衰败的时候，就趁机攻打。兵器没有沾血，将士不用花什么力气，吴国的国君和臣子就变成我们的俘虏了。我希望大王别说出去，别让人见到您的活动，以此观察他们的动静。"

大夫苦成说："水能让草木漂浮起来，也能让它们下沉。大地能令万物生长，也能把它们消灭。江海能位于山谷下面，也能让山谷里面的水流到自己这里。圣人能够让百姓顺服，也能差使他们。如今吴国将阖闾的军队制度和伍子胥的典章教化都继承了下来，政治局势稳定，还不到衰败的时候，打仗胜利，还没败过。大夫嚭这人狂妄又奸诈，他对谋划很擅长，可是对朝廷政事并不看重。伍子胥这人则致力于战争，又能拼死去劝谏。这两人共同掌管吴国大权，必定会有破败的日子。请大王安下心隐藏好自己，别把计划暴露，那就能灭了吴国。"

大夫浩说："如今吴国国君骄纵蛮横，臣子奢侈，百姓满足，将士胆大妄为，外有敌国侵犯边界，内有臣子争夺权利造成的震动，可以讨伐了。"

大夫句如说："天下有四个季节相互更替，人类社会有五行相生相克，相互更替。过去商汤和周武王靠着天时之利把夏桀、商纣王制服，齐桓公、秦穆公靠五行相生相克的有利条件，将诸侯的位次重新排列。这都是靠了天时才赢得胜利的啊。"

越王说："如今我们还没有天时之利和五行相生相克的便利，请大家还是各自守护好自己的职责吧。"

智慧解析

本篇文章主要讲述了越王回到故国后的一段历史。越王在吴国受了奇耻大辱，好不容易回到故国后他发誓要报仇雪恨，但是他知道自己实力微弱，当时就去报复无异于自取灭亡，所以他蛰伏起来，慢慢壮大自己的实力。他听取了大夫范蠡、句如、苦成等人的建议，休养生息，实行仁政，同时不断向吴国献上好东西，以表示自己对吴王的忠心，以此麻痹吴王，让吴王放松警惕。他的方法十分管用，吴王更加信任他，给了他更多的封地。在没有做好十足的准备前，越王按兵不动，而我们做事也应当如此，先谋定而后动。

勾践阴谋外传第九

　　越王勾践十年二月，越王深念远思，侵辱于吴，蒙天祉福，得①越国。群臣教诲，各画一策，辞合意同，勾践敬从，其国已富。反越五年，未闻敢死之友。或谓诸大夫爱其身、惜其躯者。乃登渐台，望观其群臣有忧与否。相国范蠡、大夫种、句如之属俨然②列坐，虽怀忧患，不形颜色。越王即鸣钟惊檄，而召群臣，与之盟，曰："寡人获辱受耻，上愧周王，下惭晋、楚。幸蒙诸大夫之策，得返国修政，富民养士。而五年未闻敢死之士，雪仇之臣，奈何而有功乎？"群臣默然莫对者。越王仰天叹曰："孤闻主忧臣辱，主辱臣死。今孤亲被奴虏之厄，受囚破之耻，不能自辅，须贤任仁，然后讨吴，重负诸臣。大夫何易见而难使也？"于是，计硯年少官卑③，列坐于后，乃举手而趋，

---

① 得：得以，能够。徐天祜认为，此处"得"下当有"返"字。

② 俨然：严肃的样子。

③ 卑：低下。

蹈席而前，进曰："谬哉！君王之言也。非大夫易见而难使，君王之不能使也。"越王曰："何谓？"计砚曰："夫官位、财币、金赏者，君之所轻也。操锋履刃，艾[1]命投死者，士之所重也。今王易财之所轻，而责士之所重，何其殆[2]哉！"

于是越王默然不悦，面有愧色。即辞群臣，进计砚而问曰："孤之所得士心者何等？"计砚对曰："夫君人尊其仁义者，治之门也。士民者，君之根也。开门固根，莫如正身。正身之道，谨左右。左右者，君之所以盛衰者也。愿王明选左右，得贤而已。昔太公九声而足，磻溪之饿人也。西伯任之而王。管仲，鲁之亡囚，有贪分之毁，齐桓得之而霸。故传曰：'失士者亡，得士者昌。'愿王审于左右，何患群臣之不使也？"越王曰："吾使贤任能，各殊其事。孤虚心高望，冀闻报复之谋。今咸匿声隐形，不闻其语，厥咎安在？"计砚曰："选贤实士，各有一等。远使以难，以效其诚。内告以匿，以知其信。与之论事，以观其智。饮之以酒，以视其乱。指之以使，以察其能。示之以色，以别其态。五色以设，士尽其实，人竭其智。知其智，尽实，则君臣何忧？"越王曰："吾以谋士效实、人尽其智，而士有未

---

[1] 艾：同"乂"，割，舍弃。
[2] 殆：危险。

尽进辞有益寡人也。"计砚曰："范蠡明而知内，文种远以见外。愿王请大夫种与深议，则霸王之术在矣。"

越王乃请大夫种而问曰："吾昔日受夫子之言，自免于穷厄之地。今欲奉不羁之计，以雪吾之宿仇，何行而功乎？"大夫种曰："臣闻高飞之鸟，死于美食；深泉之鱼，死于芳饵。今欲伐吴，必前求其所好，参其所愿，然后能得其实。"越王曰："人之所好，虽其愿，何以定而制之死乎？"大夫种曰："夫欲报怨复仇，破吴灭敌者，有九术，君王察焉。"越王曰："寡人被辱怀忧，内惭朝臣，外愧诸侯，中心迷惑，精神空虚。虽有九术，安能知之？"大夫种曰："夫九术者，汤、文得之以王，桓、穆得之以霸。其攻城取邑，易于脱屣①。愿大王览之。"种曰："一曰尊天事鬼，以求其福。二曰重财币，以遗其君；多货贿，以喜其臣。三曰贵籴粟稾，以虚其国；利所欲，以疲其民。四曰遗美女，以惑其心而乱其谋。五曰遗之巧工良材，使之起宫室，以尽其财。六曰遗之谀臣，使之易伐。七曰强②其谏臣，使之自杀。八曰君王国富，而备利器。九曰利甲兵，以承其弊。凡此九术，君王闭口无传，守之以神，取天下不难，而况于吴乎！"越王曰："善。"

---

① 屣：鞋子。
② 强：使……刚强。

乃行第一术，立东郊以祭阳，名曰东皇公。立西郊以祭阴，名曰西王母。祭陵山于会稽，祀水泽于江州。事鬼神二年，国不被灾。越王曰："善哉！大夫之术。愿论其余。"种曰："吴王好起宫室，用工不辍。王选名山神材，奉而献之。"越王乃使木工三千余人入山伐木。一年，师①无所幸。作士思归，皆有怨望之心，而歌《木客之吟》。一夜，天生神木一双，大二十围，长五十寻，阳为文梓，阴为楩柟。巧工施校，制以规绳，雕治圆转，刻削磨砻，分以丹青，错画文章，婴以白璧，镂以黄金，状类龙蛇，文彩生光。乃使大夫种献之于吴王，曰："东海役臣臣孤勾践使臣种，敢因下吏闻于左右：赖大王之力，窃为小殿，有余材，谨再拜献之。"吴王大悦。子胥谏曰："王勿受也。昔者桀起灵台，纣起鹿台，阴阳不和，寒暑不时，五谷不熟，天与其灾，民虚国变，遂取灭亡。大王受之，必为越王所戮。"吴王不听，遂受而起姑苏之台。三年聚材，五年乃成，高见二百里。行路之人，道死巷哭，不绝嗟嘻之声，民疲士苦，人不聊生。越王曰："善哉！第二术也。"

十一年，越王深念永思，惟欲伐吴，乃请计砚问曰："吾欲伐吴，恐不能破，早欲兴师，惟问于子。"计砚对

---

① 师：伐木的众位工人。

曰："夫兴师举兵，必且内蓄五谷，实其金银，满其府库，励其甲兵。凡此四者，必察天地之气，原于阴阳，明于孤虚，审于存亡，乃可量敌。"越王曰："天地存亡，其要奈何？"计砚曰："天地之气，物有死生。原阴阳者，物贵贱也。明孤虚者，知会际也。审存亡者，别真伪也。"越王曰："何谓死生真伪乎？"计砚曰："春种八谷，夏长而养，秋成而聚，冬畜而藏。夫天时有生而不救种，是一死也。夏长无苗，二死也。秋成无聚，三死也。冬藏无畜，四死也。虽有尧、舜之德，无如之何。夫天时有生，劝者老，作者少，反气应数，不失厥理，一生也。留意省察，谨除苗秽，秽除苗盛，二生也。前时设备，物至则收，国无逋税，民无失穗，三生也。仓已封涂，除陈入新，君乐臣欢，男女及信，四生也。夫阴阳者，太阴所居之岁，留息三年，贵贱见矣。夫孤虚者，谓天门地户也。存亡者，君之道德也。"越王曰："何子之年少于物之长也？"计砚曰："有美之士，不拘长少。"越王曰："善哉！子之道也。"乃仰观天文，集察纬宿，历象四时，以下者上，虚设八仓，从阴收著①，望阳出粜，策其极计，三年五倍，越国炽富。勾践叹曰："吾之霸矣，善计砚之谋也！"

---

① 著：储藏，储存。

　　十二年，越王谓大夫种曰："孤闻吴王淫而好色，惑乱沉湎，不领政事。因此而谋，可乎？"种曰："可破。夫吴王淫而好色，宰嚭佞以曳心，往献美女，其必受之。惟王选择美女二人而进之。"越王曰："善。"乃使相工索国中，得苎萝山鬻薪之女，曰西施、郑旦。饰以罗縠^①，教以容步，习于土城，临于都巷。三年学服，而献于吴。乃使相国范蠡进曰："越王勾践窃有二遗女。越国洿^②下困迫，不敢稽留。谨使臣蠡献之大王，不以鄙陋寝^③容，愿纳以供箕帚之用。"吴王大悦，曰："越贡二女，乃勾践之尽忠于吴之证也。"子胥谏曰："不可，王勿受也。臣闻五色令人目盲，五音令人耳聋。昔桀易汤而灭，纣易文王而亡。大王受之，后必有殃。臣闻越王朝书不倦，晦诵竟夜，且聚敢死之士数万，是人不死，必得其愿。越王服诚行仁，听谏进贤，是人不死，必成其名。越王夏被毛裘，冬御缔绤，是人不死，必为对隙。臣闻：贤士，国之宝；美女，国之咎。夏亡以妺喜，殷亡以妲己，周亡以褒姒。"吴王不听，遂受其女。越王曰："善哉！第三术也。"

　　十三年，越王谓大夫种曰："孤蒙子之术，所图者吉，

---

① 縠（hú）：有皱纹的纱。

② 洿（wū）：污秽。

③ 寝：丑陋，难看。

未尝有不合也。今欲复谋吴，奈何？"种曰："君王自陈越国微鄙，年谷不登，愿王请籴，以入其意。天若弃吴，必许王矣。"越乃使大夫种使吴，因宰嚭求见吴王，辞曰："越国洿下，水旱不调，年谷不登，人民饥乏，道荐饥馁①。愿从大王请籴，来岁即复太仓。惟大王救其穷窘。"吴王曰："越王信诚守道，不怀二心。今穷归愬，吾岂爱惜财宝，夺其所愿？"子胥谏曰："不可！非吴有越，越必有吴。吉往则凶来。是养生寇而破国家者也。与之不为亲，不与未成冤。且越有圣臣范蠡，勇以善谋，将有修饰攻战，以伺吾间。观越王之使使来请籴者，非国贫民困而请籴也，以入吾国，伺吾王间②也。"吴王曰："寡人卑服越王，而有其众，怀其社稷，以愧勾践。勾践气服，为驾车却行马前，诸侯莫不闻知。今吾使之归国，奉其宗庙，复其社稷，岂敢有反吾之心乎？"子胥曰："臣闻士穷，非难抑心下人，其后有激人之色。臣闻越王饥饿，民之困穷，可因而破也。今不用天之道、顺地之理，而反输之食，固君之命。狐雉之相戏也，夫狐卑体，而雉信之。故狐得其志，而雉必死。可不慎哉？"吴王曰："勾践国忧，而寡人给之以粟。恩往义来，其德昭昭，亦何忧乎？"子胥曰："臣闻狼子有野心，仇雠

① 饥馁：面有饥色的人。
② 间：间隙，空隙。

之人不可亲。夫虎不可喂以食，蝮蛇不恣其意。今大王捐国家之福，以饶无益之仇，弃忠臣之言，而顺敌人之欲。臣必见越之破吴，豕鹿游于姑胥之台，荆榛蔓于宫阙。愿王览武王伐纣之事也。”太宰嚭从旁对曰："武王非纣王臣也？率诸侯以伐其君，虽胜殷，谓义乎？”子胥曰："武王即成其名矣。”太宰嚭曰："亲戮主以为名，吾不忍也。”子胥曰："盗国者封侯，盗金者诛。令使武王失其理，则周何为三家之表？”太宰嚭曰："子胥为人臣，徒欲干君之好，咈君之心，以自称满。君何不知过乎？”子胥曰："太宰嚭固欲以求其亲，前纵石室之囚，受其宝女之遗，外交敌国，内惑于君。大王察之，无为群小所侮。今大王譬若浴婴儿，虽啼，无听宰嚭之言。”吴王曰："宰嚭是。子无乃闻寡人言，非忠臣之道，类于佞谀之人。”太宰嚭曰："臣闻邻国有急，千里驰救。是乃王者封亡国之后，五霸辅绝灭之末者也。”吴王乃与越粟万石，而令之曰："寡人逆群臣之议而输于越，年丰而归寡人。”大夫种曰："臣奉使返越，岁登诚还吴贷。”大夫种归越，越国群臣皆称万岁。即以粟赏赐群臣，及于万民。

二年，越王粟稔①，拣择精粟而蒸，还于吴，复还斗斛

---

① 稔：成熟。

之数。亦使大夫种归之吴王。王得越粟，长太息，谓太宰嚭曰："越地肥沃，其种甚嘉，可留使吾民植之。"于是吴种越粟，粟种杀而无生者，吴民大饥。越王曰："彼以穷居，其可攻也。"大夫种曰："未可。国始贫耳，忠臣尚在，天气未见，须俟^①其时。"

越王又问相国范蠡曰："孤有报复之谋，水战则乘舟，陆行则乘舆。舆、舟之利，顿于兵弩。今子为寡人谋事，莫不谬者乎？"范蠡对曰："臣闻古之圣君莫不习战用兵，然行阵队伍军鼓之事，吉凶决在其工。今闻越有处女，出于南林，国人称善。愿王请之，立可见。"越王乃使使聘之，问以剑戟之术。处女将北见于王，道逢一翁，自称曰袁公，问于处女："吾闻子善剑，愿一见之。"女曰："妾不敢有所隐，惟公试之。"于是袁公即杖箖箊竹，竹枝上颉桥，未堕地，女即捷末。袁公则飞上树，变为白猿。遂别去，见越王。越王问曰："夫剑之道则如之何？"女曰："妾生深林之中，长于无人之野，无道不习，不达诸侯。窃好击之道，诵之不休。妾非受于人也，而忽自有之。"越王曰："其道如何？"女曰："其道甚微而易，其意甚幽而深。道有门户，亦有阴阳。开门闭户，阴衰阳兴。凡手战之道，内实精

————
① 俟：等待。

神，外示安仪。见之似好妇，夺之似惧虎。布形候气，与神俱往。杳①之若日，偏如腾兔。追形逐影，光若彿彷。呼吸往来，不及法禁。纵横逆顺，直复不闻。斯道者，一人当百，百人当万。王欲试之，其验即见。"越王即加女号，号曰越女。乃命五校之队长高才习之以教军士。当此之时皆称越女之剑。

于是范蠡复进善射者陈音。音，楚人也。越王请音而问曰："孤闻子善射，道何所生？"音曰："臣，楚之鄙人，尝步②于射术，未能悉知其道。"越王曰："然，愿子一二其辞。"音曰："臣闻弩生于弓，弓生于弹，弹起古之孝子。"越王曰："孝子弹者奈何？"音曰："古者人民朴质，饥食鸟兽，渴饮雾露。死则裹以白茅，投于中野。孝子不忍见父母为禽兽所食，故作弹以守之，绝鸟兽之害。故歌曰'断竹续竹，飞土逐害'之谓也。于是神农、黄帝弦木为弧，剡木为矢，弧矢之利，以威四方。黄帝之后，楚有弧父。弧父者，生于楚之荆山，生不见父母。为儿之时，习用弓矢，所射无脱。以其道传于羿，羿传逄蒙，逄蒙传于楚琴氏。琴氏以为弓矢不足以威天下。当是之时，诸侯相伐，兵刃交错，弓矢之威不能制服。琴氏乃横弓着臂，施机设郭，

---

① 杳：十分遥远，看不到踪迹。
② 步：钻研。

加之以力，然后诸侯可服。琴氏传之楚三侯，所谓句亶、鄂、章，人号麋侯、翼侯、魏侯也。自楚之三侯传至灵王，自称之楚累世盖以桃弓棘矢而备邻国也。自灵王之后，射道分流，百家能人，用莫得其正。臣前人受之于楚，五世于臣矣。臣虽不明其道，惟王试之。"

越王曰："弩之状何法焉？"陈音曰："郭为方城，守臣子也。教为人君，命所起也。牙为执法，守吏卒也。牛为中将，主内里也。关为守御，检去止也。锜为侍从，听人主也。臂为道路，通所使也。弓为将军，主重负也。弦为军师，御战士也。矢为飞客，主教使也。金为实敌，往不止也。卫为副使，正道里也。又为受教，知可否也。缥为都尉，执左右也。敌为百死，不得骇也。鸟不及飞，兽不暇走，弩之所向，无不死也。臣之愚劣，道悉如此。"

越王曰："愿闻正射之道。"音曰："臣闻正射之道，道众而微。古之圣人，射弩未发，而前名①其所中。臣未能如古之圣人，请悉其要。夫射之道，身若戴板，头若激卵。左足纵，右足横。左手若附枝，右手若抱儿。举弩望敌，翕心咽烟。与气俱发，得其和平，神定思去，去止分离。右手发机，左手不知。一身异教，岂况雄雌。此正射持弩之道

———————
① 名：说出。

也。"　"愿闻望敌仪表、投分飞矢之道。"音曰："夫射之道，从分望敌，合以参连。弩有斗石，矢有轻重。石取一两，其数乃平。远近高下，求之铢分。道要在斯，无有遗①言。"越王曰："善。尽子之道，愿子悉以教吾国人。"音曰："道出于天，事在于人。人之所习，无有不神。"于是，乃使陈音教士习射于北郊之外。三月，军士皆能用弓弩之巧。陈音死，越王伤之，葬于国西，号其葬所曰陈音山。

精彩解说

　　越王勾践十年二月的时候，越王内心深处总回忆以前自己在吴国受羞辱和欺负，还好蒙受苍天庇佑，才得以回到越国。回到越国后，大臣们施教开导，每人都献计献策，言语相投，意见类似，勾践恭敬地听从这些意见，他的国家已变得富足。勾践回到越国好多年了，还没听说有愿意以死效忠的人。有人说这是由于他的各位大夫都爱惜、珍重自己的身躯。勾践就和大臣们一同登上水中的高台，观察他的大臣们是不是有忧心的事。相国范蠡、大夫文种和句如等人都一脸严肃，依次坐着，虽然他们心中有忧虑，可并不在脸上显现出来。越王马上敲响警钟，紧急传召了大臣们，和他们盟誓，说："我受到羞辱，上对周王有愧，下羞于见晋、楚等诸侯。多亏得到各位大夫的谋划，才能够回到祖国，重整国政，让百姓富足，培养贤能之士。可好多年了也不曾听说有勇士愿意牺牲性命效忠我，有臣子愿意为我报仇，我要做什么才有成效呢？"群臣沉默，没有一个人回应。越王抬头长长地叹息道："我听说国君有

———————

① 遗：剩下的，遗留的。

忧虑，臣子会觉得羞耻；国君受到羞辱，臣子会以死捍卫国君。如今我亲身经历了当奴仆的厄运，受到了国破被关的羞辱，我不能仅靠自己辅佐自己，必须任用贤士能人，然后再攻打吴国，众位大臣担负着重任啊。可是为什么大夫们容易被我得到，却很难为我所用呢？"那时候，计砚年纪较轻，官职也低，座位在后，他就举着手，快步走过来，踏过坐席，走到前面道："您的话荒谬啊！并不是大夫们容易被您得到却难以为您所用，而是您不会用啊。"越王说："什么意思呢？"计砚说："官职、财宝、黄金这类赏赐，是国君轻视的东西。手拿着锐利的兵器，脚踩着锋利的刀口，把敌人杀了，舍弃生命，忘记死亡，是士人看重的事。如今大王对财物这种本应轻视的东西吝啬起来，却来责怪士人所看重的事，这多危险啊！"

于是越王沉默着不说话，有些不开心，脸上有愧疚的神色。于是他让大臣们退下，把计砚叫到面前问："我要用什么办法获得士人的心呢？"计砚答道："统治国民的时候崇尚国民所看重的仁义道德，这是治国的法门。士人和百姓是为君之根本。要把治国的法门打开，将国君的立身之本巩固，最重要的是国君端正自身。端正自身的方法，在于小心地挑选身旁的近臣。身边的近臣是国君兴盛成败的原因。希望大王能英明地选择身边的近臣。一定要寻求贤人才行。过去太公望以歌唱为乐，是住在磻溪边上的贫困之人。可是周文王任用了他然后称王。管仲是逃到鲁国的犯人，过去有贪财这种糟糕的名声，可是齐桓公得到他以后成了霸业。因此古书上记载：失去士人的国家会亡，得到士人的国家会兴旺。望大王小心、慎重地挑选身边的近臣，何必还担心大臣们不接受您的差使呢？"越王说："我任用贤能之士，让他们的职事各不相同。我虚心以待，有很高的期望，希望听到他们的计策为越国报仇。但是如今他们沉默下来，隐去身形，没听到他们的议论，那过错在什么地方呢？"计砚说："选择贤能之人，考验士人。考察目的不一样，方法也不一样。想要考验他是不是忠心耿耿，就把他派到远的地方，把困难的事委托给他。考验他们是不是遵守信用，就把秘密告诉内政大臣。和他们商讨事情，来观察他们的智力。让他们喝酒，来看他们会不会迷乱。指派他们使命，来察看他们的才能。给他们脸色看，来分辨他们是什么态度。各方面都展示后，士人都会尽忠，能人都会竭尽他们的聪明才智。将他们的才智弄清楚，掌握他们的实际情况，那君臣还担心什么呢？"越王说："我倚仗谋士效忠，能人竭尽他们的聪明才智，但有的士人还没忠心地献上自己的看法，让我得到好处啊。"计砚说："范蠡聪明还清楚内政，文种有远见对国外的情况很了解。希望大王把大夫文种请来，和他深入地商讨一下，那就会有称霸的计策了。"

越王就把大夫文种请来，问他："我从前接受了您的意见，才让自己脱离困境。如今我想用您高远的谋略，消除我的宿仇，怎么才能成功呢？"大夫文种说："我听说高飞的鸟，总死在美食上；深泉下的鱼儿，总死在芳香的鱼饵上。现在要讨伐吴王，一定要把他的喜好弄清楚，调查好他的愿望，这样才能够得到他的实情。"越王说："人的喜好，就算是他的愿望，怎么就必定会置他于死地呢？"大夫文种说："想报仇雪恨，把吴国攻破，将敌人消灭，有九种方法，望大王明察。"越王说："我受到羞辱，心里忧伤，内对朝中臣子们有惭，外对各国诸侯有愧，心里迷茫，精神空虚。就算有九种方法，又如何能知道呢？"大夫文种说："这九种方法，商汤、周文王得到它们后就称王，齐桓公和秦穆公得到它们后就称霸。用这九种方法来攻大城夺小镇，比脱鞋子还简单。望大王留意它们。"文种继续说："一是尊敬地侍奉上天和鬼神，求他们赐予福气。二是把宝贵的财宝礼物送给敌国的国君；多用财宝去贿赂、讨好他的大臣。三是用高昂的价格把粮草买了，让他的国库空虚；诱惑他，让他放纵，让他的百姓疲惫。四是送上美丽的女子将他的心志迷惑，将他的计策扰乱。五是把能工巧匠和优良的木材送过去，让他建宫殿房舍，把钱财用光。六是推荐善于奉承的奸臣，让他草率地攻打他国。七是使他的忠臣刚强不屈，让他们互相杀害。八是大王要让自己的国家富裕，把锐利的武器准备好。九是把军队训练好，趁敌人疲劳的时候攻打。对于这九种方法，大王把嘴巴闭紧，什么也别传出去，用敬神的信念坚持做下去，夺得天下都不难，何况是对付一个吴国呢？"越王说："好办法。"

于是越王就实行第一种办法，在东郊建祠庙祭祀太阳，名为东皇公。在西郊修祠庙祭祀太阴，名为西王母。在会稽山上祭祀山陵的神灵，在江里的沙洲上祭祀江河湖泊的神灵。这样侍奉了鬼神两年，国家就没再遭受灾祸。越王说："妙啊，大夫的方法！请您再说说其他的方法。"文种说："吴王喜欢修建宫殿房屋，劳役工匠从来没有休止过。请大王将名山上的好木材挑好，恭恭敬敬地献给他。"越王就派了三千多个工匠到山里去把好的树木砍了。一年了，工匠们还没得到珍奇的木材。伐木工人想回家，心中都充满怨恨，就吟唱《木客之吟》。一个夜晚，天然生长出了两棵奇树，粗二十围，高四十丈，向阳那棵树是梓树，上面带有斑纹，背阴那棵树是楩楠。能工巧匠进行了测量和校正，用规矩绳墨来加工制作，把它们雕得滚圆，再刻削打磨，涂上颜色，把错杂的花纹画上去，把白色的玉璧镶嵌上去，镂刻黄金来做装饰，那形状和龙、蛇很相像，图纹色彩闪闪发光。越王就派大夫文种把它们献给吴王，对吴王说："东海边上的仆臣勾践派使臣文种，斗胆通过您下属官吏和您报告：仰仗您的力量，我能够在私底下造了小宫殿，还有剩余的木料，恭敬地献给您。"吴王很开心。伍子胥劝谏道："大王别接受啊。过去夏桀修建灵台，商纣修建鹿台，造成阴阳不和谐，寒冬和炎暑不能按时来临，谷物不成熟，上天降下灾难，使百姓贫困，国家混乱，最后自食其果，走向灭亡。假如您把这些木料接受了，必定会被越王所杀。"吴王不听劝，而是接受了这些木材，修建了姑苏台。他耗费三年收集材料，花了五年才修建完成，高台高得人们在二百里外就能看到。过路之人看见在道路上死去的劳工，听到里巷里传出的悲痛哭声，不停地唉声叹气。百姓疲劳，士人辛苦，民不聊生。越王说："这第二种方法真妙啊！"

十一年，越王仔细深入地长时间思索，一心想讨伐吴国，就把计砚请来问他："我想讨伐吴国，怕没办法攻破，早想出兵了，还是想问问您的意见。"计砚回复："发动军队打仗，必须要在国内储存好粮食，备足金银，让国库充实，并激励将领和士兵们。大概具备了这四种条件后，还必须观察天地气数，研究阴阳二气的变化，了解日辰时机的吉凶，审察存亡的条件，然后才能讨论对付敌人的策略。"越王说："天地气数和存亡的条件等，什么是其中的要义呢？"计砚说："天地之气，是说万物都有生和死。推测探究事物的阴阳则是说万物有贵有贱。清楚日辰的孤虚，是说明白机遇。审察存亡的条件，是说判别真假。"越王说："存亡和真伪等又是什么意思？"计砚说："春天种下八种谷物，夏天的时候谷物生长了就要养护，秋天谷物熟了要收割，冬天有积蓄就要把收获的谷物入库储存起来。在充满生机的季节不播种，是第一种死亡。夏天应当生长了可没秧苗，是第二种死亡。秋天谷物熟了但不收割，是第三种死亡。冬天应该贮存粮食，却没有存起来的粮食，是第四种死亡。遇到上面四种死亡，就算有尧、舜一样的贤德，也没有办法。在天时具备了生长条件之时，老年人进行劝勉，年轻人辛勤耕作，要和自然节气的发展变化相适应，不违背规律，这是第一种生存。留心观察、照料，谨慎地除去禾苗里面的杂草，清理了杂草，禾苗就长得好，这是第二种生存。在收获前就准备好，谷物熟了就收割，国家没有被拖欠偷逃的赋税，百姓没有遗弃的粮食，这是第三种生存。粮仓已密封涂好，把陈米清理出来，把新的粮食装进去，国君快乐，大臣和百姓欢喜，男女之间彼此信任，这是第四种生存。所谓阴阳，就是从太阴停留的那个凶年算起，各类活动要停三年，这样就能明确高贵和卑贱。所谓孤虚，指天门和地户。所谓存亡的条件，指的是国君的道德。"越王说："为什么你还年少，看待事物却很老成？"计砚说："有才有德之人，并不会受拘于年龄的长幼。"越王说："您说的道理真好啊！"于是仰观天文，集中观察五星二十八宿，推算历法，对天体的运动现象进行观测，来确定四季交替之时；让地上的设施和天上情况相合，造了八个仓库，按照阴阳变化来储存粮食或把粮食卖出；制订了最好的计划，三年内粮食收成多了五倍，越国变得兴盛富裕。勾践感叹说："我要称霸了，计砚的策略真厉害啊！"

十二年，越王对大夫文种说："我听说吴王淫荡好色，糊涂昏乱，沉迷美酒，不理国家政事。趁这个机会谋划他，行吗？"文种说："能攻破吴国。吴王淫荡而爱好美色，太宰嚭用巧言控制了吴王的心神，我们把美丽的女子进献过去，他们必定接受。望大王选两个美丽的女子向他们进献。"越王说："很好！"他就派会看相的人在国内寻找美女，找到了苎萝山上卖柴的女子，名为西施和郑旦。用轻薄的罗纱将她们打扮起来，教她们合乎礼法的仪容举止，让她们在土城练习，去国都里巷参观。三年后，学有所成，就把她们献给吴王。越王派相国范蠡去进献："越王勾践得到了两个天赐的美女。越国贫穷且污秽，不敢让她们居留，就谨派我把她们进献给大王。愿您别嫌弃她们举止粗鲁，相貌丑陋，把她们收下用来给您洒扫。"吴王很开心，说："越国把两位女子进献过来，是勾践对吴国忠心的证明啊。"伍子胥进谏说："不可以啊，大王别接受。我听说五颜六色会让人眼瞎；美妙的音乐会让人耳聋。过去夏桀小看了商汤，造成灭亡；商纣王小看了周文王，也被灭了。大王假如把这两个美丽的女子收了，后面一定会有祸患。我听说越王白日书写起来不知道疲劳，晚上诵读总是通宵，且还聚集了几万个不怕死的勇士，这人不死的话，必定会实现他的心愿。越王守信，实行仁政，能听从劝说，任用贤能之人，这人不死，必定会成就美名。越王夏天披毛皮做的大衣，冬天穿葛布做的衣服，这人不死，必定会变成我们的敌人。我听说贤能之人是国家的宝贝，美丽的女子是国家的灾祸。由于妹喜，夏朝亡了；由于妲己，商朝灭了；由于褒姒，周朝灭了。"吴王不听伍子胥的劝，收下了越国进献的美女。越王说："这第三种办法真好啊！"

十三年，越王对大夫文种说："我听了你的计策，所图之事都吉利，还从未有不符合原先设想的。如今想再进一步图谋吴国，该要做什么呢？"文种说："您可以向吴王陈诉，说越国偏远微小，今年谷物的收成不好，希望大王准我从吴国买粮，以此看看吴王心意。假如苍天要把吴国遗弃，吴王就肯定会恩准您的。"越王就派遣大夫文种去吴国出使，通过太宰嚭求见吴王，说："越国地势低，又有旱灾和涝灾，粮食的收成不佳，百姓都又饿又穷，道路上到处是饥饿的人们。请求从大王您这买点儿粮食回去，明年有了收成就马上还给你们的国库。只希望大王救济处于困窘之境的我们。"吴王说："越王忠心耿耿，还守信用，讲道义，没有二心。如今处于困窘的境地，找我诉说，我难道能吝啬财物，让他的愿望无法实现吗？"伍子胥劝他说："不行啊！不是吴国必定把越国攻占了，就是越国必定把吴国攻占了。吉祥过去了，灾难马上来临。这件事情是把敌人养活了，却让自己的国家破败了啊。把粮食给了他们，他们不会亲近我们；不把粮食给他们，也不一定会成冤家。且越国有圣明的臣子范蠡，他英勇善谋，会掩饰他们的攻击，来窥视、打探我们的弱点。我看越王派使者过来请求购买粮食的事情，不是国家穷、人民困窘才来请求买粮，而是为了到我国偷偷打探大王的弊端啊。"吴王说："我让越王低下头颅，归顺了我，还把他的百姓占了，占有了他的国家，让勾践蒙羞。勾践屈从后，为我驾驶马车，在我马前向后退着为我引路，各国诸侯都听说了。如今我让他回了越国，继续供奉他的宗庙，把他的社稷也恢复了，他怎敢有背叛我的心呢？"伍子胥说："我听说士人没有退路的时候，把情绪控制住暂时居于人下并不难，到后面就会有咄咄逼人之气。我听说越王遭遇了饥荒，百姓变得穷困，可以趁机把越国攻破啊。如今不把天道利用起来，不顺从地祇法则，反而向他们运输粮食，固守您的命令。狐狸和野鸡相互嬉戏，那狐狸把身体压低，野鸡就对它信任起来。因此，狐狸得以实现它的心志，而野鸡必定会死。怎么能不小心呢？"吴王说："勾践的国家有了忧患，而我把粮食提供给他。恩惠过去了，信义就来了，我的德行光明磊落，担心什么呢？"伍子胥说："我听说狼子生来就有野心，有仇的人不能亲近。老虎不能用食物去喂养，蝮蛇不能让它放肆。如今大王将本国的幸福抛之脑后，去让对自己有仇的敌人富足，将忠臣的建议抛弃，对敌人的欲望却十分顺从。我必定会见到越国攻破吴国，蛇、鹿等野兽在姑苏台上随意地游荡，王宫里长满了荆棘和榛树。望大王把周武王讨伐商纣王的事再想想吧。"太宰嚭在一旁插嘴说："武王不是商纣王的臣子吗？他竟然带领诸侯攻打了自己的国君，虽赢了殷商，能说他讲道义吗？"伍子胥说："可周武王用这件事成就了他的名气啊。"太宰嚭说："凭着弑君来成就名声，我无法容忍。"伍子胥说："盗取国家的人被封了诸侯，偷盗金银财宝的人会被杀害。武王如果把常理抛弃，那周王朝为什么要对箕子、比干、商容这三人进行表彰呢？"太宰嚭说："伍子胥是臣子，只想干扰国君的喜好，违背国君的心意，让自己满意。大王为什么不知他的过错呢？"伍子胥说："太宰嚭原本就想取得您的亲近，他从前把石室里面关着的越王放出来，把越国的财宝和美女等赠送的东西都收下，在外结交了敌国，在内令国君迷惑。请您洞察，别被这种小人骗了。如今大王就像是给婴儿洗浴，虽然孩子又哭又叫，您也别听取太宰的话。"吴王说："太宰说得对。你不听从我的话，这并非忠心的臣子应该做的，反而像是个奸诈小人。"太宰说："我听说邻国有紧急的祸患要不以千里为远赶去帮助。这是称王的人分封亡国者的后代，五霸要对被灭国家的后代帮助的原因啊。"吴王就把上万石的粮食都给了越国，并命令文种说："我没听取大臣的异议，把粮食送给越国，等你们丰收的年份就要把粮食还我。"大夫文种说："我奉命返回越国，等收成好的时候保证立刻归还从吴国借的粮食。"大夫文种回了越国，越国的臣子们都高声呼喊万岁。越王就把粮食赏赐给大臣们，还遍及了百姓。

第二年，越王治下的庄稼熟了，挑了上好的粮食蒸熟，还给了吴国，按吴国借出粮食的斗斛数量全部还清。同样派遣大夫文种把粮食还给吴王。吴王拿到越国的粮食，长叹了声，对太宰嚭说："越国的土地很是肥沃，他们粮食种子的品质很好，留着让我们的百姓种。"所以吴国种了越国的粮食种子，粮种是死的，没一颗发芽，吴国的百姓遇到了大饥荒。越王说："他们已陷入困境，应该可以去讨伐了吧。"大夫文种说："还不可以。吴国刚开始窘迫，忠心的臣子还在，天地气数还没显现，必须等待时机。"

越王又问相国范蠡："我有能报复吴国的计划，在水中作战就要乘船，在陆地打仗就要乘车。可是车辆和船只的便利，都会被兵器弓弩所阻。如今您给我计划的事情，难道是错的吗？"范蠡回答："我听说古代圣明的国君都对用兵打仗的事情十分熟悉，可编排军队行列、编制军队和击鼓这样的事情，以及吉凶成败是由将士有没有高超的技术决定的。如今我听说越国有个处女，在南林出生，国内的人都夸赞说她有很厉害的剑术。望大王把她请来，马上就能看见。"越王就派使者去将她请过来，向她讨教用剑用戟的技术。处女要到北边去拜见越王，半路遇到个老头，自称袁公。他问处女："我听说你对舞剑十分擅长，望能让我看看。"处女说："我不敢有所隐藏，请您来试试。"所以袁公就拔了一支箖㯹竹，那竹枝的上端已枯，竹梢断了落在地上，处女把竹梢末端捡起来。袁公马上就飞跃到树上，变成一只白色的猿猴。处女就告别离去，面见越王。越王问："你的击剑技术怎么样？"处女说："我在深山老林里出生，在没有人烟的荒野成长，没有学习的地方，也没和诸侯结交。只是私底下喜欢击剑之术，念诵个没完。我的击剑之术并非从别人那学到，而是自己领悟的。"越王说："那击剑之术是怎么样的呢？"处女说："那术法十分微妙且简单，可其中的含意却十分隐晦和深奥。道术有门户，也涵盖了阴阳。门户有打开和关闭的时候，阴阳有兴盛衰弱的时候。大凡手拿武器战斗的原则就是体内的精神要充足，外在的仪表要彰显稳重。看似温婉的女子，可打斗的时候要如同受到惊吓的老虎。把架势摆出来，等调好精气，要和心神合一向前。高深得如同太阳，敏捷得如同飞腾的兔子。追击敌手的时候形来影去，剑光似有似无。呼吸运气，互相击刺，不触犯法律禁令。横冲直撞，正面迎击，反面刺入，直冲复退都没有被人发现。拥有这样的剑术，一个人能抵百人，百人能抵万人。大王想试试的话，那效果马上能看到。"越王马上赐了处女名号，称为越女。越王就命令五校军队的队长和有较高才能的人向越女学剑术来训练士兵。这时大家都夸赞越女的剑术。

在这时范蠡又将擅长射箭的陈音推荐给了越王。陈音是楚国人。越王将陈音请来，问："我听说你擅长射箭，射箭之道起源于什么呢？"陈音说："我是楚国偏僻地方的人，曾对射箭之术有过钻研，可并没有把它的道理都掌握。"越王说："就算如此，我依然希望你稍微谈论一番。"陈音说："我听说弩是弓的衍生物，弓是弹弓的衍生物，弹弓则源于古代的一个孝子。"越王说："孝子为什么要做弹弓呢？"陈音说："古时的百姓简单淳朴，饥饿的时候吃禽鸟和野兽，渴的时候喝露水。死了就用白茅把尸体包住，扔在原野上。有个孝子不忍看见禽鸟把父母的尸体吃了。做了弹弓保护父母的尸体，杜绝禽鸟和野兽的伤害。因此古歌谣里有'把竹子截断，把竹条系上，把土丸弹飞，把鸟兽驱赶'这样的说法。从这以后神农和黄帝把弓弦绷在木头上做成了木弓，把木材削尖变成箭支，因为弓箭的锐利，黄帝能够震慑四方。黄帝之后，楚国有个叫作弧父的人。弧父出生于楚国的荆山，出生后就没见过父母亲。还是孩童时就学习使用弓箭，他射禽兽无一逃脱。他将自己的射箭之道传给了羿，羿传给了逢蒙，逢蒙传给了楚国的琴氏。琴氏觉得弓箭还不能够震慑天下。正当那个时候，各国诸侯相互征战，兵刃纵横交错，弓箭的威势已经不能把对手制服了。琴氏就将弓横过来，装上木臂，加了发射箭支的机关，令弓增加了力量，然后就能够制服诸侯了。琴氏把这方法传给了楚国的三个王侯，也就是句亶王、鄂王、越章王，后来人们把他们叫作麇侯、翼侯、魏侯。从楚国的三个王侯那又传到了楚灵王，自称楚国世代都用桃木做的弓、棘树做成的箭防备邻国。从楚灵王之后，射术被分为不同流派，各派都有擅长射箭的人，可无人得到真传。我的祖先在楚国学了射箭之术，传给我的时候已是第五代。我虽对射术还不很了解，可愿意让大王您测试一下。"

越王说："弩的形状取法于什么呢？"陈音说："郭就如同方形外城，是尽忠的臣子。教如同君王，是命令的起源。牙如同执行法令的，监管官兵。牛如同中将，主管内部。关如同守卫，将箭的去留控制住。锜如同侍从，听从君王的命令。弩臂如同道路，是被驱使的箭通过的地方。弩弓如同将军，担负重任。弓弦如同军师，驾御如战士一般的箭支。箭支如同侠客，飞奔向前，担当使命。金属箭头是用来穿透敌人的，它一直向前不会停下。箭尾的羽毛如同副指挥，负责校正路途。箭末尾的叉状物是用来接受命令的，它清楚箭能不能发出去。缥如同都尉，控制弓的左边和右边。箭头是百发百中的，不会被惊到。禽鸟飞不及，野兽没时间逃，弩瞄准的东西，没有不被射死的。我比较蠢笨，知道的全部道理就是这些了。"

越王说："想要再听听正确的射箭之道。"陈音说："我听说正确的射箭之道，方法多且微妙。古时候的圣人射箭，弓弩还没发射，就能提前说出他要射中的事物。我还不能像古代的圣人那样，请让我把一切要领都说说。射箭之道，身体要挺直如同穿了木板似的，头要平稳如有卵蛋放在上面。左脚竖直踏向前，右脚横着放在后面。左手要如同握着树枝，右手要仿佛抱着婴儿。将弓弩举起来，对着敌人瞄准，收心屏气。箭要和气共同发出，等到心平气静，精神安稳，抛去一切杂念，分清箭的去留。右手将扳机扳动，左手并没有感受到。同一个身体的各部分都执行不同的命令，更不用说是两个人以上。这就是正确地射击、持弩的办法。"越王说："愿听听瞭望敌人的动静、按照目标射箭之法。"陈音说："那射箭之法，按照目标来瞭望、侦察敌情，两军交战的时候用三箭连射的方法。弩有强弱之分，箭有轻重区别。拉力量一石的弩要用的箭也要重一两，它们的比例才平衡。目标有远近高低的区别，都要分辨出来，且分毫不差。射箭之道的要领全部在这了，没其他要说了。"越王说："很好。把您所有的本事都拿出来，愿您把它们全教给我们国家的人。"陈音说："苍天创造了道理，但人的努力决定了事情是成功还是失败。假如人们能再三练习，没有不掌握神髓的。"因此，越王就派陈音在北郊外教士兵习箭。三个月过去了，士兵都掌握了使用弓弩的方法。陈音死了以后，越王感到十分伤心，把他埋葬在国都的西边，并把埋葬他的地方叫陈音山。

智慧解析

勾践恭敬地听取了大臣们的建议，然后认真去做每件事，从而使国家变得富足。大夫文种向他献上了九种计策，帮助他攻破吴国。首先，越王勾践祭祀鬼神，使国家免于灾祸。其次，越王派人寻找好的木料，献给吴王，令吴王大兴土木，使吴国百姓劳苦不堪。随后，越王又送了美女给吴王，让他不能够安心治理朝政。最后，越王故意向吴王借粮，却还给吴王煮熟的粮食种子，使吴国闹了饥荒。不仅如此，范蠡还向越王推荐了擅长剑术的越女和擅长射箭的陈音。在他们二人的帮助下，越国的军队的战斗能力大大提高了。吴国越来越混乱，越国却越来越强大，此消彼长之下，越王的胜利指日可待。吴王夫差明明一开始占据了极大的优势，却不懂得利用，反而听信谗言，杀害忠臣，沉迷女色，大兴土木，贪图享受，因此他的结局也就不难想象了。

勾践伐吴外传第十

　　勾践十五年，谋伐吴，谓大夫种曰："孤用夫子之策，免于天虐之诛，还归于国。吾诚已说于国人，国人喜悦。而子昔日云：有天气即来陈①之。今岂有应乎？"种曰："吴之所以强者，为有子胥。今伍子胥忠谏而死，是天气前见亡国之证也。愿君悉心尽意以说国人。"越王曰："听孤说国人之辞：寡人不知其力之不足，以大国报仇，以暴露百姓之骨于中原，此则寡人之罪也。寡人诚更其术，于是乃葬死问伤，吊有忧，贺有喜，送往迎来，除民所害。然后卑事夫差，往宦士三百人于吴。吴封孤数百里之地，因约吴国父兄昆弟而誓之曰：'寡人闻古之贤君，四方之民归之若水。寡人不能为政，将率二三子夫妇以蕃。'令壮者无娶老妻，老者无娶壮妇。女子十七未嫁，其父母有罪。丈夫二十不娶，其父母有罪。将免者，以告于孤，令医守之。生男二，贶②

---

① 陈：陈述，告诉。

② 贶：赐予，赏赐。

之以壶酒、一犬。生女二，赐以壶酒、一豚①。生子三人，孤以乳母。生子二人，孤与一养。长子死，三年释吾政。季子死，三月释吾政。必哭泣葬埋之，如吾子也。令孤子、寡妇、疾疹②、贫病者，纳官其子。欲仕，量其居，好其衣，饱其食，而简锐之。凡四方之士来者，必朝而礼之。载饭与羹以游国中，国中僮子戏而遇孤，孤餔而啜之，施以爱，问其名。非孤饭不食，非夫人事不衣。七年不收国，民家有三年之畜。男即歌乐，女即会笑。今国之父兄日请于孤曰：'昔夫差辱吾君王于诸侯，长为天下所耻。今越国富饶，君王节俭，请可报耻。'孤辞之曰：'昔者我辱也，非二三子之罪也。如寡人者，何敢劳吾国之人，以塞吾之宿仇？'父兄又复请曰：'诚四封之内，尽吾君子。子报父仇，臣复君隙，岂敢有不尽力者乎？臣请复战，以除君王之宿仇。'孤悦而许之。"大夫种曰："臣观吴王得志于齐、晋，谓当遂涉吾地，以兵临境。今疲师休卒，一年而不试，以忘于我，我不可以怠。臣当卜之于天。吴民既疲于军，困于战斗，市无赤米之积，国廪③空虚，其民必有移徙之心，寒④就蒲赢

---

① 豚：猪。
② 疹：疾病，文中指得病。
③ 廪：仓库。
④ 寒：寒酸。

于东海之滨。夫占兆人事，又见于卜筮。王若起师，以可会之利，犯吴之边鄙，未可往也。吴王虽无伐我之心，亦难动之以怒，不如诠其间，以知其意。”越王曰："孤不欲有征伐之心，国人请战者三年矣，吾不得不从民人之欲。今闻大夫种谏难。"越父兄又谏曰："吴可伐。胜则灭其国，不胜则困其兵。吴国有成，王与之盟，功名闻于诸侯。"王曰："善。"于是，乃大会群臣而令之曰："有敢谏伐吴者，罪不赦。"蠡、种相谓曰："吾谏已不合矣，然犹听君王之令。"

越王会军列士而大诫众，而誓之曰："寡人闻古之贤君，不患①其众不足，而患其志行之少耻也。今夫差衣水犀甲者十有三万人，不患其志行之少耻也，而患其众之不足。今寡人将助天威。吾不欲匹夫之小勇也，吾欲士卒进则思赏，退则避刑。"于是越民父勉其子，兄劝其弟，曰："吴可伐也。"

越王复召范蠡谓曰："吴已杀子胥，道谀者众。吾国之民又劝孤伐吴，其可伐乎？"范蠡曰："未可。须明年之春，然后可耳。"王曰："何也？"范蠡曰："臣观吴王北会诸侯于黄池，精兵从王，国中空虚，老弱在后，太子

_____

① 患：担心，担忧。

留守。兵始出境未远，闻越掩其空虚，兵还不难也。不如来春。"

其夏六月丙子，勾践复问，范蠡曰："可伐矣。"乃发习流二千人、俊士四万、君子六千、诸御千人，以乙酉与吴战。丙戌，遂虏杀太子。丁亥，入吴，焚姑胥台。吴告急于夫差。夫差方会诸侯于黄池，恐天下闻之，即密不令泄。已盟黄池，乃使人请成于越。勾践自度①未能灭，乃与吴平。

二十一年七月，越王复悉国中士卒伐吴。会楚使申包胥聘于越，越王乃问包胥曰："吴可伐耶？"申包胥曰："臣鄙②于策谋，未足以卜。"越王曰："吴为不道，残我社稷，夷吾宗庙，以为平原，使不得血食。吾欲与之徼天之中，惟是舆马、兵革、卒伍既具，无以行之。诚闻于战，何以为可？"申包胥曰："臣愚，不能知。"越王固③问，包胥乃曰："夫吴，良国也，传贤于诸侯。敢问君王之所战者何？"越王曰："在孤之侧者，饮酒食肉，未尝不分。孤之饮食不致其味，听乐不尽其声，求以报吴。愿以此战。"包胥曰："善则善矣，未可以战。"越王曰："越国之中，吾博爱以子之，忠惠以养之。吾今修宽刑，欲民所欲，去

---

① 自度：自己估计，自己衡量。

② 鄙：不精通。

③ 固：坚持。

民所恶，称①其善，掩其恶，求以报吴。愿以此战。"包胥曰："善则善矣，未可以战。"王曰："越国之中，富者吾安之，贫者吾予之，救其不足，损其有余，使贫富不失其利，求以报吴。愿以此战。"包胥曰："善则善矣，未可以战。"王曰："邦国南则距楚，西则薄晋，北则望齐，春秋奉币、玉帛、子女以贡献焉，未尝敢绝，求以报吴。愿以此战。"包胥曰："善哉！无以加斯矣，犹未可战。夫战之道知为之始，以仁次之，以勇断之。君、将不知，即无权变之谋，以别众寡之数；不仁，则不得与三军同饥寒之节、齐苦乐之喜；不勇，则不能断去就之疑、决可否之议。"于是越王曰："敬从命矣。"

冬十月，越王乃请八大夫，曰："昔吴为不道，残我宗庙，夷我社稷，以为平原，使不血食。吾欲徼天之中，兵革既具，无所以行之。吾问于申包胥，即已命孤矣。敢告诸大夫，如何？"大夫曳庸曰："审赏则可战也。审其赏，明其信，无功不及，有功必加，则士卒不怠。"王曰："圣哉！"大夫苦成曰："审罚则可战。审罚，则士卒望而畏之，不敢违命。"王曰："勇哉！"大夫文种曰："审物②则可战。审物，则别是非；是非明察，人莫能惑。"王曰：

---

① 称：称颂。

② 审物：对事物明察。

“辨哉！”大夫范蠡曰：“审备则可战。审备慎守，以待不虞。备①设守固，必可应难。”王曰：“慎哉！”大夫皋如曰：“审声则可战。审于声音，以别清浊。清浊者，谓吾国君名闻于周室，令诸侯不怨于外。”王曰：“得哉！”大夫扶同曰：“广恩知分则可战。广恩以博施，知分而不外。”王曰：“神哉！”大夫计砚曰：“候天察地，参应其变，则可战。天变、地应、人道便利，三者前见，则可。”王曰：“明哉！”

于是勾践乃退斋，而命国人曰：“吾将有不虞②之议，自近及远，无不闻者。”乃复命有司与国人曰：“承命有赏，皆造国门之期，有不从命者，吾将有显戮。”勾践恐民不信，使以征不义闻于周室，令诸侯不怨于外，令国中曰：“五日之内，则吾良人矣。过五日之外，则非吾之民也，又将加之以诛。”教令既行，乃入命于夫人。王背屏，夫人向屏而立。王曰：“自今日之后，内政无出，外政无入。各守其职，以尽其信。内中辱者，则是子。境外千里辱者，则是予也。吾见子于是，以为明诫矣。”王出宫，夫人送王，不过屏。王因反阖其门，填之以土。夫人去笄，侧席而坐，

---

① 备：防备，防御，守备。

② 不虞：出乎意料的，意料之外的。

安心无容，三月不扫。王出，则复背垣①而立，大夫向垣而敬。王乃令大夫曰："食士不均，地壤不修，使孤有辱于国，是子之罪。临敌不战，军士不死，有辱于诸侯，功隳②于天下，是孤之责。自今以往，内政无出，外政无入。吾固诫子。"大夫曰："敬受命矣。"王乃出，大夫送出垣，反阖外宫之门，填之以土。大夫侧席而坐，不御五味，不答所劝。勾践有命于夫人、大夫曰："国有守御！"

乃坐露坛之上，列鼓而鸣之，军行成阵，即斩有罪者三人，以徇③于军，令曰："不从吾令者，如斯矣。"明日，徙军于郊，斩有罪者三人，徇之于军，令曰："不从吾令者，如斯矣。"王乃令国中不行者，与之诀而告之曰："尔安土守职。吾方往征讨我宗庙之仇，以谢于二三子。"令国人各送其子弟于郊境之上。军士各与父兄昆弟取诀，国人悲哀，皆作离别相去之词，曰："踥蹀摧长恧④兮，擢戟驳殳。所离不降兮，以泄我王气苏。三军一飞降兮，所向皆殂⑤。一士判死兮，而当百夫。道祐有德兮，吴卒自屠。雪

①垣：低矮的墙壁。
②隳：损毁，损坏。
③徇：宣示，宣告。
④恧：羞愧。
⑤殂：逝世，死去。

我王宿耻兮，威振八都。军伍难更兮，势如貔貅①。行行各努力兮，於乎於乎！"于是，观者莫不悽恻。明日，复徙军于境上，斩有罪者三人，徇之于军，曰："有不从令者，如此。"后三日，复徙军于檇李，斩有罪者三人，以徇于军，曰："其淫心匿行，不当敌者，如斯矣。"

勾践乃命有司大徇军，曰："其有父母无昆弟者，来告我。我有大事，子离父母之养、亲老之爱，赴国家之急。子在军寇之中，父母昆弟有在疾病之地，吾视之如吾父母昆弟之疾病也。其有死亡者，吾葬埋殡送之，如吾父母昆弟之有死亡葬埋之矣。"明日，又徇于军，曰："士有疾病，不能随军从兵者，吾予其医药，给其糜粥，与之同食。"明日，又徇于军，曰："筋力不足以胜②甲兵，志行不足以听王命者，吾轻其重，和其任。"明日，旋军于江南，更陈严法，复诛有罪者五人，徇曰："吾爱士也，虽吾子不能过也。及其犯诛，自吾子亦不能脱也。"恐军士畏法不使，自谓未能得士之死力，道见蛙张腹而怒，将有战争之气，即为之轼③。其士卒有问于王曰："君何为敬蛙虫而为之轼？"勾践曰："吾思士卒之怒久矣，而未有称吾意者。今蛙虫无知

---

① 貔貅：貔和貅，两种凶猛的动物。

② 胜：承受，承担。

③ 轼：马车车厢里的横木，文中指越王手扶横木以此表示敬意。

之物，见敌而有怒气，故为之轼。"于是，军士闻之，莫不怀心乐死，人致其命。有司将军大徇军中，曰："队各自令其部，部各自令其士。归而不归，处而不处，进而不进，退而不退，左而不左，右而不右，不如令者，斩！"

于是，吴悉兵屯于江北，越军于江南。越王中分其师以为左右军，皆被兕甲。又令安广之人佩石碣之矢，张卢生之弩，躬率君子之军六千人以为中阵。明日，将战于江，乃以黄昏令于左军，衔枚溯江而上五里，以须吴兵。复令于右军，衔枚逾江十里，复须吴兵。于夜半，使左军涉江，鸣鼓中水，以待吴发。吴师闻之，中大骇，相谓曰："今越军分为二师，将以使攻我众。"亦即以夜暗，中分其师，以围越。越王阴使左、右军与吴望战，以大鼓相闻。潜伏其私卒六千人，衔枚不鼓，攻吴，吴师大败。越之左、右军乃遂伐之，大败之于囿。又败之于郊，又败之于津。如是三战三北，径至吴，围吴于西城。吴王大惧，夜遁。

越王追奔攻吴，兵入于江阳松陵，欲入胥门。来至六七里，望吴南城，见伍子胥头巨若车轮，目若耀电，须发四张，射于十里。越军大惧，留兵假①道。即日夜半，暴风疾雨，雷奔电激，飞石扬砂，疾于弓弩。越军坏败，松陵却

① 假：借。

退，兵士僵毙，人众分解，莫能救止。范蠡、文种乃稽颡肉袒，拜谢子胥，愿乞假道。子胥乃与种、蠡梦，曰："吾知越之必入吴矣，故求置吾头于南门，以观汝之破吴也。惟欲以穷夫差。定汝入我之国，吾心又不忍，故为风雨，以还汝军。然越之伐吴，自是天也，吾安能止哉？越如欲入，更从东门，我当为汝开道贯城，以通汝路。"于是，越军明日更从江出，入海阳于三道之翟水，乃穿东南隅以达，越军遂围吴。

守一年，吴师累败，遂栖吴王于姑胥之山。吴使王孙骆肉袒膝行而前，请成于越王，曰："孤臣夫差敢布腹心。异日得罪于会稽，夫差不敢逆命，得与君王结成以归。今君王举兵而诛孤臣，孤臣惟命是听。意者犹以今日之姑胥，曩①日之会稽也。若徼天之中，得赦其大辟，则吴愿长为臣妾。"勾践不忍其言，将许之成。范蠡曰："会稽之事，天以越赐吴，吴不取。今天以吴赐越，越可逆命乎？且君王早朝晏罢，切齿铭骨，谋之二十余年，岂不缘一朝之事耶？今日得而弃之，其计可乎？天与不取，还受其咎。君何忘会稽之厄乎？"勾践曰："吾欲听子言，不忍对其使者。"范蠡遂鸣鼓而进兵，曰："王已属政于执事，使者急去，不时得

---

① 曩：过去。

罪。"吴使涕泣而去。勾践怜之，使令入谓吴王曰："吾置君于甬东，给君夫妇三百余家，以没王世，可乎？"吴王辞曰："天降祸于吴国，不在前后，正孤之身，失灭宗庙社稷者。吴之土地民臣，越既有之，孤老矣，不能臣王。"遂伏剑自杀。

勾践已灭吴，乃以兵北渡江、淮，与齐、晋诸侯会于徐州，致贡于周。周元王使人赐勾践。已受命号，去还江南，以淮上地与楚，归吴所侵宋地，与鲁泗东方百里。当是之时，越兵横行于江、淮之上，诸侯毕贺。

越王还于吴，当归而问于范蠡曰："何子言之其合于天？"范蠡曰："此素女之道，一言即合。大王之事，王问为实，《金匮》之要，在于上下。"越王曰："善哉！吾不称王，其可悉乎？"蠡曰："不可。昔吴之称王，僭①天子之号，天变于上，日为阴蚀。今君遂僭号不归，恐天变复见。"

越王不听，还于吴，置酒文台，群臣为乐。乃命乐作伐吴之曲，乐师曰："臣闻即事作操，功成作乐。君王崇德，诲化有道之国，诛无义之人，复仇还耻，威加诸侯，受霸王之功。功可象于图画，德可刻于金石，声可托于弦管，名可

---

① 僭：僭越，逾越，超出了自己的本分。

留于竹帛。臣请引琴而鼓之。”遂作章畅辞曰："屯乎！今欲伐吴，可未耶？"大夫种、蠡曰："吴杀忠臣伍子胥，今不伐吴人何须？"大夫种进祝酒，其辞曰："皇天祐助，我王受福。良臣集谋，我王之德。宗庙辅政，鬼神承翼。君不忘臣，臣尽其力。上天苍苍，不可掩塞。觞酒二升，万福无极。"于是，越王默然无言。大夫种曰："我王贤仁，怀道抱德。灭仇破吴，不忘返国。赏无所吝，群邪杜塞。君臣同和，福祐千亿。觞酒二升，万岁难极。"台上群臣大悦而笑，越王面无喜色。范蠡知勾践爱壤土①，不惜群臣之死，以其谋成国定，必复不须功而返国也，故面有忧色而不悦也。

范蠡从吴欲去，恐勾践未返，失人臣之义，乃从入越。行谓文种曰："子来去矣，越王必将诛子。"种不然言。蠡复为书，遗种曰："吾闻天有四时，春生冬伐。人有盛衰，泰终必否。知进退存亡而不失其正，惟贤人乎？蠡虽不才，明知进退。高鸟已散，良弓将藏。狡兔已尽，良犬就烹。夫越王为人，长颈鸟喙，鹰视狼步。可与共患难，而不可共处乐。可与履危，不可与安。子若不去，将害于子，明矣。"文种不信其言。越王阴②谋，范蠡议欲去微幸。

① 壤土：国土。
② 阴：偷偷，私底下。

　　二十四年九月丁未，范蠡辞于王曰："臣闻主忧臣劳，主辱臣死，义一也。今臣事大王，前则无灭未萌之端，后则无救已倾之祸。虽然，臣终欲成君霸国，故不辞一死一生。臣窃自惟，乃使于吴。王之惭辱，蠡所以不死者，诚恐谗于太宰嚭，成伍子胥之事。故不敢前死，且须臾而生。夫耻辱之心不可以大，流汗之愧不可以忍。幸赖宗庙之神灵，大王之威德，以败为成。斯汤、武克夏、商而成王业者。定功雪耻，臣所以当席①日久，臣请从斯辞矣。"越王恻然，泣下沾衣，言曰："国之士大夫是子，国之人民是子，使孤寄身托号，以俟命矣。今子云去，欲将逝矣。是天之弃越而丧孤也，亦无所恃②者矣。孤窃有言：公位乎，分国共之；去乎，妻子受戮。"范蠡曰："臣闻君子俟时，计不数谋，死不被疑，内不自欺。臣既逝矣，妻子何法乎？王其勉之！臣从此辞。"乃乘扁舟，出三江，入五湖，人莫知其所适。

　　范蠡既去，越王愀然③变色，召大夫种曰："蠡可追乎？"种曰："不及也。"王曰："奈何？"种曰："蠡去时，阴画六，阳画三。日前之神，莫能制者。玄武天空威行，孰敢止者？度天关，涉天梁，后入天一，前曜神光，言

---

① 当席：在职位上，掌握权势。

② 恃：依仗，倚靠。

③ 愀然：十分担心害怕的样子。

之者死，视之者狂。臣愿大王勿复追也，蠡终不还矣。"越
王乃收其妻子，封百里之地："有敢侵之者，上天所殃。"
于是越王乃使良工铸金象范蠡之形，置之坐侧，朝夕论政。

自是之后，计砚佯狂。大夫曳庸、扶同、皋如之徒日益
疏远，不亲于朝。大夫种内忧，不朝。人或谗之于王曰：
"文种弃宰相之位，而令君王霸于诸侯。今官不加增，位不
益封，乃怀怨望之心，愤发于内，色变于外，故不朝耳。"
异日，种谏曰："臣所以在朝而晏罢，若身疾作者，但为吴
耳。今已灭之，王何忧乎？"越王默然。时鲁哀公患三桓，
欲因诸侯以伐之。三桓亦患哀公之怒，以故君臣作难。哀公
奔陉，三桓攻哀公。公奔卫，又奔越。鲁国空虚，国人悲
之，来迎哀公，与之俱归。勾践忧文种之不图，故不为哀公
伐三桓也。

二十五年丙午平旦，越王召相国大夫种而问之："吾闻
知人易，自知难。其知相国何如人也？"种曰："哀哉！大
王知臣勇也，不知臣仁也。知臣忠也，不知臣信也。臣诚数
以损声色、灭淫乐、奇说怪论，尽言竭忠，以犯大王，逆心
咈①耳，必以获罪。臣非敢爱死不言。言而后死，昔子胥于
吴矣。夫差之诛也，谓臣曰：'狡兔死，良犬烹；敌国灭，

---

① 咈：违逆。

谋臣亡。'范蠡亦有斯言。何大王问犯《玉门》之第八？臣见王志也。"越王默然不应，大夫亦罢，哺其耳以成人恶。

其妻曰："君贱！一国之相，少王禄乎？临食不亨，哺以恶何？妻子在侧，匹夫之能自致相国，尚何望哉？无乃为贪乎？何其志忽忽若斯？"种曰："悲哉！子不知也。吾王既免于患难，雪耻于吴，我悉徙宅，自投死亡之地，尽九术之谋，于彼为佞，在君为忠，王不察也，乃曰：'知人易，自知难。'吾答之，又无他语。是凶妖之证也。吾将复入，恐不再还，与子长诀，相求于玄冥①之下。"妻曰："何以知之？"种曰："吾见王时，正犯《玉门》之第八也。辰克其日，上贼于下，是为乱丑，必害其良。今日克其辰，上贼下，止吾命须臾之间耳。"

越王复召相国，谓曰："子有阴谋兵法，倾敌取国。九术之策，今用三，已破强吴。其六尚在子所。愿幸以余术为孤前王于地下谋吴之前人。"于是种仰天叹曰："嗟乎！吾闻大恩不报，大功不还，其谓斯乎？吾悔不随范蠡之谋，乃为越王所戮。吾不食善言，故哺以人恶。"越王遂赐文种属卢之剑。种得剑，又叹曰："南阳之宰，而为越王之擒。"自笑曰："后百世之末，忠臣必以吾为喻矣。"遂伏剑而

---

① 玄冥：阴曹地府。

死。越王葬种于国之西山，楼船之卒三千余人，造鼎足之羡，或入三峰之下。葬一年，伍子胥从海上穿山胁而持种去，与之俱浮于海。故前潮水潘候者，伍子胥也。后重水者，大夫种也。

越王既已诛忠臣，霸于关东，徙都琅邪，起观台，周七里，以望东海。死士八千人，戈船三百艘。居无几，射求贤士。孔子闻之，从弟子奉先王雅琴礼乐奏于越。越王乃被唐夷之甲，带步光之剑，杖屈卢之矛，出死士，以三百人为阵关下。孔子有顷到，越王曰："唯唯，夫子何以教之？"孔子曰："丘能述五帝三王之道，故奏雅琴，以献之大王。"越王喟然叹曰："越性脆而愚，水行山处，以船为车，以楫为马，往若飘然，去则难从，悦兵敢死，越之常也。夫子何说而欲教之？"孔子不答，因辞而去。

越王使人如木客山取元常之丧，欲徙葬琅邪。三穿元常之墓，墓中生熛风，飞砂石以射人，人莫能入。勾践曰："吾前君其不徙乎？"遂置而去。

勾践乃使使号令齐、楚、秦、晋皆辅周室，血盟而去。秦桓公①不如越王之命，勾践乃选吴越将士，西渡河以攻秦，军士苦之。会秦怖惧，逆自引咎，越乃还军。军人悦

① 此处按徐天祐为《吴越春秋》的注文："按《史·年表》：勾践二十五年是为秦厉共公六年，此书谓'秦桓公不如越王之命'，非也。"译文本此说。

乐，遂作《河梁之诗》，曰："渡河梁兮渡河梁，举兵所伐攻秦王。孟冬十月多雪霜，隆寒道路诚难当。阵兵未济秦师降，诸侯怖惧皆恐惶。声传海内威远邦，称霸穆桓齐楚庄。天下安宁寿考长，悲去归兮何无梁。"自越灭吴，中国皆畏之。

二十六年，越王以邾子无道，而执以归，立其太子何。冬，鲁哀公以三桓之逼，来奔。越王欲为伐三桓，以诸侯大夫不用命，故不果耳。

二十七年冬，勾践寝疾，将卒，谓太子兴夷曰："吾自禹之后，承元常之德，蒙天灵之祐，神祇之福，从穷越之地，籍楚之前锋，以摧吴王之干戈，跨江涉淮，从晋、齐之地，功德巍巍。自致于斯，其可不诚乎？夫霸者之后，难以久立，其慎之哉！"遂卒。

兴夷即位一年，卒，子翁。翁卒，子不扬。不扬卒，子无强。强卒，子玉。玉卒，子尊。尊卒，子亲。自勾践至于亲，其历八主，皆称霸，积年二百二十四年。亲众皆失，而去琅邪，徙于吴矣。

自黄帝至少康，十世。自禹受禅至少康即位，六世，为一百四十四年。少康去颛顼即位，四百二十四年。

黄帝→昌意→颛顼→鲧→禹→启→太康→仲庐→相→少

康→无余→无玉，去无余十世→无晷→夫康→元常→勾践→
兴夷→不寿→不扬→无强→鲁穆柳有幽公为名，王侯自称为
君。尊、亲失琅邪，为楚所灭。

勾践至王亲，历八主，格霸二百二十四年。从无余越国
始封，至馀善返，越国空灭，凡一千九百二十二年。

精彩解说

到了勾践十五年，越王打算讨伐吴国，和文种商量："您的计策我
用了后，避免了天灾，回到了越国。我确实劝说国人，大家很开心。可
是您曾说过：上天有气象征兆的时候就告知我。如今有没有反应呢？"
文种说："吴国强大的原因，是因为有伍子胥。如今伍子胥因为劝谏而
死了，这是上苍在向我们预示吴国要被灭啊。大王可以尽心尽力地劝说
国人了。"越王说："你先听听我劝说国民的那些话语：过去我不知道
自己力量不足，就去向大国报仇，导致不计其数的民众暴尸荒野，这都
是我的罪过。我真心地改变从前的策略，于是把死难之人好好安葬，探
望伤员，对有丧事的人表示哀悼，对有喜事的人表示祝福，送别离开国
家的人，迎接来越国的人，把百姓的祸害都除去。这以后我卑微地侍奉
夫差，有三百个人和我一起去吴国当奴仆。吴国封赏给我的封地有几百
里，因此我才把越国百姓请过来，向大家发誓说：'我听说古代贤明的
国君，各处的百姓都会如同水流一样归附他。我做不到如他们一般治理
国家政事，但请让我带着大家一起繁衍生息。'因此，我下令处于壮年
的男人不能迎娶年老的妻子，老年的男子不能迎娶年轻的女子。女子如
果十七岁还没嫁出去，她的双亲就有罪。男子二十岁还没娶妻，他们的

父母也有罪。孕妇快要生子，告诉我，我会派遣医生守护她。如果孕妇生下两个男孩，赏赐酒一壶，狗一条。生下两个女孩，赏赐酒一壶，小猪一头。生下三个孩子，我会给准备奶娘。生了两个孩子，其中一个孩子的抚养费用我来提供。如果死了长子，可以免去家里的赋役三年。如果死了幼子，家里可以免去赋役三个月。我会哭着埋葬他，就像对自己的儿子一样。孤儿、寡妇以及病人、穷人的孩子，可以交给国家抚养。要是有人想当官，我会把房舍丈量好让他们住，让他们穿好吃好，从中选出人才。凡是四方的贤能之士来依附我，肯定在朝廷上召见他，用合适的礼仪对待。把米饭和菜羹装在车里去国内巡游，国内的小孩在嬉戏玩闹的时候碰到我，我会给他们吃喝，施以关爱，询问他们叫什么。我只吃自己亲手种的粮食，只穿夫人亲手织的布所做的衣服。七年不收税，每家都有可供三年的储备。男人快乐得歌唱，女人聚在一起欢笑。如今国内的父老兄弟每日向我请求：'过去夫差当着各国诸侯的面把我们的国君羞辱了，我们长时间都被天下人嘲笑。越国如今已变富裕，大王勤俭节约，请让我们报仇吧。'我推辞说：'过去我受辱，不是你们的过错。像我这样的人，怎么好意思麻烦我的国人帮我报仇呢？'大家又再次请求：'越国的边境之内，都是您的臣子。儿子替父亲报仇，臣子为国君报仇，怎么会不用尽心力呢？我们请求再去征战，为您一雪前耻。'我开心地同意了请求。"大夫文种说："我看吴王在齐、晋两国已经达成心愿，觉得他就会随之踏上我国领土，兵临我们的国境。可如今他们的军队疲乏，士兵在休养，一年了也没有进攻的意思，已忘了我们，可是我们绝对不能因此就松懈啊。我曾对着上天为吴国占卜。如今吴国的百姓因为战争而疲乏，被战争所困，集市上连糙米都没有囤积，国库空虚，他的百姓肯定会想要搬去别的地方，窘迫地只能到东海岸边去获取蒲草、蛤蚌生存。进行占卜，征兆能从人事上看出来，也能从卜筮上看出来。假如大王起兵，用能预见的有利条件，去侵犯吴国边境，还没到时机啊。虽然吴王没想要攻打我们，却不能把他惹生气，不如趁他疏忽的空隙去靠近他，以此来弄清他的心思。"越王说："本来我没想要讨伐吴国，可国人请求作战已三年了，我没办法不顺从民愿。可如今听到了大夫文种的劝谏辩驳。"越国的父老兄弟再次进谏说："可以攻打吴国。要是我们赢了，能够把他们的国家灭掉；要是没有赢，也能把他们的军队困住。假若吴国向我们求和，您就和吴国结盟，如此一来大王的名声会被各诸侯所知。"越王说："很好。"他就把臣子们召集来，对他们下令说："胆敢劝阻我讨伐吴国的人我一定治他的罪，没有赦免的机会。"范蠡、文种商量说："我们的劝说大王现在听不进去了，那么就按照国君的命令行事吧。"

越王把军队召集起来，战士们排列整齐，越王郑重地向众人发出告诫，并宣告："我听说古时候的贤明君王，不会担心他的士兵人数不足，而担心他们的志向操守中没有耻辱感。如今夫差有十三万穿着水犀皮铠甲的士兵，却不在意他们的志向操守缺了耻辱感，只在意他的士兵人数不够。如今我将帮助上天惩罚夫差。我不想借匹夫之勇，我要求将士们进攻的时候要有立功获赏的想法，后退的时候会因为想到被惩罚而不溃逃。"于是越国的百姓中，父亲鼓励儿子，哥哥鼓励弟弟，说："能讨伐吴国了。"

越王再次召见范蠡，对他说："伍子胥已经被吴王杀掉，朝中只有很多会阿谀奉承的小人。我国的百姓再次劝我进攻吴国，如今行了吗？"范蠡说："还不行。要等到明年春天以后才行。"越王说："什么原因呢？"范蠡说："我看吴王北上去黄池和诸侯会盟，精锐的士兵都跟着吴王，吴国内部兵力空虚，后方只有年纪大或者身体虚弱的人，太子在国内留守。可吴王的军队刚出境，走了没多远，假如听到越国趁他们国内空虚的时候偷袭，回师很容易。不如等到明年春天时机更好啊。"

到了这年夏天六月的丙子日，勾践又询问范蠡，范蠡说："可以攻打吴国了。"勾践就派出两千个了解水战的士兵、四万个训练有素的士兵、六千个嫡系的士兵、一千个管理军中各项事务的勤务兵，选择在乙酉日和吴军战斗。丙戌日，把吴国太子友俘虏后杀死了。丁亥日，越军攻进了吴国国都，火烧姑胥台。吴国派人向夫差告急。夫差恰好在黄池和诸侯会盟，他怕大家知道此事，就让人保密而不许泄露消息。黄池会盟以后，才派人向越国求和。勾践估计自身力量还不能够灭吴国，就和吴国讲和了。

二十一年七月，越王再次发动越国的全部士兵讨伐吴国。恰好楚国派申包胥拜访越国，越王就询问申包胥："到攻打吴国的时候了吗？"申包胥说："我不善于出谋划策，无法预测。"越王说："吴国做的事不讲仁道，把我的社稷破坏了，把我的宗庙毁灭了，把它们变成平地。因此，神祇和祖先不能得到祭祀。我想让他们取得上天的福佑，虽然兵车和战马、武器和甲胄、打仗的士兵都准备好了，但还没用上。我真诚地想听听您讲述和战争相关的事，能打什么样的仗？"申包胥说："我实在愚笨，不清楚啊。"越王坚持询问，申包胥才说："那吴国是个好国家，各国诸侯都传播着吴王的贤能名声。我胆敢问问大王您怎么和他们对抗？"越王说："我喝酒吃肉时，从来不曾不分给身边人。我吃饭不追求味道，听音乐不追求声美，以求向吴国报仇。希望凭此打仗。"申包胥说："这些好是好，但凭此去打仗还是不够。"越王说：

"在越国国内，我博爱百姓，对他们就像对待子女一样，用忠信和恩惠去养育百姓。如今我把刑罚修改并放宽，想民众所想，去除百姓所讨厌的，赞扬他们的善良品行，掩盖他们的恶行，以求向吴国报仇。希望靠这来打仗。"申包胥说："这些好是好，但凭此去打仗还是不够。"越王说："在越国国内，我让富人安定，同时也给予穷人需要的东西，对那些缺衣少食的人我会施以救助，对那些家里有盈余的人家我进行征收，让穷人和富人都不会丧失自己的利益，以求向吴国报仇。希望靠这来打仗。"申包胥说："这些好是好，但凭此去打仗还是不够。"越王说："我越国南面与楚国相距，西面靠近晋国，北面和齐国相望，每年都按时将礼品、玉石、丝帛、子女献给这些邻国，从来不敢间断，以求向吴国报仇。希望靠这来打仗。"申包胥说："好！不会有比这个更棒的了，但去打仗还是不够。作战之道，首先要有智慧，其次要有仁爱，还要勇敢做出决断。如果国君和将领智慧不够，就不懂得用计谋去随机应变，那就没办法用不同的措施来应对敌我力量的差距；如果不仁爱的话，就无法和全军的将士共同忍受饥饿和寒冷，一起分享同甘共苦的快乐；如果不够勇敢，就不能决断是进是退这种疑难，无法裁决那针锋相对的争论。"于是越王说："您的教诲我会恭敬地接受。"

这年冬天十月的时候，越王请来了八位大夫，对他们说："吴国曾经很不仁道，把我的社稷破坏了，把我的宗庙毁坏了，将它们夷为平地，因此神祇和祖先不能得到祭祀。我想取得上天的福祐，兵车和战马、武器和甲胄、打仗的士兵都准备好了，但还没用上。我向申包胥请教，他已指点了我。如今我向各位大夫请教，你们有什么看法？"大夫曳庸说："明确奖赏就能作战。奖赏要严格规定好，明确信用，无功不会有奖赏，有功劳就必定会受到奖赏，那士兵就绝不会松懈散漫。"越王说：“通达啊！”大夫苦成说：“严格明确刑罚就能够作战。刑罚明确，士兵就会望而生畏，不敢违令。”越王说：“勇敢啊！”大夫文种说：“明察事物就能够作战。明察事物能明辨是非；是非清楚了，别人才没有办法令他迷惑。”越王说：“明辨啊！”大夫范蠡说：“准备周密就能够作战。准备得周全，小心地防备，能很好应对意外事故。做好战备，牢固防守，就肯定能及时应付困难。”越王说：“谨慎啊！”大夫皋如说：“慎重地维护好名声就能作战。将名声慎重维护，以此对清和浊进行区分。清浊的区分，是指我们国君那美好的名声传到周王室，让各国诸侯在外也毫无怨言。”越王说：“有德啊！”大夫扶同说：“将恩德扩大，明白自己的本分就能够作战。扩大恩德就会广泛施舍，明白本分就无外心。”越王说：“神妙啊！”大夫计硯说：“观测天象，考察地理，了解并适应天地变化的规律，才能够作战。天道有变，地道要适应，人道要通畅，这三者全都表现出来，就可以作战。”越王说：“明智啊！”

　　于是勾践退居斋戒，并命令百姓：“我即将有个出人意料的计划，从近到远，无人听不到。”于是又命令执行官员和百姓：“听从命令的有奖赏，到时间都去国都城门口报到。不听从命令的人，我将会把他当众公开处决示众。”勾践担心百姓不相信，派遣使者向周王室报告了要讨伐不讲道义的吴国的事，让各国诸侯不在国外埋怨指责，又对国内的人命令：“在五天内来报到的，就是我的良民。过了五天，就不是我国的百姓了，还会惩罚他们。”命令发出后，勾践就到宫里叮嘱夫人。越王背对着照壁，他的夫人面对着照壁站立，越王说：“从今往后，内宫的事绝不能传到外面，外朝的国家政事也不带入内宫。各自守护好自己的职责，竭尽忠信。内宫发生耻辱的事，那属于你的责任。在国境千里外发生耻辱的事，那属我的责任。我在这儿见了你，已明确告诫你这一点了。"越王离开内宫，他的夫人送别越王，没走过照壁。越王转身关上宫门，用泥土填住门。夫人把头上的簪子拔去，一个人在席上坐着，静下心来不再装扮自己，三个月宫室都没打扫过。越王离开内宫，又背对着外朝的宫墙站着，大夫们面对着宫墙满怀敬意地站着。越王就对大夫们下令说："供养士人不均，土地没有加以开垦，使我在国内有了耻辱，这是你们的过错。面对敌人却不作战，战士不能舍生忘死，在各国诸侯面前被羞辱，在世人面前毁掉功业，这是我的罪责。从今往后，朝内的政事不能传到外面，对外作战的事也不带入宫内。我特地告诫你们。"大夫们说："恭敬地受命。"越王才出宫，大夫们送别了他，不走出宫墙，越王转身关上了外宫的门，用泥土堵住了门。大夫们一个个坐在席上，不吃美味的食物，不搭理别人的劝告。勾践又对夫人和大夫们下令："国都必须有防守！"

越王就在露天的高台坐着，把战鼓摆好，开始敲鼓，军队一行行地排列整齐，把三个犯错的人杀了，在军中示众，警告说："不服从我的命令的，下场就会如同这三个人一样。"次日，他把军队转移，在城郊驻扎，又把三个犯错的人杀了，在军中示众，警告说："不服从我的命令的，下场就会如同这三个人一样。"然后越王才把国内没有出征的人召集起来，和他们诀别，并告诉他们："你们在本土安心居住，把本职做好。我们将要出征去攻打那把我们宗庙毁损的敌人，在这儿和你们告别了。"他让国民在郊外各自送别了他们的儿子、兄弟。士兵们分别和父亲、兄弟告别，国民心中十分悲痛，共同作了首关于生离死别的歌，唱道："快速向前去雪旧耻啊，把戟拔出，车上载着殳。遇到灾难不投降啊，为我们的国君发泄怨恨和愤怒。三军一旦降临啊，所面对的敌军都死去。一个士兵拼着性命杀敌啊，上百个敌人也阻挡不了。天道祐助有德行的君王啊，吴军是自寻死路。将我国君王过去的羞耻啊洗刷干净，神威要让八方震动。将士的斗志难以动摇啊，气势汹汹如貔和貅。每个人都努力啊，呜呼呜呼不会输！"这时，围观的人没有不悲痛欲绝的。次日，越王又把部队转移到国境边驻扎，杀了三个犯错的人，在军中示众，说："不服从我的命令的，下场就会如同这三个人一样。"三天后，越王又把部队转移到檇李，杀了三个犯错的人，在军中示众，说："那些心思放纵，行为恶劣，无法抵抗敌人的人，就会像这样。"

勾践命令执行官吏大规模地巡视军队，说："军队中凡是有父母却没兄弟的，请告诉我。我即将发动征伐，你们无法侍奉父母，亲近、敬爱老人，而是去赶赴国家的急难。不管你们是在军中作战还是落入了敌手，你们的父母若病了，我会把他们当作是自己父母生病了一样，好好对待。要是他们不幸去世，我会给他们送葬，埋葬的方式和安葬我父母一样。"次日再次巡视军队，说："有生病的士兵，不能跟随军队一起出征，我提供他们药物，给他们稀粥，与他们同吃。"第二天，又巡视军队，说："力气小承受不住铠甲和兵器的，心有余而力不足没办法听从君王的命令的，我会减轻他们的负担，找合适的任务给他们。"又过了一天，军队转移驻扎到江南，再次申明严厉的法令，再次将五个犯错的人杀死，宣告说："我对士兵十分爱护，就算是对我的儿子也不过如此。但等到犯了死罪，即使是我的儿子也没办法赦免。"越王担心士兵们虽然畏惧法令但仍不听命令，自以为还没有真正得到士兵们奋不顾身作战的决心，于是在路上看到青蛙鼓着肚子生气，有马上要打架的气势，就手扶车厢前的横木致以敬意。他的士兵中有人询问勾践："为什么大王要尊敬青蛙这种小动物，还手扶横木上表示敬意？"勾践说：

"我早就想要士兵们发怒了啊，但是没有人让我称心如意。青蛙虽然是无知的小动物，可碰到敌人却充满怒气，因此我手扶横木向它致意啊。"于是士兵们听闻这事后，全都下定决心，乐于牺牲，大家都愿把自己的生命奉献出来。负责执行命令的将军在军队里大规模巡视，宣告说："每队各自去对自己的分部下令，每个分部分别去对自己的士兵下令。让你回来却不回，让你停下却不停，让你前进却不前进，让你后退却不后退，让你向左而不向左，让你向右而不向右，不听令，擅自行动的，一律斩首！"

于是，吴国把全部兵力都驻扎在江北岸，越国把军队驻扎在江南岸，越王将自己的部队对半分开，成了左、右两支军队，都穿着雌犀牛的皮做的铠甲。越王又下令让来自安广的士兵带着石碣之箭，将卢国产的强弩拉开，越王亲自带领亲信部队中的六千人作为中军。次日，吴国和越国将会在松江交锋。因此，越王在前一日黄昏的时候对左军下令，士兵悄悄地衔枚逆流而上五里，等待吴军的到来。越王又对右军下令，让士兵也偷偷衔枚过江，行军十里，也等着吴军到来。夜半时分，越王让左军渡过江水，在江中把战鼓敲响，等吴军发兵。吴国的军队听到鼓声后，心里面很害怕，彼此说着："越军如今分成了两支部队，用这种方式围攻我国的军队。"黑夜中，吴国也赶紧把自己的军队一分为二，来反击越国军队。越王偷偷命令左、右两军和吴国的军队公开打斗，故意大声擂鼓让吴军听到。同时让藏起来的六千亲信士兵，嘴里衔枚，并不敲战鼓，偷偷攻击吴军，吴军惨败。越国的左、右两支军队也趁这个机会攻打吴国军队，在圉这个地方把吴军打败了。后来在吴国郊外，越国再次击败了吴国军队，又在渡口击败吴军。像这样三次交战，三次把吴国打败，越军直接进入了吴国都城，把吴国的军队在城西包围了起来。吴王很害怕，在晚上逃跑了。

越王追赶着吴国溃逃的士兵，攻打吴军，一直到了江北松陵，打算攻入胥门。还隔了六七里路的时候，远远地就望见吴都南城，看到伍子胥的头十分巨大，如车轮般，目光如耀眼的闪电，胡须和头发往四面散开，十里之外也能射到。越军害怕极了，于是把队伍停下，准备借路。这天半夜的时候，刮起狂风，下起暴雨，电闪雷鸣，飞沙走石，比弓弩射出的箭快得多，也猛得多。越军受挫，只能从松陵后退，士兵倒地毙命，大家纷纷逃散，没有人能够阻止、挽救局面。范蠡和文种就跪下磕头，趴在地上，袒露上半身，拜求伍子胥，请他借路。伍子胥就托梦给文种、范蠡，说："我早就知道越军一定会攻打到吴国的国都。因此，要求在南门挂上我的头，来看你们将吴国攻破。我原先只想要令夫差窘迫。但当你们一定要进入我国，我又实在不忍心看到国破家亡，才招来了狂风和暴雨，以迫使你们的军队回去。可是越国攻打吴国，本来就是天意，我又怎么能阻上呢？假若越军想进城，更改路线从东门进就行了，我会给你们开路直达城内，你们一路上会十分通畅。"于是，越军次日就更改了路线，从江上出发，进入海阳，从三道奔翟水，穿过东南角到了吴国国都，越军把吴国国都包围了。

相持了一年后，吴军多次战败，吴王不得不栖居在姑胥山上。吴王派王孙骆袒露上半身，跪在地上，用膝盖向前走，乞求越王讲和，说："臣夫差斗胆说说心里话。我曾经在会稽把大王得罪了，夫差不敢违逆您的命令，得以与您和解，并让您回到越国。现在大王前来攻打臣下，臣下必然听从您的命令。猜想您会把如今的姑胥山，当作过去的会稽山吧。假如苍天可怜我，您把我的死罪赦免，那吴国就愿一直当您的奴仆。"勾践听了这话后于心不忍，准备答应他讲和。范蠡说："会稽山之事，是上天要把越国赐给吴国，吴国没有接受。现在上天把吴国赐给越国，越国能违逆天命吗？而且大王每日早早上朝迟迟退朝，恨得咬牙，这仇恨如同刻入骨中。谋划了二十多年，不就是为了这天吗？现在得到机会却想抛弃，这样的谋划可行吗？上天赏赐的不领取，反会受到上天惩罚。国君难道忘记了在会稽山的痛苦和艰难了吗？"勾践说："您的话我想听从，可实在不忍如此对待他的使者。"范蠡就敲击战鼓进军，说："大王已委托我处理国家政事，使者马上离去吧，不快离开就会受到责罚。"吴国的使者哭泣着走了。勾践同情吴王，就派使者对吴王说："我允许你在甬东安置下来，将三百多家百姓给你，让你如此度过一生，可以吗？"吴王辞谢说："上天降祸给吴国，不是前后之人的事情，正是我让宗庙社稷毁于一旦啊。越国已经占领了吴国的土地，占有了吴国的臣子和百姓，我年纪大了，做不了大王的臣仆了。"他就拔剑自刎了。

勾践灭了吴国后，便带领军队向北渡过长江和淮河，和齐国、晋国等各国诸侯在徐州会盟，并恭恭敬敬地给周王室献上供奉。周元王给勾践赏赐。勾践接受了周元王赏赐的越伯称号后，从徐州离去，撤回江南，把淮河流域的土地给了楚国，将原先被吴国占领的宋国土地还给了宋国，将泗水以东方圆百里的土地则送给了鲁国。这时越军在长江和淮河一带横行无阻，各国诸侯都前来朝贺。

越王准备返回吴国，当要归去之时，问范蠡："为什么你的话总是和天道相合？"范蠡说："这是素女的道法，所以一说就能合乎天道。您的事情，《玉门》里面写的是事实，《金匮》的关键是权衡利和弊。"越王说："真好！我要是不称王，那结果也能详细地了解吗？"范蠡说："您不能这么做啊。过去吴王自称王，超越了本分而用了天子的名号，所以天象异变，太阳被月亮侵蚀了。大王如今要是也和吴王一样僭用天子的名号，怕天象的异变又要显现啊。"

越王不听范蠡的话，回吴国后，在文台上摆设酒宴，和大臣们一起享乐。越王命令乐师作一首征伐吴国的乐曲，乐师说："我听说根据眼前的事情创造琴曲，功业成了就作乐舞。大王对德行十分尊崇，教化富有道义的国家，杀了不讲道义的人，复了仇，洗刷了耻辱，威名在各诸侯国之间传播，霸主的功业已经成就。您的功绩能载于图画上，德行能刻在金石上，名声能谱写在乐章里，英名能够被史册记载。请让我把琴拿来弹一曲。"他就创作了一章，欢畅地唱道："艰苦啊！如今想讨伐吴国行还是不行？"大夫文种和范蠡接下去唱着："吴王把忠心耿耿的臣子伍子胥杀了，现在不讨伐吴国还在等待什么呢？"大夫文种上前来祝酒，他的敬辞是这样的："上天保佑并帮助了我们，我们大王享有大福。忠臣贤良合起来一起献计献策，我们大王的德行感化众人。祖先之灵帮助，鬼神辅佐。仁慈的国君不会忘记忠臣，忠心的臣子会竭尽全力。悠悠苍天，不能欺骗和隐瞒。再次高高举起美酒，祝大王万福无极。"这时越王却沉默不语。大夫文种又说："我们大王贤能又仁慈，心胸之中怀有道义和美好的品德。将敌人消灭，把吴国攻破，没忘记回越国。对有功之人加以赏赐不吝啬，各种邪恶都被封堵。君臣上下一心，和睦共处，苍天将数不尽的福禄赐下。再次高高举起美酒，祝大王万寿无疆。"台上的臣子们十分开心地笑着，越王脸上却没有开心的神情。范蠡明白勾践贪图土地，对臣子们的性命并不爱惜，因为他的计划已成，国家已经安定，必定不再需要臣子们邀功而回国，所以他的脸上带着忧愁的神色而不开心。

范蠡想要从吴国离开，担心勾践还未回越国，自己就先走了失去了做人臣的道义，就跟着勾践回了越国。途中他对文种说："你该离去了！越王必定会把你杀了。"文种没有把他的话放心上。范蠡又写信给文种，说："我知道天有四个季节，春季万物生长，冬日就要杀伐。人也有盛和衰的时候，顺利到极点就一定会发生不幸。明白进退存亡之间的关系，而又不违背正直之道，唯有贤人能做到吧？我范蠡虽然没什么才能，也知道要什么时候进取，什么时候隐退。高飞的鸟已被驱散，好的弓就会被藏起。狡猾的兔子已被杀光，优秀的猎狗就会被煮了。那越王的相貌和为人，长脖子，嘴尖得如同鸟喙，眼神似鹰，走路如狼。这种人可以和他一起共患难，但不能和他同享乐。能够和他一起处于危境，但不能和他分享安宁。要是你不离开他，他将会杀了你，这道理是很清楚的。"文种对他的话还是不信。越王暗中在谋划，范蠡商议着要离开，想侥幸免于灾祸。

二十四年九月丁未日，范蠡向越王辞别："我听说国君有忧愁的时候臣子就应当效劳，国君被侮辱的时候臣子就应誓死效忠，那道义是一致的。如今我侍奉大王，从前没有把还没出现的灾祸消灭，以后也不能挽救已经出现的灾难。就算是这样，我一直还是想帮助您成就称霸的功业，因此将生死置之度外。我私底下一直在筹谋，因此当年才去出使吴国。大王受到那般羞辱，我之所以没有去死，是因为实在担心您听信了太宰那样的小人的谗言，从而发生类似伍子胥的事情。因此，我不敢早早死去，暂时先苟活着。那耻辱之心不能让它变大，去吴国当奴仆这事的羞愧也不能忍。幸好依靠宗庙的神灵、大王的威德，把失败转变成了成功。这就如同商汤、周武王赢了夏桀、商纣王从而成就王业。大王功业有成，屈辱也被洗净，这也是我长时间当臣子、手握权力的原因，请准我现在离开吧。"越王听后很伤心，泪水沾湿了衣服，说："国内的士大夫都对你表示肯定，国内的百姓都对你称赞有加，让我把自己和国君的名号都托付给您，来等候您的命令。如今您却说要走，而且想马上离去。这是苍天要把越国抛弃，想我丧失性命啊，我也再不会有什么能倚靠的了。我私下和您说，要是您还继续在位，那我和您分国而治；要是您离去，您的妻子和孩子会被杀死。"范蠡说："我听说君子等待时机，计策不能多次谋划，这样到死也不会被怀疑，心里也不会自我欺骗。我要是离开这里，妻子和孩子为什么要受罚呢？大王您自勉吧，我就此离开了。"他就坐着小船，出了三江，到了五湖中，谁也不知道他去哪儿了。

范蠡走后，越王忧惧得变了神色，他把大夫文种叫来问道："能追回范蠡吗？"文种说："追不上了。"越王说："为什么呢？"文种说："范蠡走时，卦象为阴画六，阳画三。在太阳前的神灵，无人能阻止它。玄武在天上威武地前行，谁敢阻止呢？他过了天关，涉过了天梁，然后进入了天一，前有神灵的光遮掩，讨论他的人会死，看到他的人会疯。我希望大王别再追他，范蠡最终是不会回来了。"越王就把范蠡的妻子和孩子都收养了，把百里的土地封赏给他们，还对人们告诫道："有胆敢侵犯他们的人，上天会降下灾难。"于是越王就让能工巧匠模仿范蠡的外形造了个金像，把他放在座位边上，早晚都对着金像商讨政事。

从这以后，计砚装作发疯了。大夫曳庸、扶同和皋如等人也一天天越发疏远，不再靠近朝廷。大夫文种心里很忧伤，也不上朝。有人对越王进谗言："文种把宰相的职位放弃了，让大王能够称霸诸侯。现在他官职没升上去，爵位也没被加封，所以心中怀揣了怨恨，心中有怨，外在的脸色就发生了变化，因此不上朝啊。"后来有一日，文种进谏说：

"我曾经早早上朝，但退朝却很晚，如同身上疾病发作一样拼命工作，这都是因为吴国啊。如今已把他们都消灭了，您还有什么担心的呢？"越王保持沉默，什么也没说。那时候鲁哀公担忧三桓过于强大，想靠着诸侯的力量来攻击三桓。三桓也害怕鲁哀公发怒，因此国君和臣子间互相刁难。鲁哀公就逃到陉这个地方，三桓攻打鲁哀公。鲁哀公逃亡到了卫国，又奔逃到越国。鲁国国君的位置空着，鲁国的人为此十分难过，就来迎接鲁哀公，与他一起返回了鲁国。勾践害怕文种不尽心竭力地谋划，所以没为鲁哀公出兵攻打三桓。

　　二十五年丙午日的早晨，越王召见宰相文种，问道："我听说了解自己的为人很简单，了解别人的为人却很难，谁知道相国你是个怎样的人呢？"文种说："悲哀啊！大王知道我是个勇敢的人，却不知道我仁慈。知道我忠心耿耿，却不知道我讲信用。我确实多次用抑制声色、根除放纵作乐等奇谈怪论，尽力用忠言来规劝您，因而对大王有所冒犯，违背了您的心意，让您耳朵不舒服，我肯定会因为这个受到惩罚。我不敢爱惜自己的生命而不说这些忠言。可说了以后就会死，就如同过去伍子胥在吴国一样。夫差曾在临死前对我说：'狡猾的兔子已经死去了，优秀的猎狗将被煮；敌国已被灭亡，出谋划策的臣子就将被杀。'范蠡也有差不多的话。为什么大王所问的刚好触犯了《玉门》第八呢？我已了解您的心意了。"越王默然，没有回应，大夫文种也只好作罢了，他回到家里把大便装到了鼎里面。他的妻子说："你再怎么下贱也是一个国家的宰相啊，国君给的俸禄少吗？到吃饭之时，不祭祀，反而吃大便，什么原因啊？你的妻子和孩子都在身旁，你一介匹夫能坐上相国的位置，还想要什么呢？难不成是贪心吗？你的心志怎么糊涂、混乱到这种地步？"文种说："真是悲伤啊！你不明白啊。我们的大王已免于灾难，在吴国洗刷了侮辱，我把全家都搬到这里，是自寻死路啊，把九条计谋都献给了国君，对别人来说是奸诈，对我的国君却是忠诚啊！可是国君察觉不到这些，居然说：'了解自己的为人很简单，了解别人的为人却很难。'我回答他的问话后，他又没说别的。这是凶险的预兆啊。我要是再被召见，怕是回不来了，要和你长久地诀别了，我们到阴间再见吧。"妻子说："你从哪里知道的呢？"文种说："我拜见国君之时，刚好犯了《玉门》第八。时辰的干支要是赢了日期的干支，那位于上位的国君就会被处于下位的臣子杀害，这是祸乱，肯定会伤害贤良。我今日拜见大王之时是日期的干支赢了时辰的干支，因此上位的国君会杀害处于下位的臣子，我的性命不保了。"

越王再一次召见相国，说："你有阴谋兵法，能把敌人颠覆，把他国夺取。九条计策，如今仅仅用了三条，已把强吴攻破了。剩下六条还在你那儿。望你用剩余的计策去阴间为我的先王筹谋吴国祖先啊。"于是文种望天长叹说："啊！我知道大恩不会被报答，大功不会有酬劳，难不成就是这样吗？我真后悔没听范蠡的计谋，居然被越王所杀。我不听那些为我好的话语，因此只能吃别人的大便。"越王就把属卢宝剑赐给文种，让他自我了断。文种拿到剑以后，又叹息说："越王抓住了楚国南阳的地方官啊。"又自我嘲讽道："以后百世，忠臣必定会拿我来作比喻啊。"于是他拔剑自杀了。越王在国都的西山之上埋了文种，派楼船上的三千多个水兵，造了鼎足式的级别很高的墓道，有的墓道直通三峰下面。埋了一年后，伍子胥从海上过来，穿过山腰，把文种挟着带走了，和他一同在海上漂浮。因此，前面旋流的潮水就是伍子胥，后涌上来的重重叠叠的波浪就是大夫文种。

越王把忠心的臣子杀了后，在关东称霸，把国都迁徙到了琅邪，在那儿建造起观台，周长七里，来遥望东海。他有八千个死士，三百艘战船，上面装了戈戟。没多久，越王又寻求贤能之士。孔子听说这事后，就带着学生们，捧着先王的雅琴和礼乐去越国演奏。越王就披着唐夷铠甲，佩带着步光宝剑，手里拿着屈卢良矛，派遣了三百个死士在关下摆出阵仗。孔子很快就到了，越王说："哈哈，先生用什么指教我呢？"孔子说："我能够讲述五帝三王的治国方法，因此用弹雅琴的方式，把这些道理献给您。"越王感慨地叹息说："越人性格脆弱还愚蠢，在江河中航行，住在山上，用船代替了车辆，用船桨取代了马匹，前进的时候快得如同一阵风，离去的时候难以跟随，好战敢死，这是越国人的习性。先生有什么高见来指导我呢？"孔子没有回答就告辞离去了。

越王派遣人去木客山取元常的尸体，想迁葬到琅邪。把元常的墓室挖开了三次，每次墓室里都会刮起又急又热的大风，沙石都飞扬起来打人，无人能进。勾践说："我的先王大概不想被迁移吧？"他就放弃迁移墓地，离开了。

于是勾践派了使者对齐国、楚国、秦国和晋国等下令，让他们都辅佐周王室，歃血为盟，然后离开。秦厉共公对越王的命令并不听从，勾践就挑选了吴越的将士，派他们向西渡过黄河，讨伐秦国，将士们为此叫苦连天。刚好遇到秦国怕了，主动认错，越国就把军队撤回了。全军的将士都很开心，就作了《河梁之诗》，道："渡过河梁啊渡过河梁，举兵要去讨伐秦王。孟冬十月的时候多雪霜，严寒的道路行军困难。阵兵未渡，秦军已投降，诸侯害怕又慌张。大王的声名传遍海内，威镇四方，称霸齐穆桓及楚庄。天下安宁寿命长，悲歌归去河无梁。"自从越国灭掉吴国后，中原各个国家都害怕它。

二十六年的时候，越王因为邾国国君暴虐无道，就把他抓起来带回了越国，拥立邾国的太子何为国君。冬天的时候，由于三桓的逼迫，鲁哀公逃到了越国。越王想要为鲁哀公讨伐三桓，可由于诸侯的大夫都不尽心听从命令，因此没成功。

二十七年冬季的时候，勾践病重，躺在床上起不来，将死的时候，他对太子兴夷说："我自大禹后，继承了元常的德业，受到神灵的庇护，天地之神赐予福气，从贫穷的越国之地，靠着楚国这个先锋，把吴王的军队摧毁了，跨越了长江，渡过了淮河，在晋国和齐国的土地上纵兵，功德崇高伟大。尽管已到了这种境地，难道就能不戒备吗？那称霸者的后代，总是很难长时间处于不败的境地啊，你务必要小心啊。"说完，他就去世了。

兴夷登上君位，过了一年，就去世了，他的儿子翁成了国君。翁去世以后，儿子不扬成了国君。不扬去世后，儿子无强成了国君。无强去世后，儿子玉成了国君。玉去世后，儿子尊成了国君。尊去世以后，儿子亲当了国君。从勾践一直到亲，越国总共经历了八个国君，都称霸天下，一共有二百二十四年。亲当国君的时候，民众都散失了。因此，他就从琅邪离开，把国都迁徙到吴了。

从黄帝一直到少康，经历了十世。从禹受禅一直到少康登上君位，一共经历了六世，有一百四十四年。少康去世后，颛顼登上国君的位置，有四百二十四年。

黄帝→昌意→颛顼→鲧→禹→启→太康→仲庐→相→少康→无余→无玉，和无余隔了十代→无暰→夫康→元常→勾践→兴夷→不寿→不扬→无强→鲁国穆柳这个地方有人把幽公当作自己的名号，王侯们都自称君。尊、亲都失掉了琅邪，被楚国所灭。

从勾践一直到越王亲，共经历了八个国君，越国称霸了二百二十四年。从无余开始被封在越国，到馀善返回越国，国中空虚而造成灭亡，合计一千九百二十二年。

◈ 智慧解析 ◈

　　本篇主要讲述了勾践成功复仇之后的事情。在天时地利人和都齐全了以后，勾践终于报仇雪恨，攻破了吴国，逼得吴王自杀。但他贪图功劳，并不愿意封赏有功之人，大臣范蠡看清了他的心思，为了不被杀害，自请离去。而大臣文种没有听从范蠡的劝告，被勾践猜疑，最后不得不自杀。本来是忠心耿耿的臣子，事成之后却如此下场，实在令人心寒。古话说的"伴君如伴虎"一点儿没错。而越国在勾践这一代虽然兴盛一时，却也并没有一直强盛下去，许多年后被楚国灭掉了。

中华传统文化国粹经典文库书目

第一辑

序号	书名	作者 / 编者	导读者
1	三国演义	［明］罗贯中／著	郑铁生
2	水浒传	［明］施耐庵／著	宁稼雨 石麟
3	西游记	［明］吴承恩／著	孟昭连
4	红楼梦	［清］曹雪芹 高鹗／著	郑铁生
5	镜花缘	［清］李汝珍／著	欧阳健
6	白话聊斋	［清］蒲松龄／著	王晓华
7	阅微草堂笔记	［清］纪昀／著	吴波
8	西厢记	［元］王实甫／著	周传家
9	世说新语	［南朝宋］刘义庆 等／著	侯忠义
10	山海经	［汉］刘歆／编	马文大
11	道德经	［春秋］老子／著	王蒙
12	四库全书	［清］纪昀 等／编	林骅
13	唐诗三百首	立人／编	徐刚
14	元曲三百首	立人／编	查洪德
15	宋词三百首	立人／编	韩小蕙
16	中华成语典故	立人／编	陈世旭
17	中华寓言故事	立人／编	陈世旭
18	颜氏家训	［南北朝］颜之推／著	孙钦善
19	治家格言	［清］朱伯庐／著	李硕儒
20	了凡四训	［明］袁了凡／著	俞前
21	增广贤文	立人／编	孙立仁
22	牡丹亭	［明］汤显祖／著	周传家
23	随园诗话	［清］袁枚／著	潘务正
24	人间词话	王国维／著	陈世旭
25	楚辞	［战国］屈原 等／著	石厉
26	吴越春秋	［东汉］赵晔／著	田秉锷
27	菜根谭	［明］洪应明／著	俞前
28	小窗幽记	［明］陈继儒 等／著	陈喜儒
29	围炉夜话	［清］王永彬／著	陈喜儒
30	浮生六记	［清］沈复／著	王晓华
31	传习录	［明］王阳明／著	王建新
32	说文解字	［东汉］许慎／著	冯蒸

第二辑

序号	书名	作者 / 编者	导读者
1	史记	［西汉］司马迁／著	关四平
2	资治通鉴	［北宋］司马光／编	张秋升
3	春秋左传	［春秋］左丘明／著	石定果
4	战国策	［西汉］刘向／编	李瑞兰
5	汉书	［东汉］班固／著	关四平
6	三国志	［晋］陈寿／著	郑铁生
7	古文观止	［清］吴楚材 吴调侯／编	牛倩
8	论语	［春秋］孔子 等／著	石厉
9	孟子	［战国］孟子／著	邵永海

序号	书名	作者／编者	导读者
10	庄　子	［战国］庄　子／著	尚学峰
11	荀　子	［战国］荀　子／著	尚学峰
12	管　子	［春秋］管　子 等／著	官　铎
13	墨　子	［战国］墨　子 等／著	陈鹏程
14	韩非子	［战国］韩　非／著	邵永海
15	列　子	［战国］列　子／著	陈鹏程
16	鬼谷子	［战国］鬼谷子／著	张世林
17	淮南子	［西汉］刘　安 等／著	张秋升
18	诸子百家	立　人／编	张弦生
19	孔子家语	孔子门人／编	薄克礼
20	吕氏春秋	［战国］吕不韦 等／编	田秉锷
21	礼记·尚书	［西汉］戴　圣／著	冯　蒸
22	三言二拍	［明］冯梦龙　凌濛初／著	宁宗一
23	隋唐演义	［清］褚人获／著	欧阳健
24	聊斋志异	［清］蒲松龄／著	林　骅
25	儒林外史	［清］吴敬梓／著	吴　波
26	东周列国志	［明］冯梦龙／著	侯忠义
27	弟子规·千家诗	［清］李毓秀／著　［南宋］谢枋得　王　相／编	郑铁生
28	孙子兵法·三十六计	［春秋］孙　武／著	李海涛
29	容斋随笔	［南宋］洪　迈／著	李硕儒
30	纳兰词	［清］纳兰性德／著	李硕儒
31	豪放词·婉约词	立　人／编	韩小蕙
32	唐宋散文八大家	立　人／编	卓　然
第三辑			
序号	书名	作者／编者	导读者
1	中华上下五千年	立　人／编	林海清
2	二十五史	立　人／编	林海清
3	四书五经	立　人／编	张弦生
4	智囊全集	［明］冯梦龙／编	周传家
5	贞观政要	［唐］吴　兢／著	张弦生
6	诗　经	［春秋］孔　子／编	石　厉
7	孝　经	［春秋］孔　子／著	田秉锷
8	挺　经	［清］曾国藩／著	王建新
9	易　经	立　人／编	李树果
10	冰　鉴	［清］曾国藩／著	陈喜儒
11	糊涂经	立　人／编	周传家
12	周易全书	立　人／编	郑铁生
13	黄帝内经	立　人／编	廉玉麟
14	本草纲目	［明］李时珍／著	廉玉麟
15	三字经·百家姓·千字文	［南宋］王应麟　［南北朝］周兴嗣／著	乔卉林
16	大学·中庸	［春秋］曾　子　［战国］子　思／著	牛　倩
17	曾国藩家书	［清］曾国藩／著	武道房
18	唐诗·宋词·元曲	立　人／编	卓　然
未完待续……			